Fabian Klinck, Karl Riesenhuber (Hrsg.)
Verbraucherleitbilder

Schriften zum Europäischen und Internationalen Privat-, Bank- und Wirtschaftsrecht

EIW Band 51

Verbraucherleitbilder

Interdisziplinäre und europäische Perspektiven

Herausgegeben von
Fabian Klinck und Karl Riesenhuber

DE GRUYTER

Gedruckt mit Unterstützung der Fritz-Thyssen-Stiftung.

ISBN 978-3-11-036339-5
e-ISBN (PDF) 978-3-11-036362-3
e-ISBN (EPUB) 978-3-11-038571-7

Library of Congress Cataloging-in-Publication Data
A CIP catalog record for this book has been applied for at the Library of Congress.

Bibliografische Information der Deutschen Nationalbibliothek
Die Deutsche Nationalbibliothek verzeichnet diese Publikation in der Deutschen Nationalbibliografie; detaillierte bibliografische Daten sind im Internet über http://dnb.dnb.de abrufbar.

Einbandabbildung: © Mike Kemp/Getty Images
Druck: CPI books GmbH, Leck
♾ Gedruckt auf säurefreiem Papier
Printed in Germany

www.degruyter.com

Inhalt

3. Teil: **Rechtsvergleichende Grundlagen**

Fabian Klinck/Karl Riesenhuber, Bochum

§ 1 Einführung: Das Verbraucherleitbild – Interdisziplinäre und Europäische Perspektiven

I. Zusammenfassung

Politik, Gesetzgebung, Wissenschaft, aber auch die Rechtsanwender gehen bei ihrer Arbeit von „Verbraucherleitbildern" aus. Solche Leitbilder sind aus ganz unterschiedlichen Elementen zusammengesetzt und der dauernden Veränderung unterworfen. Empirische, psychologische, soziologische, philosophische und normative Aspekte können für sich allein und im Zusammenwirken miteinander eine Rolle spielen. Entsprechend vielfältig sind die Disziplinen, deren Vertreter in der Wissenschaft, aber auch in der Praxis der Politik- und Gesetzgebungsberatung das Wort beanspruchen, wenn es um das Verbraucherleitbild geht. Dabei ergeben sich im internationalen Vergleich unterschiedliche Perspektiven: Geprägt von nationalen Traditionen und kulturellen Gepflogenheiten, geprägt auch von der Systematik des nationalen Rechts, legen unterschiedliche nationale Rechte unterschiedliche Verbraucherleitbilder zugrunde. Die Rechtsangleichung wirkt darauf auf unterschiedliche Weise ein.

Der vorliegende Band führt diese Perspektiven – naturgemäß exemplarisch und ohne Anspruch auf Vollständigkeit – zusammen: Er soll auf interdisziplinärer und rechtsvergleichender Grundlage eine aktuelle Bestandsaufnahme liefern und den intra- und interdisziplinären Dialog beleben.

II. Einführung in das Thema

1. Der Ausgangspunkt des Bürgerlichen Rechts

Dem wirtschaftsliberalen Geist, der die Gesellschaftspolitik des ausgehenden 19. Jahrhunderts beherrschte, entspricht das „Leitbild", an dem die Schöpfer des BGB das Vertragsrecht ausrichteten: dasjenige eigenverantwortlicher Bürger, die einander auf Augenhöhe begegnen.[1] Dass der Einzelne von vornherein nicht in der

1 *Kroeschell*, Rechtsgeschichte Deutschlands im 20. Jahrhundert (1992), S. 18 f.; *Wieacker*, Privatrechtsgeschichte der Neuzeit (2. Aufl. 1967), S. 478 ff.; *ders.*, Das Sozialmodell der klas-

Lage sein könnte, seine Interessen angemessen durchzusetzen, und deshalb eines besonderen Schutzes durch zwingendes Vertragsrecht bedarf, erkannten die Väter des BGB nur für wenige Ausnahmefälle an. Dabei dachten sie an bestimmte Verträge wie den Miet- oder Arbeitsvertrag, keineswegs aber an eine abgrenzbare Personengruppe. Wie fern solche Vorstellungen dem damaligen Gesetzgeber lagen, zeigt sich in einem Rechtsakt, der heute dem Verbraucherschutzrecht zuzurechnen wäre, dessen persönlicher Anwendungsbereich seinerzeit aber unbegrenzt war: dem Abzahlungsgesetz vom 16. Mai 1894.

„Verbraucher" als eine – unabhängig vom konkreten Lebenssachverhalt – unterlegene und daher besonders schutzbedürftige Personengruppe rückten indes spätestens mit der bekannten Erklärung Kennedys über den Schutz von Verbraucherinteressen[2] in den Fokus der rechtspolitischen Diskussion. Um die regelungsbedürftigen Sachfragen fassbarer zu machen und das gebotene Schutzniveau zu bestimmen, wurden Modelle und diesen entsprechende Leitbilder entworfen, die man mit *Weick* wie folgt zusammenfassen mag:[3] das „altliberale" Modell des ursprünglichen BGB, das keine besonders schutzbedürftigen Personengruppen kennt; das „Informationsmodell", das davon ausgeht, der Verbraucher könne seine Interessen eigenverantwortlich wahrnehmen, wenn er nur ausreichend informiert sei; schließlich das „Schutzmodell", das von der strukturellen Unterlegenheit der Verbraucher gegenüber Unternehmern ausgeht.

2. Vom „flüchtigen" zum „mündigen" Verbraucher: Wechsel des Verbraucherleitbilds in der Rechtsprechung des BGH und des EuGH am Beispiel des Lauterkeitsrechts

In der deutschen Rechtswissenschaft hat vor allem der Dialog nationaler Gerichte mit dem EuGH über das Lauterkeitsrecht eine breitere Diskussion über das (normative) Verbraucherleitbild ausgelöst.[4] Das Recht gegen den unlauteren Wettbe-

---

sischen Privatrechtsgesetzbücher und die Entwicklung der modernen Gesellschaft, in: Industriegesellschaft und Privatrechtsordnung (1974; Neuabdruck des zuerst 1953 veröffentlichten Beitrags), S. 9 ff.

2 Special Message on Protecting the Consumer Interest, Statement read by President John F. Kennedy Thursday, 15 March 1962, abrufbar unter http://www.presidency.ucsb.edu/ws/?pid=9108.

3 Staudinger-*Weick*, BGB Kommentar (Neubearbeitung 2004), § 13 BGB Rn. 2 ff.; ebenso nun *Kannowski* in der Neubearbeitung 2013, § 13 BGB Rn. 2 ff. Vgl. auch *Wagner*, Verbraucherschutz bei Vertragsschluss im Internet (2010), S. 12 ff.

4 S. eingehend *Leistner*, Richtiger Vertrag und lauterer Wettbewerb (2007), S. 410 ff.

werb, in Deutschland vor allem das Gesetz gegen den unlauteren Wettbewerb (UWG), dient u. a. dem Schutz von Verbrauchern vor Irreführung. Um die (normative) Frage zu beantworten, welche Geschäftspraktiken irreführend sein können, legten die Gerichte ursprünglich das Leitbild eines „flüchtigen Verbrauchers" zugrunde. Dieses war empirisch definiert über das Verständnis eines nicht unerheblichen Teils der angesprochenen Verkehrskreise, wofür bereits ein Anteil von 10 – 15 % genügen sollte.[5]

Dies war allerdings nicht unumstritten. Kritiker warfen der Rechtsprechung vor, ihr Leitbild sei „im Grunde der an der Grenze zur Debilität verharrende, unmündige, einer umfassenden Betreuung bedürftige, hilflose Verbraucher, der auch noch gegen die kleinste Gefahr einer Irreführung durch die Werbung geschützt werden muss."[6]

Die Kehrseite eines am Leitbild des flüchtigen Verbrauchers orientierten Lauterkeitsrechts ist eine entsprechende „Behinderung" des Geschäftsverkehrs.[7] Soweit es um den grenzüberschreitenden Geschäftsverkehr im Binnenmarkt geht, können solche Behinderungen Eingriffe in die Grundfreiheiten (v. a. freier Warenverkehr, Art. 28 ff. AEUV; freier Dienstleistungsverkehr, Art. 56 ff. AEUV) darstellen. Als solche bedürfen sie der sachlichen Rechtfertigung als zur Erreichung eines legitimen Zwecks erforderlich. Verbraucherschutz stellt auch im Europarecht ein legitimes Allgemeininteresse dar. Die Prüfung der Verhältnismäßigkeit der zu seinem Schutz verwandten Mittel hat der EuGH jedoch nicht zuletzt mit Blick auf den Binnenmarkt konkretisiert. Seine Rechtsprechung zu den Grundfreiheiten läutete eine Abkehr vom Leitbild des flüchtigen Verbrauchers ein; anders als die deutschen Gerichte ist der EuGH vom Leitbild eines *mündigen Verbrauchers* ausgegangen.[8]

Das Spannungsverhältnis zwischen den Erfordernisses des Binnenmarktes einerseits und dem Gebot eines effektiven Verbraucherschutzes andererseits wird deutlich, wenn es um Konsumgewohnheiten geht: Sind Verbraucher daran gewöhnt, dass Margarine in würfelförmiger Verpackung verkauft wird,[9] dass Bier dem Reinheitsgebot von 1516 entspricht[10] oder

5 Z. B. BGH, GRUR 1979, 716 – Kontinent-Möbel; BGH, NJW 1988, 711; vgl. aber jetzt BGH, NJW 1996, 3419 – PVC-frei; BGH, WRP 1996, 729, 731 – „Der Meistverkaufte Europas"; BGH, NJW 1999, 3491, 3493 – EG-Neuwagen II; BGH, WRP 2000, 517 – Orient-Teppichmuster.

6 *Emmerich*, Wettbewerbsbeschränkungen durch die Rechtsprechung, FS Gernhuber (1993), S. 870.

7 Vgl. *Leible/Domröse*, in: Riesenhuber (Hrsg.), Europäische Methodenlehre (3. Aufl. 2015), § 8 Rn. 14 ff.

8 Hierzu etwa *Wunderle*, Verbraucherschutz im Europäischen Lauterkeitsrecht (2010), S. 164 ff.

9 EuGH v. 10. 11. 1982 – Rs. 261/81 *Rau*, Slg. 1982, 3961.

10 EuGH v. 12. 3. 1987 – Rs. 178/84 *Kommission/Deutschland*, Slg. 1987, 1227.

nur Frankenwein in Bocksbeutelflaschen verkauft wird,[11] so kann es geboten erscheinen, entsprechende nationale Produktvorschriften auch auf Importwaren zu erstrecken. Mit den Erfordernissen des Binnenmarktes ist dies indes schwerlich vereinbar; sie sprechen dafür, über alternative, weniger einschneidende Schutzinstrumente nachzudenken. Nach ihrer Konzeption im EWG-Vertrag, dem heutigen AEUV, stellt die Freiheit des Binnenmarkts den Verbraucher vor die Aufgabe, sich auch mit ungewohnten Produkten vertraut zu machen.

Von diesem Leitbild ausgehend, begründete der EuGH, erstmals in der Entscheidung *Cassis de Dijon*, einen Vorzug von Information als Verbraucherschutzinstrument. In dem zugrundeliegenden Fall durfte französischer Johannisbeerlikör, *Cassis de Dijon,* deswegen nicht nach Deutschland eingeführt werden, weil er nur einen Alkoholgehalt zwischen 15 und 20 % hatte, nicht wie vom deutschen Recht für Liköre vorgesehen von mindestens 25 %. Die Bundesrepublik verteidigte diese Regelung u. a. mit Verbraucherschutzerwägungen. Der Europäische Gerichtshof akzeptierte zwar das Verbraucherschutzziel als wichtigen Grund des Allgemeininteresses, hielt das Mittel eines Importverbots indes für unverhältnismäßig: Wenn man Verbraucher für schutzbedürftig halte, so reiche es aus, sie durch Information zu schützen.[12]

Es zeigt sich schon hier, dass das Verbraucherleitbild der Rechtsordnung nicht allein empirisch bestimmt ist, sondern, vom empirischen Befund ausgehend, normativ geprägt. Es stellt einen Ausgleich gegenläufiger Interessen und Erwägungen dar.[13]

3. Das Leitbild des mündigen Verbrauchers in der Unionsrechtsetzung

Das vom EuGH in seiner Grundfreiheitenrechtsprechung entwickelte Verbraucherleitbild muss zwar nicht zwangsläufig auch der Gesetzgebung der Union zugrunde gelegt werden. Der Unionsgesetzgeber ist dem Leitbild des mündigen Verbrauchers indes weitgehend gefolgt.[14] Explizit übernommen hat er es in der Richtlinie 2005/29/EG über unlautere Geschäftspraktiken. Zu dem Verbraucherleitbild heißt es in Begründungserwägung (BE) 18 S. 1, 2:

---

11 EuGH v. 13.3.1984 – Rs. 16/83 *Prantl,* Slg. 1984, 1299 – Bocksbeutelflaschen.

12 EuGH v. 20.2.1979 – Rs. 120/78 *Rewe-Zentral,* Slg. 1979, 649 – Cassis de Dijon.

13 Vgl. auch *Drexl,* Die wirtschaftliche Selbstbestimmung des Verbrauchers (1998), S. 414ff.

14 Bejahend zur Frage, ob sich das im Wettbewerbsrecht entwickelte Verbraucherleitbild auf andere Rechtsgebiete übertragen lässt, *Lederer,* Das Verbraucherleitbild im Internet, NJOZ 2011, 1833 ff.

> Es ist angezeigt, alle Verbraucher vor unlauteren Geschäftspraktiken zu schützen; der Gerichtshof hat es allerdings bei seiner Rechtsprechung im Zusammenhang mit Werbung seit dem Erlass der Richtlinie 84/450/EWG für erforderlich gehalten, die Auswirkungen auf einen fiktiven typischen Verbraucher zu prüfen. Dem Verhältnismäßigkeitsprinzip entsprechend und um die wirksame Anwendung der vorgesehenen Schutzmaßnahmen zu ermöglichen, nimmt diese Richtlinie den Durchschnittsverbraucher, der angemessen gut unterrichtet und angemessen aufmerksam und kritisch ist, unter Berücksichtigung sozialer, kultureller und sprachlicher Faktoren in der Auslegung des Gerichtshofs als Maßstab, enthält aber auch Bestimmungen zur Vermeidung der Ausnutzung von Verbrauchern, deren Eigenschaften sie für unlautere Geschäftspraktiken besonders anfällig machen.

Im verfügenden Teil der Richtlinie wird dieses Konzept durch den Begriff des „Durchschnittsverbrauchers“ umgesetzt, Art. 5 Abs. 2 lit. b) der Richtlinie.

Auch in anderen Bereichen folgt das Europäische Verbraucherrecht weitgehend dem Leitbild eines mündigen Verbrauchers und dem vom EuGH auf seiner Grundlage entwickelten Informationsmodell:[15] Ganz überwiegend wird der Verbraucher durch Information geschützt, durch vorvertragliche und vertragliche Informationspflichten. Auch die verbraucherschützenden Widerrufsrechte enthalten einen Informationsmechanismus: Die von ihnen eröffnete Bedenkzeit ermöglicht dem Verbraucher, nachträglich noch Information einzuholen und für seine (Zweit-)Entscheidung über den Vertragsschluss zu berücksichtigen. Und schließlich kann man die Gewährleistungsvorschriften der Verbrauchsgüterkaufrichtlinie (VKRL) als Informationsmechanismus verstehen. Ist ohne weiteres die übliche Warenqualität geschuldet, so muss der Verkäufer den Verbraucher darauf hinweisen, wenn sein Angebot diesem Maßstab nicht genügt.

Dem Informationsmodell liegt, in ganz ähnlicher Weise wie der UGP-Richtlinie, das Leitbild eines *informierbaren* Verbrauchers zugrunde: eines Verbrauchers, der in der Lage ist, Informationen aufzunehmen, zu verarbeiten und seinen wirtschaftlichen Entscheidungen zugrunde zu legen.

4. Leitbilddifferenzierungen in Gesetzgebung und wissenschaftlicher Diskussion

Der Gesetzgeber kann ohne inneren Widerspruch in unterschiedlichen Regelungsbereichen – zum Beispiel im Vertrags- und im Produkthaftungsrecht – unterschiedliche Verbraucherleitbilder zugrunde legen. Darin zeigt sich nicht zuletzt wiederum die normative Komponente des Verbraucherleitbildes.

---

15 *Riesenhuber,* System und Prinzipien des Europäischen Vertragsrechts (2003), S. 264 ff., 555 ff.

Es zeichnet sich ab, dass der Gesetzgeber auch innerhalb einzelner Rechtsbereiche personen- oder situationsbedingt weiter differenzieren möchte. Eine Rückkehr zum Leitbild des „flüchtigen Verbrauchers" scheint der Verordnung (EU) Nr. 1169/2011 über die Information der Verbraucher über Lebensmittel zugrunde zu liegen,[16] während sich bereits in der Richtlinie 2005/29/EG über unlautere Geschäftspraktiken das Leitbild des „besonders schutzbedürftigen Verbrauchers" (*vulnerable consumer*) angelegt findet. BE 18 S. 3 der Richtlinie sagt:

> Richtet sich eine Geschäftspraxis speziell an eine besondere Verbrauchergruppe wie z. B. Kinder, so sollte die Auswirkung der Geschäftspraxis aus der Sicht eines Durchschnittsmitglieds dieser Gruppe beurteilt werden.[17]

Das Konzept ist nicht neu, sondern begegnet bereits in der bekannten *Buet*-Entscheidung zum französischen Haustürvertrieb von Unterrichtsmaterial.[18] In jüngerer Zeit haben vor allem EU-Kommission und EU-Parlament diesem Gesichtspunkt größere Aufmerksamkeit geschenkt. In Ihrer Mitteilung vom 22. Mai 2012 über „Eine Europäische Verbraucheragenda für mehr Vertrauen und mehr Wachstum" betont die Kommission als zu bewältigende Herausforderung an das Verbraucherschutzrecht die Berücksichtigung der besonderen Belange „schutzbedürftiger Verbraucher (zum Beispiel von Menschen mit Behinderungen oder eingeschränkter Mobilität), die Mühe beim Zugang zu und beim Verstehen von Informationen sowie bei der Suche nach geeigneten Produkten und Dienstleistungen auf dem Markt haben".[19] Sie hat dabei insbesondere Finanz- und sonstige Dienstleistungen im Blick.[20]

Während manche dafür plädieren, die Bedürfnisse eines *vulnerable consumer* zum Ausgangspunkt jeder Verbraucherschutzgesetzgebung zu machen,[21] ist auch der Ruf nach der Entwicklung eines „beweglichen Systems des Verbraucherschutzes" laut geworden, das auf einzelnen Gebieten des Verbraucherrechts zwischen verschiedenen Verbrauchertypen differenziert.[22] Neben die Figur des

---

16 Dazu *Meisterernst/Muffler*, Verbraucherleitbilder im Lebensmittelrecht – die Renaissance des flüchtigen Verbrauchers, ZLR 2013, 25 ff.

17 Vgl. zur Umsetzung § 3 Abs. 2 S. 3 UWG.

18 EuGH v. 16.5.1989 – Rs. 382/87 *Buet*, Slg. 1989, 1235 Rn. 13.

19 KOM(2012) 225 endg., S. 5.

20 KOM(2012) 225 endg., S. 9, 15.

21 *de Hoon/Mak*, Consumer Empowerment Strategies, ZEuP 2011, 518.

22 *Micklitz*, Gutachten A zum 69. Deutschen Juristentag 2012, S. 108 ff.; *ders.*, Brauchen Konsumenten und Unternehmen eine neue Architektur des Verbraucherrechts?, NJW-Beil. 2012, 77, unter Rückgriff auf die Überlegungen von *Wilhelmsson*, Varieties of Welfarism in European Contract Law, European Law Journal 10 (2004), 712, zu verschiedenen Typen des Wohlfahrtsstaats.

vulnerable consumer tritt dabei insbesondere diejenige des „verantwortlichen Verbrauchers“, die Kleinunternehmer einschließt. Von einem solchen verantwortlichen Verbraucher kann erwartet werden, dass er die ihm zur Verfügung gestellten Informationen korrekt verarbeiten und Informationsdefizite eigenständig geltend machen kann; seine Schutzbedürftigkeit soll sich daher vor allem auf Marktzugang richten.[23]

5. Interdisziplinarität und Internationalität der Fragestellung

Für die gesetzliche Regelung und die rechtswissenschaftliche Diskussion von Verbraucherleitbildern sind die Erkenntnisse anderer Disziplinen eine wesentliche Grundlage. Daher sind in einem ersten Teil die psychologischen,[24] soziologischen, empirischen und ökonomischen Perspektiven auf das Verbraucherleitbild zu erörtern. Während die Ökonomie für ihre Modellbildung herkömmlich vom rational handelnden *homo oeconomicus* ausgeht, hat die Verhaltensforschung in jüngerer Zeit auf psychologisch gesetzmäßige Abweichungen von der Rationalitätsannahme hingewiesen.[25] Diese Erwägungen können sich auch im Verbraucherleitbild niederschlagen. In der Tat ist die verhaltensökonomische Forschung ein Ansatz, den gerade auch die Generaldirektion Verbraucherschutz beobachtet und verfolgt. So findet sich auf ihrer Internetpräsenz in der Rubrik „Consumer Research“ ein eigener Unterpunkt „Behavioural Economics“.[26] Gewissermaßen aus der umgekehrten Perspektive sind bei der Bewertung bestehender und bei der Entwicklung neuer Verbraucherleitbilder die Ergebnisse rechts- und sozialempirischer Studien zu berücksichtigen. So setzt das Leitbild eines informierbaren Verbrauchers voraus, dass Verbraucherschutz durch Information überhaupt effektiv ist, woran in letzter Zeit immer lauter gezweifelt wird.[27] In diesem Rahmen

---

23 *Micklitz* (Fn. 22), S. 110 ff.; *ders.*, NJW-Beil. 2012, 77, 79.

24 Vgl. allgemein *Jungermann/Pfister/Fischer*, Die Psychologie der Entscheidung (3. Aufl. 2010).

25 S. nur *Sunstein* (Hrsg.), Behavioral Law and Economics (2000); *Thaler/Sunstein*, Nudge (2008); *Engel u. a.*, Verhalten und Recht (2007); *Eidenmüller*, Der homo oeconomicus und das Schuldrecht, JZ 2005, 216; *Fleischer*, Verhaltensökonomik als Forschungsinstrument für das Wirtschaftsrecht, FS Immenga (2011), S. 9 ff.; *Loacker*, Verhaltensökonomik als Erkenntnisquelle für die Rechtsetzung, in: Verschraegen (Hrsg.), Interdisziplinäre Studien zur Komparatistik und zum Kollisionsrecht (Band III) (2012), S. 45 ff.

26 http://ec.europa.eu/consumers/behavioural_economics/index_en.htm.

27 Vgl. *Rehberg*, Der staatliche Umgang mit Information – Das europäische Informationsmodell im Lichte von Behavioral Economics, in: Eger/Schäfer (Hrsg.), Ökonomische Analyse der europäischen Zivilrechtsentwicklung (2007), S. 284; *Martinek*, in: Grundmann (Hrsg.), Systembildung und Systemlücken in Kerngebieten des Europäischen Privatrechts (2000), S. 526; *Ben-Shahar/*

ließe sich auch erörtern, inwieweit neue Konzepte („Prosumer")[28] als Grundlage für eine gesetzliche Regelung geeignet sind.

Bei alledem ist in einem doppelten Sinne die Autonomie des Rechts zu beachten. Auch wenn das Recht psychologische, soziologische, empirische oder ökonomische Gesetzmäßigkeiten nicht schlichtweg ignorieren kann und rechtsvergleichende Erfahrungen nicht unberücksichtigt lassen sollte, ist es daran doch nicht in einem strengen Sinne gebunden. Gerade das Verbraucherleitbild ist Ausdruck für einen Ausgleich von unterschiedlichen, teils gegenläufigen Wertungen. Wenn etwa Verbraucher dazu neigen, sich in bestimmten Situationen regelmäßig „irrational" zu verhalten, kann der Gesetzgeber daraus ganz unterschiedliche Schlüsse ziehen.[29] Er mag nichts tun – und etwa auf Lerneffekte vertrauen; oder er mag Information als Schutzinstrument verwenden; oder aber schließlich auch inhaltlich eingreifen. Vor diesem Hintergrund sollen im zweiten Teil jüngere Entwicklungen im Recht der Europäischen Union erörtert werden.

Im dritten Teil geht es um die (inter)nationale Perspektive, um einen Austausch von Erfahrungen unterschiedlicher „Rechtskreise". Welchen Einfluss hat es beispielsweise, wenn eine Rechtsordnung, wie das in Italien der Fall ist, das Verbraucherrecht nicht in das Bürgerliche Recht eingliedert, sondern zum Gegenstand eines eigenständigen Gesetzbuchs macht? Welchen Einfluss hat die nationale Rechtskultur auf das Verbraucherleitbild, die (stark vereinfachend ausgedrückt) etwa von einem eher formal-freiheitsorientierten (Vereinigtes Königreich) oder von einem eher material-wohlfahrtsorientierten Vertragsrecht ausgeht? Dabei sollen nur ausgewählte Einzelfragen erörtert werden. Zum einen soll die Rechtspraxis daraufhin untersucht werden, inwieweit sich in einzelnen Rechtsgebieten bereits verschiedene „Verbraucherleitbilder" etabliert haben, an denen sich insbesondere die Rechtsprechung – gegebenenfalls unausgesprochen – orientiert.

Schneider, The Failure of Mandated Disclosure, University of Pennsylvania Law Review, 159 (2011), 646. – Zum Problem, dass viele Verbraucher und insbesondere „vulnerable consumers" oder solche aus den neueren Mitgliedstaaten der EU ihre Rechte nicht geltend machen, *de Hoon/Mak*, Consumer Empowerment Strategies, ZEuP 2011, 518 und insbes. 525 ff., die dies durch bessere Information lösen wollen, 531 f.

28 Hierzu *Blättel-Mink/Hellmann* (Hrsg.), Prosumer Revisited – Zur Aktualität einer Debatte (2009), mit dem Einführungsbeitrag von *Hellmann*, S. 13 ff.

29 *Loacker* (Fn. 25), S. 61 ff.

III. Literaturhinweise (Auswahl)

Ahrens, Hans-Jürgen, Verwirrtheiten juristischer Verkehrskreise zum Verbraucherleitbild einer „normativen" Verkehrsauffassung, WRP 2000, 812 ff.

Ahrens, Sönke, Verbraucherleitbild im Wandel: Wachsen die Anforderungen an den Verbraucher?, Der IP-Rechts-Berater 2012, 136 ff.

Ben-Shahar/Schneider, The Failure of Mandated Disclosure, University of Pennsylvania Law Review, 159 (2011), 646 ff.

Blaurock, Uwe, Verbraucherkredit und Verbraucherleitbild in der Europäischen Union, JZ 1999, 801 ff.

Bömeke, Falk R., Wie dumm darf der Verbraucher sein?: Beurteilung von Wertreklame durch die Konkretisierung des Verbraucherleitbildes, Hamburg (Kovač) 2005

Buchner, Benedikt/Rehberg, Markus, Wann ist der Verbraucher ein „mündiger" Verbraucher?, GRUR Int. 2007, 349 ff.

de Hoon, Machteld/Mak, Vanessa, Consumer Empowerment Strategies – A Rights-Oriented Approach Versus a Needs-Oriented Approach, ZEuP 2011, 518 ff.

Denkinger, Fleur, Der Verbraucherbegriff, Berlin (De Gruyter) 2007

Diekmann, Fabienne, Das Verbraucherleitbild im Lichte besonderer Produktgruppen – dargestellt am Beispiel vom Handel mit Arzneimitteln, Lebensmitteln und Pflanzenschutzmitteln, Hamburg (Kovač) 2012

Drexl, Josef, Die wirtschaftliche Selbstbestimmung des Verbrauchers: Eine Studie zum Privat- und Wirtschaftsrecht unter Berücksichtigung gemeinschaftsrechtlicher Bezüge, Tübingen (Mohr Siebeck) 1998

Groeschke, Peer/Kiethe, Kurt, Die Ubiquität des europäischen Verbraucherleitbildes – Der europäische Pass des informierten und verständigen Verbrauchers, WRP 2001, 230 ff.

Heiderhoff, Bettina, Grundstrukturen des nationalen und europäischen Verbraucherrechts – Insbesondere zur Reichweite europäischer Auslegung, München (Sellier) 2004

Hellmann, Kai-Uwe, Prosumer Revisited – Zur Aktualität einer Debatte, in: Blättel-Mink/Hellmann (Hrsg.), Prosumer Revisited – Zur Aktualität einer Debatte, Wiesbaden (VS Verlag) 2009, S. 13 ff.

Helm, Horst, Das Verbraucherleitbild des Europäischen Gerichtshofs und des Bundesgerichtshofs im Vergleich, in: Keller/Plassmann/von Falck (Hrsg.), Festschrift für Winfried Tilmann, Köln (Heymanns) 2003, S. 135 ff.

Karakostas, Ioannis K., Consumer Protection Law, Athen (Nomiki) 2012

Kohte, Wolfhard, Verletzliche Verbraucher, VuR 2012, 338 ff.

Kohte, Wolfhard, Regierungspläne zur Benachteiligung verletzlicher Verbraucher, VuR 2012, 381 f.

Kroeber-Riel/Gröppel-Klein, Konsumentenverhalten, 10. Auflage, München (Vahlen) 2013

Leistner, Richtiger Vertrag und lauterer Wettbewerb, Tübingen (Mohr Siebeck) 2007

Lüscher, Christoph, Zur Konzeptualisierung von Verbrauchervertragsrecht unter besonderer Berücksichtigung des schweizerischen und europäischen Verbrauchervertragsrechts – eine Untersuchung im Schnittfeld von Vertragsrecht, Systemtheorie und Ökonomie, Baden-Baden (Nomos) 2011

Lederer, Beatrice, Das Verbraucherleitbild im Internet: ein Überblick, NJOZ 2011, 1833 ff.

Lehmann, Friederike, Die Rezeption des europäischen Verbraucherschutzes im österreichischen Recht, Frankfurt am Main u. a. (Lang) 2002

Leistner, Matthias, Richtiger Vertrag und lauterer Wettbewerb – Eine grundlagenorientierte Studie unter besonderer Berücksichtigung der europäischen Perspektive, Tübingen (Mohr Siebeck) 2007

Martinek, Michael, Unsystematische Überregulierung und kontraintentionale Effekte im Europäischen Verbraucherschutzrecht oder: Weniger wäre mehr, in: Grundmann (Hrsg.), Systembildung und Systemlücken in Kerngebieten des Europäischen Privatrechts (2000), S. 522 ff.

Meller-Hannich, Caroline, Verbraucherschutz im Schuldvertragsrecht, Tübingen (Mohr Siebeck) 2005

Meisterernst, Andreas/Muffler, Felicia, Verbraucherleitbilder im Lebensmittelrecht – die Renaissance des flüchtigen Verbrauchers, ZLR 2013, 25 ff.

Micklitz, Hans-W., Brauchen Konsumenten und Unternehmen eine neue Architektur des Verbraucherrechts?, in: Verhandlungen zum 69. Deutschen Juristentag, München 2012, Band I: Gutachten / Teil A: Brauchen Konsumenten und Unternehmen eine neue Architektur des Verbraucherrechts?, München (C.H. Beck) 2012

Niemöller, Stefan, Das Verbraucherleitbild in der deutschen und europäischen Rechtsprechung – Verhandlungs- und Vertragsparität als Regelungsgehalt des § 3 UWG, München (C.H. Beck) 1999

Nordemann, Wilhelm, Wie sich die Zeiten ändern: der Wandel der Rechtsprechung zum Verbraucherleitbild in § 3 UWG, WRP 2000, 977 ff.

Oguz, Sarah Mukaddes, Das türkische und das europäische Verbraucherrecht: Eine vergleichende Analyse mit Blick auf die Beitrittsbestrebungen der Türkei zur Europäischen Union, Frankfurt am Main u. a. (Lang) 2010

Paparseniou, Paraskevi, Griechisches Verbrauchervertragsrecht – Eine Untersuchung vor dem Hintergrund des Gemeinschaftsprivatrechts, München (Sellier) 2008

Pfeiffer, Thomas, Was kann ein Verbraucher? – Zur Relevanz von Informationsverarbeitungskapazitäten im AGB-Recht und darüber hinaus, NJW 2011, 1 ff.

Raman, Kalyan, Free Markets, Marketing and Society, Marketing JRM 2009, 7 ff.

Riesenhuber, Karl, System und Prinzipien des Europäischen Vertragsrechts, Berlin (De Gruyter) 2003

Rösler, Hannes, Schutz des Schwächeren im europäischen Vertragsrecht, RabelsZ 73 (2009), 889 ff.

Roth, Markus, Rechtsgeschäftslehre im demographischen Wandel, AcP 208 (2008), 451 ff.

Sack, Rolf, Das Verbraucherleitbild und das Unternehmerleitbild im europäischen und deutschen Wettbewerbsrecht, WRP 1998, 264 ff.

Schmid, Christoph U., Die Instrumentalisierung des Privatrechts durch die Europäische Union – Privatrecht und Privatrechtskonzeptionen in der Entwicklung der Europäischen Integrationsverfassung, Baden-Baden (Nomos) 2010

Schubert, Stefanie, Das Verbraucherleitbild im Internet – Unterschiede und Gemeinsamkeiten zwischen Rechtsprechung und Kommunikationswissenschaft, Saarbrücken (VDM Verl. Müller) 2006

Schünemann, Wolfgang B., Mündigkeit versus Schutzbedürftigkeit – Legitimationsprobleme des Verbraucherleitbildes, in: Pfeiffer/Kummer/Scheuch (Hrsg.), Festschrift für Hans Erich Brandner, Köln (Otto Schmidt) 1996, S. 279 ff.

Schweizer, Robert, Die Evolution der Begriffsdefinitionen nach der Pluralität der Wirklichkeit: das europäische Verbraucherleitbild – Die halbe Weisheit, in: Schütze (Hrsg.), Einheit und

Vielfalt des Rechts – Festschrift für Reinhold Geimer, München (C.H. Beck) 2002, S. 1073 ff.

Sedlmeier, Kathleen, Rechtsgeschäftliche Selbstbestimmung im Verbrauchervertrag, Mohr Siebeck (Tübingen) 2012

Seibt, Katrin, Das europäische Verbraucherleitbild: ein Abschied von der Verwechslungsgefahr als Rechtsfrage?, GRUR 2002, 465 ff.

Stein, Torsten, Verbraucherleitbild revisited – Ist die kommerzielle Kommunikation (vor Verboten) noch zu retten?, in: Kleist/Roßnagel/Scheuer (Hrsg.), Europäisches und nationales Medienrecht im Dialog, Baden-Baden (Nomos) 2010, S. 429 ff.

Stuyck, Jules, The Notion of the Empowered and Informed Consumer in Consumer Policy and How to Protect the Vulnerable Consumer Under Such a Regime, in: Howells/Nordhausen/Parry/Twigg-Flesner (Hrsg.), The Yearbook of Consumer Law 2007, Hampshire/Burlington/VT (Ashgate) 2007, S. 167 ff.

Tamm, Marina, Verbraucherschutzrecht, Tübingen (Mohr Siebeck) 2011

Terryn, Evelyne/Straetmans, Gert/Colaert, Veerle (Hrsg.), Landmark Cases of EU Consumer Law – In Honour of Jules Stuyck, Cambridge (Intersentia) 2013

Tiller, Sebastian, Gewährleistung und Irreführung: eine Untersuchung zum Schutz des Verbrauchers bei irreführender Werbung, München (C.H. Beck) 2005

Traub, Fritz, Das Verbraucherleitbild in rechtsvergleichender Sicht [Vortrag, gehalten am 25. Februar 1998 im Rahmen des Gesamtthemas „Rechtsfragen des Wirtschaftsstandorts Deutschland"], Baden-Baden (Nomos) 1998

Traub, Fritz, Von „6-Korn-Eiern", „Face-Lifting" und „Orient-Teppich-Mustern" – Das Verbraucherleitbild in rechtsvergleichender Sicht, Spiegel der Forschung 18 (2001), S. 52 ff.

Ulbrich, Sebastian, Der BGH auf dem Weg zum normativen Verbraucherleitbild?, WRP 2005, 940 ff.

Volkmann-Schluck, Thomas, Das europarechtliche Verbraucherleitbild und seine Behandlung zur Feststellung der Irreführungsrelevanz in der wettbewerbs- und lebensmittelrechtlichen Praxis, in: Lenz/Thieme/von Westphalen (Hrsg.), Beiträge zum deutschen und europäischen Recht – Festgabe für Jürgen Gündisch, Köln u. a. (Heymanns) 1999, S. 217 ff.

Wagner, Sandra Vivian, Verbraucherschutz bei Vertragsschluss im Internet – Ein Vergleich zwischen englischem und deutschem Recht, Berlin (De Gruyter) 2010

Weatherill, Stephen, The Evolution of European Consumer Law and Policy: From Well Informed Consumer to Confident Consumer, in: Micklitz (Hrsg.), Rechtseinheit oder Rechtsvielfalt in Europa?, Baden-Baden (Nomos) 1996, S. 424 ff.

Wiedenmann, Kai-Udo, Verbraucherleitbilder und Verbraucherbegriff im deutschen und europäischen Privatrecht: eine Untersuchung zur Störung der Vertragsparität im Verbraucher-Unternehmer-Verhältnis und den Instrumenten zu deren Kompensation, Frankfurt am Main u. a. (Lang) 2004

Wilhelmsson, Thomas, The Informed Consumer v. the Vulnerable Consumer in European Unfair Commercial Practices Law – A Comment, in: Howells/Nordhausen/Parry/Twigg-Flesner (Hrsg.), The Yearbook of Consumer Law 2007, Hampshire/Burlington/VT (Ashgate) 2007, S. 211 ff.

Wunderle, Timo, Verbraucherschutz im Europäischen Lauterkeitsrecht: theoretische Grundlagen, gegenwärtiger Stand sowie Perspektiven der Rechtsentwicklung, Tübingen (Mohr Siebeck) 2010

Zwicker, Frank, Das europäische Verbraucherleitbild bei Finanzdienstleistungen, Diss. Bonn 2003

S. ferner die Veröffentlichungen des Wissenschaftlichen Beirats „Verbraucher- und Ernährungspolitik“ beim Bundesministerium für Ernährung Landwirtschaft und Verbraucherschutz, http://www.bmel.de/DE/Ministerium/Organisation/Beiraete/_Texte/VerbrVeroeffentlichungen.html

1. Teil: **Interdisziplinäre Grundlagen**

Georg Felser, Wernigerode

§ 2 Verbraucher als Mischwesen zwischen Automatismen und Kontrolle

Das Menschenbild der Psychologie

I. Beeinflussung unterhalb der Wahrnehmungsschwelle

Stellen Sie sich vor, Sie arbeiten am Computer an einer Aufgabe. Während dieser Arbeit erscheint hin und wieder für 60 Millisekunden ein Logo, z. B. von Aldi, Netto oder Lidl. Es spricht viel dafür, dass Sie (wenn bestimmte weitere Bedingungen erfüllt sind) diese Einblendungen nicht bemerken. Nach Ihrer Arbeit kaufen Sie dann noch ein – vielleicht bei einem Online-Shop. Wie viel Geld würden Sie wohl in dieser Bedingung ausgeben? Vergleichen wir diese Situation mit einer anderen, in der Einblendungen aus den Logos von Louis Vuitton, Mont Blanc und Tiffany bestanden. Wie hoch wäre Ihre Rechnung nun?

Dieses Szenario ist einem Experiment nachempfunden, das unter Laborbedingungen von *Chartrand, Huber, Shiv* und *Tanner* durchgeführt wurde.[1] Die Probanden sollten nach der Computeraufgabe mit den Einblendungen luxuriöse wie auch billige Marken bewerten, z. B. Nike-Socken für $ 5,25 pro Paar vs. Hanes-Socken für $ 6,00 für zwei Paare. Die Ergebnisse zeigen: Wenn Luxus-Einkaufsstätten aktiviert werden, geben Konsumenten mehr aus und finden Luxus-Marken attraktiver als wenn Discounter (im Experiment z. B. Wal Mart) aktiviert werden.

Das Experiment von *Chartrand* et al. ist ein Beispiel für eine Beeinflussung von Konsumenten, die dem gespenstischen Szenario von 1957 zur unterschwelligen Manipulation verdächtig nahe kommt. Damals hatte der Marktforscher *James Vicary* behauptet, durch die Einblendung von „Drink Coca-Cola“ und „Eat Popcorn“ in einem Kinofilm den Umsatz von Popcorn und Cola erheblich erhöht zu haben.[2] Tatsächlich ist das Experiment von *Vicary* erfunden worden[3] – trotzdem hat die Idee neben Empörung auch eine Menge Forschung ausgelöst.

---

1 *Chartrand u. a.*, Nonconscious goals and consumer choice, Journal of Consumer Research 35 (2008), 189.

2 *Vicary*, Subliminal svengali?, Sponsor 11 (1957), 38.

3 Danzig, Subliminal Advertising - Today It's Just Historic Flashback for Researcher Vicary, Advertising Age 17 (1962), 17 f.

Die Idee der unterschwelligen Beeinflussung ist seither zwar mehrfach zu Grabe getragen worden,[4] aber auch immer wieder auferstanden. Heute allerdings würde man – wenigstens in der Psychologie – nicht mehr daran zweifeln, dass im Prinzip Einflüsse auf unser Verhalten auch unterhalb der Wahrnehmungsschwelle wirken. Fraglich ist allerdings, inwieweit diese Einflüsse außerhalb des Forschungslabors wirken und wie stark sie sind.

1. Priming als Beeinflussungstechnik

Unser Eingangsbeispiel hat hier vermutlich schon ein bisschen übertrieben, denn es unterstellt, dass in einer normalen Alltagssituation eine Einblendung von 60 Millisekunden unterschwellig wirksam ist. Das Problem fängt schon damit an, dass 60 Millisekunden keineswegs sicher unterhalb der Wahrnehmungsschwelle liegen. *Chartrand* et al. jedenfalls haben sich darauf nicht verlassen und haben statt dessen – wie in solchen Experimenten üblich – auf die eigentlich wichtige Einblendung der Logos für 100 Millisekunden eine sinnlose Zeichenkette (z. B. XQFBZRMQWGBX) folgen lassen. Dieser Reiz wirkt als sogenannte „Maske" und löscht bzw. überschreibt sozusagen den sensorischen Speicher (bzw. das Netzhaut-Bild) für die vorherige Einblendung. Dies ist, wie gesagt, erforderlich, um die Unterschwelligkeit sicherzustellen.

Die Versuchsanordnung nutzt das Prinzip des Primings. Der Begriff beruht auf einer Metapher: „to prime" bedeutet eigentlich „aktivieren, zünden, vorbereiten, vorbehandeln". Die Psychologie geht davon aus, dass die Verarbeitung bestimmter Information zu einer Aktivierung eben dieser und verwandter Informationen führt und dass diese in der Folge bevorzugt genutzt werden. *Chartrand* et al. aktivierten also nicht nur die Handelsketten selbst, sondern auch das, wofür sie stehen, nämlich „billig" oder „teuer". Und diese Information beeinflusste das Verhalten in der Folge, indem Probanden sich sparsam oder verschwenderisch entschieden.

2. Wie mächtig ist unterschwelliges Priming?

Vicarys Idee, nun ausgerechnet Coca Cola mit Hilfe einer kurzen Einblendung zu aktivieren, ist allerdings unsinnig. Der entscheidende Effekt des Priming besteht darin, dass es die Wahrscheinlichkeit erhöht, mit der Informationen in den Sinn

4 S. z. B. *Brand*, Die Legende von den „geheimen Verführern". Kritische Analysen zur unterschwelligen Wahrnehmung und Beeinflussung (1978).

kommen und für späteres Verhalten genutzt werden. Priming ist überflüssig, wenn diese Wahrscheinlichkeit ohnehin sehr hoch ist. Denken Sie für einen Moment an Werkzeuge und nennen Sie mir so schnell wie möglich ein Beispiel! Welches Werkzeug fällt Ihnen als erstes ein? Bislang habe ich noch niemanden getroffen, der nicht als erstes den Hammer genannt hätte. Die Wahrscheinlichkeit, dass Ihnen der Hammer einfällt, wenn Sie an Werkzeug denken, ist von vornherein also so hoch, dass man sie durch Priming nicht mehr steigern kann. Was der Hammer für Werkzeuge ist, ist Coca Cola – zumindest in bestimmten Bevölkerungsgruppen – für Softdrinks. Wenn man Coca Cola eigens aktiviert, ändert man daher die Abrufwahrscheinlichkeit nicht wesentlich – das jedenfalls ist wohl einer der Gründe, warum die Versuche, *Vicarys* angebliches Experiment nachzubauen, gescheitert sind.[5]

Sehr viel erfolgreicher waren dagegen *Karremans*, *Stroebe* und *Claus:*[6] Sie aktivierten bei ihren (durstigen) Probanden unterschwellig Lipton Eistee und konnten dadurch in der Folge den Konsum dieser Marke signifikant steigern. Entscheidend für diesen Effekt war unter anderem, dass Lipton Eistee eben nicht der Hammer unter den Softdrinks ist, dass also die Grundwahrscheinlichkeit, dass ein durstiger Proband an Eistee denkt, nicht ohnehin schon sehr hoch ist. Weiterhin entscheidend war die Tatsache, dass die Probanden durstig waren – Priming funktioniert nur bei einem entsprechend motivierten Organismus.[7] Und schließlich musste ein Produkt gewählt werden, das für die Probanden auch als durstlöschend gilt (was keineswegs bei allen Softdrinks gegeben ist – auch nicht unbedingt für Coca Cola)[8].

Mit anderen Worten: unterschwelliges Priming funktioniert nur unter sehr spezifischen Umständen und ist vermutlich allein deswegen schon gar nicht so bedeutend, wie es in der öffentlichen Diskussion den Anschein hat.[9]

Einer der wichtigsten Einwände gegen die Wirksamkeit unterschwelliger Beeinflussung ist allerdings, dass die Unterschwelligkeit selbst den Effekt oft gar nicht erhöht. Die Beeinflussungswirkung überschwelliger, aber nicht beachteter

---

5 *Dijksterhuis/Aarts/Smith,* The power of the subliminal: Subliminal perception and possible applications, in: Hassin/Uleman/Bargh (Hrsg.), The new unconscious (2005), S. 77.

6 *Karremans/Stroebe/Claus,* Beyond Vicary's fantasies: The impact of subliminal priming and brand choice, Journal of Experimental Social Psychology 42 (2006), 792.

7 *Strahan/Spencer/Zanna,* Subliminal priming and persuasion: Striking while the iron is hot, Journal of Experimental Social Psychology 38 (2002), 556.

8 Vgl. *Karremans/Stroebe/Claus,* Journal of Experimental Social Psychology 42 (2006), 792.

9 Für ein besonders skurriles Beispiel siehe z. B. *Henry,* Did the music say „Do it"? TIME-Magazine, 31 (1990), 65; *Pratkanis/Aronson,* Age of propaganda. The everyday use and abuse of persuasion (1992), S. 205.

Reize ist üblicherweise ebenso groß.[10] Dies zeigt zum Beispiel ein Feldexperiment von *North, Hargreaves* und *Mackenzie.*[11] Sie ließen in einem Wein-Fachgeschäft über zwei Wochen unterschiedlich typische Hintergrund-Musik laufen. Im Wechsel wurde an bestimmten Tagen typisch deutsche an anderen typisch französische Musik gespielt. In Übereinstimmung mit der gespielten Musik wurde jeweils überwiegend deutscher bzw. französischer Wein gekauft. In Nachbefragung zeigte sich kein Hinweis, dass der Effekt der Musik auf die Produktwahl bemerkt worden wäre.

II. Zwei-Prozess-Modelle

Die Befunde zeigen: Selbstverständlich sind wir als Konsumenten manipulierbar. Die Frage ist allenfalls: Auf welche Lebensbereiche und auf welche Verhaltensweisen erstreckt sich die Manipulierbarkeit? Und in welchem Umfang können wir uns dagegen wehren?

In der Psychologie sind seit vielen Jahrzehnten Verhaltensmodelle populär, die zwei unterschiedliche Modi der Verhaltenssteuerung unterstellen: Einen automatischen, der sehr effizient, aber auch verhältnismäßig unflexibel funktioniert, und einen kontrollierten, der aufwendig und ressourcenintensiv, aber flexibel ist. Diese Grundidee findet sich in vielen psychologischen Theorien.[12] Sie ist in letzter Zeit durch die Arbeiten von *Kahneman*[13] populär geworden.

Kahneman greift eine Terminologie von *Stanovich* und *West*[14] auf, die von System 1 und System 2 sprechen. Das System 1 funktioniert quasi automatisch und

---

10 S. z. B. *Bargh*, Automaticity in social psychology, in: Higgins/Kruglanski (Hrsg.), Social psychology: Handbook of basic principles (1996), S. 172; *Bornstein/D'Agostino*, The attribution and discounting of perceptual fluency, Social Cognition 12 (1994), 107.

11 *North/Hargreaves/Mackenzie*, The influence of in-store music on wine selections, Journal of Applied Social Psychology 84 (1999), 271.

12 Z.B. *Gawronski/Bodenhausen*, Associative and propositional processes in evaluation: An integrative review of implicit and explicit attitude change, Psychological Bulletin 132 (2006), 692; *Strack/Deutsch*, Reflective and impulsive determinants of social behavior, Personality and Social Psychology Review 8 (2004), 220; *Wilson/Lindsey/Schooler*, A model of dual attitudes, Psychological Review 107 (2000), 101; für einen Überblick s.a. *Chaiken/Trope* (Hrsg.), Dual Process Theories in Social Psychology (1999) oder *Payne/Gawronski*, A history of implicit social cognition: Where is it coming from? Where is it now? Where is it going?, in Gawronski/Payne (Hrsg.), Handbook of implicit social cognition: Measurement, theory, and applications (2010), S. 1.

13 *Kahneman*, Thinking, fast and slow (2011).

14 *Stanovich/West*, Individual differences in reasoning: Implications for the rationality debate? Behavioral and Brain Sciences 23 (2000), 645.

muss nicht weiter überwacht werden – etwa wie ein Autopilot. Wenn wir uns zum Beispiel Werbung und Produktnamen merken, ohne dass wir sie uns aktiv einprägen wollen, wenn wir Assoziationen zwischen Produkt und prominenten Präsentatoren (sog. „Testimonials") aufbauen, wenn wir ohne viel nachzudenken der Intuition folgen, dass die Marke oder ein bekanntes Produkt vielleicht doch besser ist als ein fremdes, dann geht dies oft auf die Arbeit des Autopiloten im System 1 zurück.

Überlegtes Verhalten zeigen wir natürlich auch, dies wäre dann eine Aufgabe für System 2. Zum Beispiel können wir uns genauso gut aktiv an ein Produkt erinnern, wir können uns vor Augen führen, dass George Clooney außer einem teuren Vertrag nicht wirklich viel mit Nespresso zu tun hat, oder wir können uns über Produkte informieren, bevor wir sie kaufen. Das ist möglich, aber aufwendiger. Aber um beim Beispiel des Lernens zu bleiben: Wir können uns eben aussuchen, welchen Prospekt und Katalog wir anschauen und welche Webseite wir aufrufen – in diesem Sinne ist unsere Entscheidung, was wir lernen, autonom. Wir können allerdings nicht verhindern, dass wir von den vielen Reizen unserer Umwelt etliche abspeichern, die wir uns nicht ausgesucht haben und die wir uns lieber nicht gemerkt hätten. Das gilt selbstverständlich auch für Werbung und Produktinformationen.

Entscheidend an den meisten dieser Zwei-Prozess-Modelle ist nicht so sehr, dass sie einen kontrollierten Verhaltensmodus unterstellen. Die Pointe besteht vielmehr darin, dass diese Modelle Automatismen beschreiben, die keine bewusste Steuerung brauchen und deren Wirkung vom handelnden Subjekt auch oft gar nicht bemerkt wird. Was von diesem System der Verhaltenssteuerung ausgelöst und gesteuert wird, ist meist nicht direkt beobachtbar bzw. lässt sich nicht an Versuchspersonen „abfragen" – es muss vielmehr indirekt gemessen und erschlossen werden (z. B. durch Reaktionszeitexperimente oder neurologische Messungen). Daher kommt die weit verbreitete Redeweise von „impliziten Prozessen", „implizitem Erinnern", „impliziten Einstellungen" und so weiter.

Wir haben nicht unbedingt Einsicht in unsere automatischen (unbewussten, impliziten) Prozesse. Unser automatisches Verhalten erleben wir subjektiv oft als kontrolliert bzw. deuten es um. Zum Beispiel glauben wir, autonom entschieden zu haben, wenn unsere Entscheidung tatsächlich von Außenstimuli beeinflusst wurde.[15]

Da zudem der automatische Verhaltensmodus sehr effizient ist – er muss ja nicht überwacht oder eigens durch einen Willensakt initiiert werden – wird häufig

15 Z.B. *Nisbett/Wilson*, Telling more than we can know: Verbal reports and mental processes, Psychological Review 84 (1977), 243.

ein Vorrang gegenüber der bewussten Verhaltenssteuerung, dem zweiten der beiden Prozesse, unterstellt. Häufig sieht es nämlich danach aus, dass auf automatischer Ebene bereits längst die wichtigen Entscheidungen getroffen und die verhaltenssteuernden Impulse gegeben wurden, bevor diese dann auf einer bewussten Ebene registriert und (im Grunde eigentlich im Nachhinein) als vernünftig abgesegnet werden. [16]

Dies trifft auf viele wichtige Beispiele zu, trotzdem ist der Gedanke von einem Primat des automatischen gegenüber dem kontrollierten Verhaltensmodus nicht ganz korrekt. Oft genug wirkt auch System 2 auf System 1 – wir können unseren Autopiloten ja durchaus auch programmieren. Wer ein Musikinstrument spielt, macht dies immer wieder: Ein Fingersatz wird bewusst und mit viel Mühe so antrainiert, dass er irgendwann einmal völlig automatisiert ist. Autofahren oder Fremdsprachenlernen sind andere alltägliche Beispiele dafür, dass System 2 über System 1 den Vorrang hatte.

Die Beispiele machen freilich den Eindruck, als sei es sehr mühsam und langwierig, den Autopiloten zu programmieren. Aber das ist nicht immer so: *Koranyi* und *Rothermund* zeigen in einer originellen Versuchsanordnung, dass sich das automatische Verhalten sehr schnell und nicht erst nach längerer Übung in den Dienst bewusst gefasster Ziele stellt.[17] Die Autoren untersuchten Personen, die sich auf der Suche nach einem Partner befanden und hierzu eine computergestützte Partnerbörse nutzten. Üblicherweise richten Personen auf Partnersuche ihre Aufmerksamkeit relativ leicht auf attraktive Personen des anderen Ge-

---

16 In manchen populären Darstellungen werden automatische Verhaltensmodi so präsentiert, als sei es das „Gehirn", das im Verborgenen und unbewusst agiert und uns ein Bewusstsein oder einen freien Willen vorgaukele. Dies ist „mindestens sehr leichtfertiges Gerede; im Grunde ist es Blödsinn", *Wentura/Frings*, Kognitive Psychologie (2013), S. 43. Tatsächlich wird durch eine solche Art der Darstellung der Blick auf die Prozesse, die unserem Verhalten zu Grunde liegen, eher vernebelt: Das Gehirn wird dadurch quasi zu einem „Homunculus", zu einer Struktur, die zwar eigentlich Verhalten erklären sollte, tatsächlich aber ihrerseits „so komplex und unverstanden [ist], dass man wieder den kompletten Menschen in seiner Leistungsfähigkeit dafür benötigt. Man merkt dies daran, dass Begriffe verwendet werden, die wir gemeinhin nur auf den Menschen beziehen", *Wentura/Frings*, a.a.O., S. 43). Diese wissenschaftlich höchst unbefriedigende Argumentationsstruktur erkennt man daran, dass sie Begriffe verwendet, die eigentlich dem menschlichen Verhalten vorbehalten sind. Niemand kann leugnen, dass das Gehirn für unser Verhalten von allergrößter Bedeutung ist. Gehirnprozesse sind aber etwas grundsätzlich anderes als mentale Prozesse. Interpretieren, Entscheiden und Wahrnehmen jedenfalls sind keine Tätigkeiten des Gehirns. Ich werde mich daher der laxen Redeweise, die das Gehirn zum Agenten hinter unserem Verhalten macht, nicht anschließen.

17 *Koranyi/Rothermund,* When the grass on the other side of the fence doesn't matter: Reciprocal romantic interest neutralizes attentional bias towards attractive alternatives, Journal of Experimental Social Psychology 48 (2012), 186.

schlechts. In Konzentrationsaufgaben sind sie daher auch dadurch abzulenken, dass störende Bilder von potentiellen Partnern eingeblendet werden. Diese Ablenkungswirkung ist für partnersuchende Personen stärker als für Personen, die in einer festen Beziehung leben, und sie zeigt sich bereits auf völlig automatisierter Ebene innerhalb von wenigen Millisekunden.[18] *Koranyi* und *Rothermund* teilten nun ihren Probanden vor der Konzentrationsaufgabe mit, dass ein Partner, für den sie sich interessierten, seinerseits Interesse rückgemeldet hatte und ein Treffen wünschte.[19] (Aus ethischen Gründen wurde diese Rückmeldung nicht manipuliert, sie bestand also aus echten wechselseitigen Interessensbekundungen.) Nachdem sie erfahren hatten, dass es einen interessierten Partner gibt, zeigten die Probanden den üblichen Ablenkungseffekt durch attraktive Gesichter des anderen Geschlechts nicht mehr. *Koranyi* und *Rothermund* interpretieren dies als eine automatische Aufmerksamkeitsregulierung im Sinne des eigenen Ziels. Sobald eine Bindung an einen Partner besteht, untergräbt eine hohe Aufmerksamkeit gegenüber attraktiven Alternativen diese Bindung und das Ziel wird gefährdet. Die Abwertung dieser Alternativen ist daher eine Maßnahme, die das Ziel, einen Partner zu finden, stützt.[20] *Koranyi* und *Rothermund* haben gezeigt, dass diese Abwertung bereits unmittelbar nach der subjektiven Festlegung und auf automatischer Ebene einsetzt.

Für unsere Diskussion bedeutet das: In manchen Fällen folgt System 1 unmittelbar und ganz ohne Training einer Vorgabe aus System 2. Und noch allgemeiner: Einen generellen Vorrang des einen Systems gegenüber dem anderen gibt es nicht.

III. Drei Kategorien von Einflussfaktoren

Aus der Zwei-Prozess-Idee lässt sich eine Dreiteilung von Einflussfaktoren ableiten, die unser Konsumverhalten prägen:

1. Einflüsse, gegen die kein Kraut gewachsen ist,
2. Einflüsse, gegen die man sich im Prinzip wehren kann,
3. Einflüsse, die der eigenen Kontrolle unterliegen.

---

18 *Maner u. a.*, Can't take my eyes off you: Attentional adhesion to mates and rivals, Journal of Personality and Social Psychology 93 (2007), 389.

19 *Koranyi/Rothermund*, Journal of Experimental Social Psychology 48 (2012), 186.

20 S.a. *Johnson/Rusbult*, Resisting temptation: Devaluation of alternative partners as a means of maintaining commitment in close relationships, Journal of Personality and Social Psychology 57 (1989), 967.

Einflüsse aus den Kategorien 1 und 2 nutzen beide den eher automatischen Verhaltensmodus. Einflüsse, die der eigenen Kontrolle unterliegen, gehören, wie der Name schon sagt, zum kontrollierten Modus. Natürlich nimmt auch die Autonomie des Konsumenten von der ersten bis zur dritten Kategorie immer weiter zu. Allerdings kann es auch vorkommen, dass Kontrollstrategien der Konsumenten sie sogar noch beeinflussbarer machen, als sie es ohne diese Strategien wären. Insofern sollen alle drei Kategorien im Folgenden kurz daraufhin diskutiert werden, inwiefern in ihnen die Selbstbestimmung von uns Konsumenten gefährdet ist.

1. Einflüsse, gegen die kein Kraut gewachsen ist

a) Ankereffekt

Richter und Staatsanwälte werden mit einem Fall konfrontiert.[21] Ein Teil von ihnen soll danach die Frage beantworten: „Denken Sie, die Strafe für den Angeklagte wird höher oder niedriger liegen als ein Jahr?" Der andere Teil wird gefragt, ob die Strafe höher oder niedriger als drei Jahre liegen wird. Schließlich schätzen die Befragten nach ihrer eigenen Expertise das Strafmaß ein. Diese Einschätzung liegt stets bei der höheren Vorgabe auch höher.

Dies ist ein Beispiel für einen der mächtigsten Einflüsse der sozialen Urteilsbildung, den Ankereffekt. Dieser Effekt besteht darin, dass wir uns bei numerischen Schätzungen stets von anderen Zahlenvorgaben beeinflussen lassen, und seien diese auch noch so irrelevant. In dem Beispiel ließen sich die Juristen vom Anker beeinflussen, obwohl sie darüber aufgeklärt wurden, dass der Anker aus einer für die Aufgabe nicht weiter hilfreichen Quelle stammt (z.B. von juristischen Laien) oder dass der Anker ein Zufallsprodukt ist. Auch wenn sie den Anker selbst erwürfeln, hat er immer noch einen Effekt. Expertise schützt hier nicht: Der Effekt ist für juristische Experten genauso hoch wie für Laien.[22] Das gilt natürlich auch für Experten aus anderen Gebieten: Zum Beispiel zeigen *Northcraft* und *Neale* in einem Feldexperiment, dass sich Immobiliengutachter – trotz gegenteiliger Beteuerungen – in ihren Bewertungen durch Ankereffekte beeinflussen

---

21 *Englich/Mussweiler/Strack*, Playing dice with criminal sentences: The influence of irrelevant anchors on experts' judicial decision making, Personality and Social Psychology Bulletin 32 (2006), 188.

22 *Englich/Mussweiler/Strack*, Personality and Social Psychology Bulletin 32 (2006), 188.

lassen.[23] *Mussweiler, Strack* und *Pfeiffer* weisen ebenfalls außerhalb des Labors Ankereffekte bei Automechanikern bei der Preisschätzung für einen Gebrauchtwagen nach.[24]

In Verhandlungen fungiert stets das erste Gebot als Anker und korreliert mit dem Endergebnis zwischen .70 und .90.[25] Dies bedeutet, dass das Ergebnis der Verhandlung schon mindestens zur Hälfte determiniert ist, wenn das erste Gebot in der Verhandlung gemacht wurde. Anker beeinflussen auch Verzehrmengen. Zum Beispiel essen Konsumenten mehr, wenn auf der Verpackung auch mehr Kekse abgebildet sind.[26]

Der Ankereffekt lässt es auch als fraglich erscheinen, dass die Zahlungsbereitschaft für bestimmte Güter ein klarer Hinweis auf die Präferenz für diese Güter ist. *Ariely, Loewenstein* und *Prelec* zeigen, dass der subjektive Geldwert eines Gutes mehr von initialen Ankerwerten abhängt als von der Präferenz:[27] Die Autoren spielten ihren Probanden unangenehme Töne auf Kopfhörern vor. Die Teilnehmer wurden gefragt, ob sie gegen eine Bezahlung von 10 bzw. 90 Cent bereit seien, den Ton noch einmal zu hören. Zudem sollen sie angeben, welcher Preis mindestens gezahlt werden sollte, damit sie den Ton noch einmal hören. In der 10-Cent-Gruppe lag dieser Wert bei 33 Cent, in der 90-Cent-Gruppe bei 73. Man wird schwerlich behaupten können, dass der Ton in der Bedingung mit hohem Anker mehr als doppelt so aversiv war wie in der niedrigen Bedingung. Der Unterschied in den akzeptierten Preisen ging nur auf die unterschiedlichen Ankerwerte zurück.

In weiteren Durchgängen mit denselben Probanden variierten die Autoren nun die Anker: Zum Beispiel gaben sie gleiche Anker für beide Gruppen (die Probanden wurden gefragt, ob sie für 50 Cent den unangenehmen Ton hören würden) oder sie kehrten die Anker von 90 und 10 Cent für die beiden Gruppen um. Stets gaben die Probanden danach ihren Mindestpreis an. Und stets lag dieser Wert in der Gruppe, die anfangs den Anker von 10 Cent hatten, deutlich unter dem Wert in der Gruppe mit dem Anker von 90 Cent.

---

23 *Northcraft/Neale,* Experts, amateurs and real estate. An anchoring-and-adjustment perspective on property pricing decisions, Organizational Behavior and Human Decision Processes 39 (1987), 84.

24 *Mussweiler/Strack/Pfeiffer,* Overcoming the inevitable anchoring effect: Considering the opposite compensates for selective accessibility, Personality and Social Psychology Bulletin 26 (2000), 1142.

25 *Galinsky/Mussweiler,* First offers as anchors: The role of perspective taking and negotiator focus, Journal of Personality and Social Psychology 81 (2001), 657.

26 *Madzharov/Block,* Effects of product unit image on consumption of snack foods, Journal of Consumer Psychology 20 (2010), 398.

27 *Ariely/Loewenstein/Prelec,* „Coherent arbitrariness“: Stable demand curves without stable preferences, The Quarterly Journal of Economics 118 (2003), 73.

Dieses Ergebnis unterstreicht zum einen die überragende Bedeutung erster gegenüber folgenden Ankerwerten. Zum anderen aber wirft es ein Licht auf die vermeintliche Stabilität von Präferenzen, die sich in Nachfragekurven zeigt. Stellen wir uns vor, man wollte eine gerechte Entschädigung für die Unannehmlichkeiten durch den Ton festlegen und würde hierzu Marktdaten erheben. Welcher Geldbetrag wäre für die Betroffenen akzeptabel? Die Werte, die *Ariely* et al.[28] in der 10-Cent-Gruppe bzw. in der 90-Cent-Gruppe erhalten, schaffen die perfekte Illusion, dass es sich hierbei um die wirklichen Präferenzen der Probanden handelt: Über neun Durchgänge hinweg und mit wechselnden Randinformationen wollen stets die 10-Cent-Probanden eher wenig und die 90-Cent-Probanden eher viel.

Ein im Grunde beliebiger initialer Ankerwert sorgt also dafür, dass in der Folge eine stabile Zahlungsbereitschaft entsteht. *Ariely* et al. sprechen von diesem Phänomen als „kohärente Beliebigkeit“ (*coherent arbitraryness*):[29] Wer durch einen willkürlich gesetzten Anker dazu gebracht wurde, mehr oder weniger für ein Gut zu zahlen, ist dazu nicht nur für den Moment, sondern auch für die Zukunft bereit. Diese Erkenntnis untergräbt die Annahme, dass Nachfragekurven aus Marktdaten tatsächliche Präferenzen der Konsumenten widerspiegeln.

Anker wirken unabhängig davon, ob sie sinnvoll oder sinnlos oder ob sie realistisch oder unrealistisch sind. Es nützt auch nichts, Urteiler über den Ankereffekt aufzuklären oder Anreize dafür zu setzen, dass man die Wirkung des Ankers unterdrückt. Eine der wenige Strategien, die geeignet ist, den Ankereffekt zu dämpfen (allerdings nicht ihn zu neutralisieren), ist, dass man Informationen verfügbar macht, die mit dem Anker nicht verträglich sind.[30]

b) Konditionierung

Der Ankereffekt ist wie gesagt extrem robust und – solange numerische Werte geschätzt und nicht berechnet werden – praktisch nicht zu kontrollieren. Ein anderer ebenso mechanistisch wirkender Einfluss sind die Effekte der Konditionierung. Im Jahr 1997 resümierte zwar der Vorsitzende des Deutschen Werberates *Volker Nickel* „Menschen sind keine Pawlowschen Hunde; sie reagieren anders

---

28 *Ariely/Loewenstein/Prelec*, The Quarterly Journal of Economics 118 (2003), 73.

29 *Ariely/Loewenstein/Prelec*, The Quarterly Journal of Economics 118 (2003), 73.

30 *Mussweiler/Strack/Pfeifer*, Personality and Social Psychology Bulletin 26 (2000), 1142; *Galinsky/Mussweiler*, Journal of Personality and Social Psychology 81 (2001), 657.

beim Ertönen eines Glöckchens".[31] Allerdings drückt sich hier wohl eher das Bekenntnis zu einem bestimmten Menschenbild aus als eine tiefe Einsicht in die Mechanismen menschlichen Verhaltens. Tatsächlich sind Konditionierungsprozesse zwar sehr komplex.[32] Aber im Prinzip kann man resümieren: Die gemeinsame Präsentation von Stimuli führt zu einer Assoziation, und wir sind konditionierbar, ob wir das nun wollen oder nicht. Es hilft auch nicht viel, dass wir ggf. eine manipulative Absicht bei der Konditionierung durchschauen. Konditionierbar sind wir trotzdem.[33]

2. Einflüsse, die wir prinzipiell beherrschen könnten

Einige unserer automatischen Verhaltensweisen und Reaktionen sind prinzipiell beherrschbar. Zum Beispiel verschwinden manche Effekte oder schwächen sich ab, wenn wir unsere Aufmerksamkeit auf sie lenken. Dazu gehört zum Beispiel der Effekt der bloßen Darbietung:[34] Beliebige Reize werden umso positiver bewertet, je häufiger sie präsentiert werden. Der Effekt ist besonders stark für unbeachtete Reize,[35] z. B. Werbebanner auf Webseiten.[36] Wenn man allerdings seine Aufmerksamkeit auf die Darbietung und ihre Wirkung richtet, dämpft das den Effekt.[37]

Die Beherrschbarkeit gilt freilich nur prinzipiell. Normalerweise kalkulieren wir den Effekt bei uns selbst nicht ein – eher im Gegenteil.[38] Wenn man zum Beispiel Personen danach fragt, wie ihnen ein Musikstück gefallen oder ein Fruchtjoghurt schmecken würde, wenn sie es jeweils für zwei Wochen täglich einmal hören bzw. essen, berücksichtigen sie nicht den Effekt der bloßen Dar-

31 *Nickel,* Manipulation oder Markenkommunikation? Kinder als Ansprechpartner der Wirtschaft, in: Meister/Sander (Hrsg.), Kinderalltag und Werbung. Zwischen Manipulation und Faszination (1997), S. 128.

32 *De Houwer,* Conditioning as a source of liking. There is nothing simple about it, in: Wänke (Hrsg.), Social psychology of consumer behavior, S. 151, überschreibt etwa seine Überblicksarbeit mit den Worten: „Conditioning as a source of liking. There is nothing simple about it".

33 *Janiszewski/Warlop,* The influence of classical conditioning on subsequent attention to the conditioned brand, Journal of Consumer Research 20 (1993), 171.

34 „Mere exposure effect", *Zajonc,* Attitudinal effects of mere exposure, Journal of Personality and Social Psychology 9 (PT. 2) (1968), 1.

35 *Bornstein,* Exposure and affect: Overview and meta-analysis of research 1968 – 1987, Psychological Bulletin 106 (1989), 265.

36 *Yoo,* Unconcious processing of web advertising: effects on implicit memory, attitude toward the brand and consideration set, Journal of Interactive Marketing 22 (2008), 1.

37 *Bornstein,* Psychological Bulletin 106 (1989), 265.

38 *Kahneman/Snell,* Predicting a changing taste: Do people know what they will like?, Journal of Behavioral Decision Making 5 (1992), 187.

bietung. Vielmehr gehen die meisten Menschen davon aus, dass die Wiederholung zu Überdruss führen wird. Sie antworten daher eher: „schlechter als heute".

Prinzipiell beherrschbar ist auch die Anwendung von Faustregeln und Stereotypen. Menschen lassen sich zwar oft von Vorurteilen beeinflussen, sie können deren Wirkung aber auch willentlich unterdrücken.[39]

In der sozialen Kognitionsforschung gilt das Bild vom „kognitiven Geizhals":[40] Der Mensch versucht Urteile mit möglichst geringem gedanklichen Aufwand zu fällen. Im Konsumalltag lassen wir uns z. B. von Markenimages leiten, anstatt Produkte zu prüfen. Gelegentlich führt das zu Fehleinschätzungen, z. B. wenn wir dem Niedrig-Preis-Image des Media-Markt folgen.[41]

Komplexe Entscheidungen versuchen wir auf möglichst einfache Regeln zu reduzieren. Der Handel kann die Anwendung dieser Regeln provozieren und damit suboptimale Entscheidungen des Konsumenten herbeiführen. Ein Beispiel hierfür wäre auch die Gestaltung einer Preisstruktur. Konsumenten berechnen nicht wirklich ihren Gesamtnutzen oder gar den Gesamtpreis bei einem Angebot, das aus mehreren Komponenten besteht. Viel wahrscheinlicher ist, dass sie einzelne Angebotskomponenten paarweise vergleichen und dann auszählen, wie oft das eine Angebot einem anderen überlegen ist. Daher kann ein Anbieter von Mobilfunk-Verträgen Preisgünstigkeit suggerieren, wenn er nur möglichst viele Einzelvergleiche mit dem Mitbewerber gewinnt – ganz gleich, auf welchen Gesamtpreis das Angebot hinausläuft. Wenn er zum Beispiel in der Anschlussgebühr und dem Handypreis niedriger liegt und nur bei der monatlichen Gebühr höher, gewinnt er zwei von drei Vergleichen – und erscheint möglicherweise dadurch bereits preisgünstig.[42]

Prinzipiell wehren kann man sich auch gegen Beeinflussungen in der direkten Interaktion, so zum Beispiel gegen die Fuß-in-der-Tür-Technik:[43] Es werden zunächst kleinere Entgegenkommen gefordert, die dann immer größer werden. Dadurch wird ein kooperatives Verhalten provoziert. Dem Adressaten fällt es

---

39 S. z. B. *Devine*, Stereotypes and prejudice, Journal of Personality and Social Psychology 56 (1989), 5.

40 S. z. B. *Fiske*, Social cognition, in: Tesser (Hrsg.), Advanced Social Psychology (1995), S. 149.

41 *Kröger*, Andere können noch billiger. Media Markt im Preistest, Spiegel-online v. 4. 2. 2005, 15:17, zugänglich unter http://www.spiegel.de/wirtschaft/media-markt-im-preistest-andere-koennen-noch-billiger-a-340343.html.

42 *Bauer*, Die Psychologie der Preisstruktur. Entwicklung der „Entscheidungspsychologischen Preisstrukturgestaltung" zur Erklärung und Vorhersage nicht-normativer Einflüsse der Preisstruktur auf die Kaufentscheidung (2000).

43 *Freedman/Fraser*, Compliance without pressure: The foot-in-the-door technique, Journal of Personality and Social Psychology 4 (1966), 196.

schwer, die Richtung seines Verhaltens bei den folgenden Bitten noch zu ändern. Er fühlt sich vielmehr unter dem Druck, stimmig und konsistent zu handeln.

Mit ähnlicher Macht – wenn auch durch einen anderen Mechanismus – wirkt die Regel der Gegenseitigkeit bzw. die Reziprozitätsnorm:[44] Dem Gegenüber wird ein ungeschuldeter Gefallen erwiesen, z. B. ein Geschenk oder eine Gratisprobe. In der Folge fühlt die Person sich in der Pflicht, diese Gefälligkeit zu erwidern.

Beide genannten Strategien beruhen nicht im selben Ausmaß wie z. B. das Konditionieren oder der Effekt der bloßen Darbietung auf der Architektur unseres kognitiven Apparates. Ihre Grundlage sind vielmehr soziale Normen – und das allein gibt ihnen wohl schon den Anschein, als seien sie leicht beherrschbar. Immerhin: Gegen Normen kann man verstoßen, man tut es tagtäglich. Wie leicht es ist, sich gegen die Reziprozitätsnorm oder den Druck zu konsistentem Verhalten zur Wehr zu setzen, muss uns weiter unten noch einmal beschäftigen.

3. Einflüsse, die der eigenen Kontrolle unterliegen

Wenn wir uns Werbung, Marketing oder dem Verhalten eines Verkäufers aussetzen, wissen wir doch eigentlich, dass wir beeinflusst werden sollen. Allein daraus könnte sich doch schon ein gewisser Schutz gegen manipulative Strategien ergeben. Das mag vielleicht auch in der Tat so sein.

Das Meta-Wissen über die Beeinflussungsabsicht und über die dabei eingesetzten Strategien hat jedenfalls für die Effekte der sozialen Beeinflussung Folgen. Diese Folgen diskutiere ich hier unter den Einflüssen, die der eigenen Kontrolle unterliegen, denn in der Tat führt das Wissen über Beeinflussungsstrategien bei Sendern wie bei Empfängern dazu, dass sie ihrerseits sich in einer ganz bestimmten Weise verhalten, um ihre Ziele zu erreichen.

Die Forschung zu diesem Thema wird im Persuasion Knowledge Modell von *Friestad* und *Wright* zusammengefasst.[45] Darin wird zum Beispiel deutlich, dass wir bis zu einem gewissen Grade dulden, dass die Werbung oder ein Verkäufer die Vorteile des Produkts übertreibt. Wir kalkulieren auch Strategien der Beeinflussung mit ein, die diese anwenden. Dies sind alles reflektierte und kontrollierte Prozesse.

---

44 *Cialdini u. a.*, Reciprocal concessions procedure to induce compliance: The door-in-the-face-technique, Journal of Personality and Social Psychology 31 (1975), 206.

45 *Friestad/Wright*, The persuasion knowledge model: How people cope with persuasion attempts, Journal of Consumer Research 21 (1994), 1; s.a. *Kirmani/Campbell*, Taking the target's perspective: The Persuasion Knowledge Model, in: Wänke (Hrsg.), Social psychology of consumer behavior (2009), S. 297.

Eine entscheidende Rolle spielt hier aber auch unser Wissen über Beeinflussungsstrategien. „Wissen" bedeutet hier nicht unbedingt, dass es ein zutreffendes Wissen ist. Sowohl das Marketing wie auch die Kunden haben zwar Vorstellungen darüber, welche Strategien wie wirken. Aber oft sind weder die Vielfalt der möglichen Strategien als auch deren tatsächliche Wirkungswege wirklich bekannt.[46]

Ein Beispiel hierzu: In einer Tageszeitung[47] war unter der Überschrift „Per Mitleids-Masche zur Unterschrift" von einem Verkaufs-Trick die Rede: Zwei junge Leute klingeln an der Tür und fragen, ob man bereit sei, an einer Umfrage teilzunehmen. Die Frage ist, ob man Vorurteile gegen ehemals Drogenabhängige habe und ob man selbst befürworten würde, dass man diesen Leuten auf dem Weg der Resozialisierung helfen sollte. Nachdem diese Frage beantwortet wurde, erklären die beiden, sie seien selbst ehemalige Drogenkonsumenten, und sie sammelten Geld für ein therapeutisches Wohnheim. Es würde aber gegen ihre Bewährungsauflagen verstoßen, wenn sie Spenden nähmen. Stattdessen könnten sie Abonnements für verschiedene Zeitschriften anbieten.

Dieses Vorgehen ist ein Beispiel für die Fuß-in-der-Tür-Technik, wie es ins Lehrbuch gehört. Natürlich ist es sinnvoll von der Presse, vor diesem subversiven Beeinflussungsversuch zu warnen. Allerdings warnen sie vor dem falschen Mechanismus. Mitleid ist nicht der Motivator hinter dem Verhalten, es ist das Bedürfnis bzw. das Streben nach Konsistenz im eigenen Verhalten.[48] Es ist also sozusagen ein falsches Wissen und damit ein wenig wirksamer Versuch, sich gegen die Beeinflussung zu schützen.

Freilich darf man bezweifeln, dass die Dynamik hinter den Verhaltensweisen auch denen, die sie zur Manipulation einsetzen, wirklich bewusst ist. Zum Beispiel findet man in Verkaufsratgebern[49] die beschriebene Fuß-in-der-Tür-Technik eher als „Ja-Sage-Technik" – der Verkäufer solle die Kunden auf die „Ja-Sage-Schiene" setzen. Diese Darstellung übersieht zwei wichtige Bedingungen dafür, dass die Strategie funktioniert: Zum einen sollten sich die Forderungen bzw. Anfragen langsam steigern, wobei die allererste geradezu trivial sein sollte. Zum anderen kommt es nicht darauf an, dass der Adressat der Beeinflussung „ja" sagt, wichtig ist vielmehr, dass er kooperiert. Und oft genug lautet die kooperative Antwort nicht

---

46 *Friestad/Wright*, Persuasion knowledge: Lay people's and researchers' beliefs about the psychology of advertising, Journal of Consumer Research 22 (1995), 62.

47 Trierischer Volksfreund v. 14./15. Jan. 1995, Nr. 12, S. 11.

48 Vgl. dazu auch *Felser*, Werbe- und Konsumentenpsychologie (4. Aufl. 2015), S. 224ff.

49 S. etwa *Ebeling*, Hundert Tips für Verkäufer (11. Auflage 1990); *Graf*, Manipulationstechniken für Verkäufer (1982).

„ja“, sondern „nein“ (z. B. wenn im obigen Beispiel die Zeitschriften-Drücker fragen, ob man Vorurteile gegen ehemals Drogenabhängige hat).

Tatsächlich könnte uns das Marketing wohl viel mehr und viel subversiver noch manipulieren als es das zur Zeit tut, wenn nur die Mechanismen hinter unserem Verhalten bekannter wären. Die zeitweilige Begeisterung für die Neuro-Forschung hat die Erkenntnisse hierzu nur bedingt erweitert, vielfach hat sie das Gegenteil bewirkt. Wenn es nämlich in der populären Darstellung hieß, ein Phänomen sei „entschlüsselt“, weil man die neurologischen Korrelate eines mentalen Vorgangs entdeckt habe, dann lenkte diese Redeweise die Aufmerksamkeit von den eigentlich wichtigen Fragen eher ab: Welche mentalen Prozesse wirklich zu einem bestimmten Verhalten führen, wird erst in psychologischen Theorien deutlich – Neuro-Daten erhalten ihren Sinn erst vor dem Hintergrund solcher Theorien.

Es ist leicht einzusehen, dass uns eine unzutreffende Annahme über die Mechanismen der sozialen Beeinflussung gegenüber manipulativen Strategien verwundbar macht. Aber interessanterweise bedeutet auch eine zutreffende Einsicht in Beeinflussungstechniken keineswegs einen sicheren Schutz. Es gilt eben nicht, dass die Gefahr gebannt ist, wenn man sie nur erkannt hat, und das hat natürlich unter anderem damit zu tun, dass – wie oben dargestellt – gegen manche Einflüsse „kein Kraut gewachsen ist“. Es gibt aber noch einen anderen Grund, der verhindert, dass wir durch bloße Einsicht in den Mechanismus bereits gegen soziale Beeinflussung immun werden. Dieser Grund basiert auf dem sogenannten „fundamentalen Attributionsirrtum“.[50] Allgemein gesprochen besteht der Irrtum darin, dass wir als Beobachter die Situationseinflüsse auf ein Verhalten meist vernachlässigen und als sehr gering veranschlagen. In unserem Urteil gehen wir meistens davon aus, jedes von außen betrachtete Verhalten hinge nur von den Eigenschaften der handelnden Person ab und die Situation, in der sie sich befindet, sei unbedeutend oder zumindest leicht beherrschbar.

Der etwas dramatische Name des Effekts deutet schon an, wie stabil und einflussreich er ist. Er führt nicht nur dazu, dass wir glauben, andere seien beeinflussbarer als wir selbst. Als weitere Folge daraus unterschätzen wir, wie sehr uns eine nicht aktuelle, sondern nur zukünftige und vorgestellte Beeinflussungs-Situation unter Druck setzen wird. Wenn wir uns aktuell nicht in der Situation befinden, können wir uns nur schwer vorstellen, dass wir der Macht dieser Situation nachgeben und uns im Grunde genauso verhalten werden, wie die meisten anderen Menschen auch. Mit anderen Worten: Wenn wir uns nur vorstellen, dass

---

50 S. z. B. *Gilbert*, Speeding with Ned: A personal view of the correspondence bias, in: Darley/ Cooper (Hrsg.), Attribution and social interaction. The legacy of Edward E. Jones (1998), S. 5.

jemand uns einen ungeschuldeten Gefallen erweist und später mit einer eigenen Forderung kommt, scheint es uns relativ einfach, diese Forderung zurückzuweisen, wenn sie uns unangemessen erscheint. Wir glauben, „mit der Situation schon umgehen“ zu können. Tatsächlich ist die Wahrscheinlichkeit, dass wir das wirklich können, eher gering – genau darin besteht der besagte Irrtum.

IV. Wie kann man sich gegen manipulative Strategien wehren?

Die vorherige Diskussion gibt uns eine erste Antwort auf die Frage, wie man sich gegen manipulative Strategien wehren kann, nämlich: Ihnen aus dem Weg gehen. Weil die Macht von Situationen sehr hoch sein kann, ist man gut beraten, sich ihr gar nicht erst auszusetzen. Daher ist es zum Beispiel in bestimmten Rollen bzw. Lebenssituationen angeraten, Geschenke, Entgegenkommen und Gefälligkeiten gar nicht erst anzunehmen – denn der Druck, den das erzeugt, ist eben höher als man das im vorhinein abschätzen kann. Freilich gibt es viele andere Situationen, in denen es sozial nicht akzeptabel wäre, Geschenke zurückzuweisen[51] – dies zeigt schon, wie unvollkommen die Empfehlung ist: Meide Situationen, die dich unter Druck setzen werden.

Andererseits: Manchmal ist sie eben die einzig sinnvolle Empfehlung. Entscheidend ist hier ohnehin das Resümee: Zur Wehr setzen können und müssen wir auf sehr unterschiedliche Weise. Manchmal hilft es, die Aufmerksamkeit auf einen irrelevanten Einfluss zu richten und die Irrelevanz einzusehen – das kann manipulative Effekte neutralisieren. Manchmal muss man sich eben nur etwas mehr anstrengen und für die Entscheidung statt einer Faustregel ein aufwendigeres Verfahren verwenden. Und manchmal hilft es am besten, wenn man einer Situation von vornherein aus dem Weg geht (z. B. keine Geschenke annimmt).

Gefährlich ist allerdings die Illusion, die bloße Einsicht in eine manipulative Strategie mache uns bereits immun dagegen! Diese Illusion macht uns vielmehr oft noch „vulnerabler“.[52]

---

51 S. z. B. *Cialdini*, Influence – Science and Practice (5. Auflage 2009).

52 *Sagarin u. a.*, Dispelling the illusion of invulnerability: The motivations and mechanisms of resistance to persuasion, Journal of Personality and Social Psychology 83 (2002), 526.

V. Menschen sind Mischwesen

Welches Menschenbild steht nun hinter den psychologischen Erkenntnissen zum Verbraucherverhalten? Auch wenn viele der zitierten Einflüsse eher unsere Manipulierbarkeit und nicht so sehr unsere Autonomie in den Vordergrund stellen, wir vereinen offenbar beides in uns. Bis zu einem gewissen Grade funktionieren wir „wie Maschinen“, wir können aber diese Maschine auch lenken, bedienen und unseren Zielen unterwerfen – auch das „bis zu einem gewissen Grade“. Insofern kann man das Menschenbild am besten verstehen als einen „Hybriden“ – ein Mischwesen, das unterschiedliche Fähigkeiten und Verhaltensmöglichkeiten vereint. Wenn man Teile davon ignoriert, wird man ihm nicht gerecht und scheitert zudem mit seinen Verhaltensvorhersagen.

Und da wir eben nicht nur reflektierte und vom eigenen Willen gesteuerte Individuen sind, sondern zu einem guten Stück auch „mechanisch“ funktionieren, ist uns eben keineswegs mit dem Durchschauen eines Mechanismus auch sofort die Gewalt über ihn gegeben.

Markus Rehberg, Rostock

§ 3 Verbraucherleitbilder – Rechtsempirische Grundlagen

I. Untersuchungsgegenstand

1. „Rechtsempirisch"

Wird man als Jurist gebeten, zu rechtsempirischen Grundlagen – hier des Verbraucherleitbilds – vorzutragen, so ist zunächst zu klären, was damit eigentlich gemeint ist. Immerhin beschreibt unsere Disziplin keine Wirkungszusammenhänge und kennt daher etwa auch kein eigenes juristisches Verhaltensmodell. Es wäre auch wenig sinnvoll, als Juristen (Laien) unter Juristen (Laien) unter Umgehung disziplinärer Qualitätssicherungsmechanismen in Zweit-, Dritt- und Viertverwertung fremder Arbeiten oder gar „einfach so" ohne fundierte Ausbildung und langjährige Erfahrungen etwa psychologische, soziologische oder ökonomische Aussagen tätigen zu wollen. Doch ist dies auch gar nicht nötig, haben wir Juristen mit unserem eigenen Forschungsgegenstand genug zu tun: dem geltenden Recht. Rechtswissenschaft ist die verallgemeinernde Beschreibung des geltenden Rechts – und zwar vor allem des lebenden Rechts (*Eugen Ehrlich*), des *law in action* –, wie es sich in Gesetzen, Urteilen oder Verträgen täglich als äußerst reales soziales Phänomen manifestiert und damit grundsätzlich[1] genauso wissenschaftlich angegangen werden kann wie jedes andere reale Phänomen auch. So gesehen mahnt die Forderung eines rechtsempirischen Arbeitens vor allem dazu, die oft sehr komplexe Rechtsrealität gewissenhaft zu studieren, bevor man sich dann um wissenschaftliche Aussagen dazu bemüht.

Doch schwingt in der Betonung der rechtsempirischen Komponente – zumal im Zusammenhang mit dem Verbraucherleitbild – zweifellos noch etwas anderes mit, nämlich die Frage nach den tatsächlichen Grundlagen menschlichen Verhaltens, wie sie insbesondere von der Psychologie immer konkreter und nach-

1 Dass es dabei Menschen sind, die dieses Recht mit beeinflussen, macht die Angelegenheit lediglich komplizierter, sofern man dem Menschen nicht – in für uns typischer Selbstüberschätzung – magische, die „gewöhnliche" Natur übersteigende Kräfte wie etwa eine Willensfreiheit unterstellt. Instruktiv dazu etwa *Haeckel*, Die Welträthsel (1899), S. 9, 13ff., 18f., 22, 402f., 405, 410f., passim, vgl. daneben unten Fn. 17.

drücklicher beschrieben werden.[2] Und tatsächlich können wir uns dem als Juristen schon deshalb nicht entziehen, weil wir erstens Tatbestände formulieren, die sich durch den Rechtsanwender umsetzen bzw. überprüfen lassen und damit einen Realitätsbezug aufweisen (also subsumierbar sein) müssen, und wir zweitens mit unserem Recht eben jene Realität und nicht etwa nur eine fiktive Wunschwelt adressieren wollen. Nur weil wir Juristen keine eigene methodische Handhabe zur Beschreibung von Wirkungszusammenhängen kennen, kommen wir noch lange nicht umhin, die Erkenntnisse anderer Disziplinen zu berücksichtigen. Dabei wäre schon viel gewonnen, rechtsdogmatisch auch nur die grundsätzlichsten und oft reichlich banalen Erkenntnisse konsequent umzusetzen – gerade was die geistigen menschlichen Fähigkeiten anbelangt. Darauf wird noch zurückzukommen sein.

2. „Verbraucherleitbild"

Die Diskussion um das Verbraucherleitbild blickt mittlerweile auf eine beträchtliche Tradition mit zahlreichen instruktiven Abhandlungen zurück, weshalb hier von vornherein darauf verzichtet sei, dem noch eine weitere Darstellung hinzuzufügen.[3] Nichts anderes gilt speziell für den Begriff des Verbrauchers.[4] Wohl aber sei hier zumindest auf dreierlei hingewiesen: Zum einen ist es ziemlich offensichtlich, dass es beim Verbraucherleitbild nicht nur um eine rein tatsächlich-psychologische Beschreibung menschlichen Verhaltens geht – schließlich ist hier schon rein sprachlich von einem Leitbild die Rede. „Bilder" entsprechen nicht immer der Realität, und dieses Bild soll uns anscheinend „leiten".[5]

Zum anderen betreffen die meisten Phänomene und Probleme, wie sie typischerweise unter dem Verbraucherleitbild diskutiert werden, gleichermaßen Kaufleute, Unternehmer und sonstige „Profis". Denn das Problem eingeschränkter Information und begrenzter geistiger Fähigkeiten, aber auch von sozialen und

2 Siehe dazu einführend in die kognitive Psychologie etwa *Anderson*, Kognitive Psychologie (7. Aufl. 2013), zum menschlichen Lernen *Spitzer*, Lernen (2007), entscheidungspsychologisch *Jungermann/Pfister/Fischer*, Die Psychologie der Entscheidung (3. Aufl. 2010), enzyklopädisch-interdisziplinär *Wilson/Keil* (Hrsg.), The MIT Encyclopedia of the Cognitive Sciences – MITECS (1999), über die Konsumentenforschung *Kroeber-Riel/Gröppel-Klein*, Konsumentenverhalten (10. Aufl. 2013) oder aus der Marketing-Literatur *Nieschlag/Dichtl/Hörschgen*, Marketing (19. Aufl. 2002).

3 Siehe hier nur stellv. *Riesenhuber*, System und Prinzipien des europäischen Vertragsrechts (2003), S. 250 ff., 264 ff.; *Tamm*, Verbraucherschutzrecht (2011), S. 147 ff.

4 Neben den zuvor genannten Werken sei auf die Kommentierungen von § 13 BGB verwiesen.

5 Näher zu dieser Funktion unten II. 3. b).

wirtschaftlichen Abhängigkeiten im Kleinen wie im Großen, kennen auch diese Personengruppen. Schon deshalb gehören viele auf der Verbraucherrechtsebene diskutierte Fragen in Wahrheit schon immer zur allgemeinen Rechtsgeschäftslehre und dient es bisweilen eher einem weit verbreiteten Bedürfnis, sich mit rechtsdogmatisch unangenehmen Problemen erst gar nicht auseinandersetzen zu müssen, wenn man diese vermeintlich in ein „Sonderrechtsgebiet" abschieben kann.

Schließlich ließe sich dem Verbraucherleitbild – gerade soweit es um normative Anforderungen geht – auch noch ein Unternehmensleitbild gegenüberstellen.[6] Denn genauso wie wir auf Kundenseite bestimmte Verhaltensweisen verlangen und bei Nichteinhaltung sanktionieren, tun wir dies gegenüber Unternehmen. Wenngleich solche Standards bisher vor allem auf wettbewerbsrechtlicher Ebene diskutiert werden – also wiederum abgeschoben aus der allgemeinen Rechtsgeschäftslehre –, prägen sie entscheidend auch vertragstheoretisches Verständnis.[7] Und da schon aufgrund des immer stärker zunehmenden Wettbewerbsdrucks sowie der fortschreitenden Globalisierung alternative Steuerungsmechanismen wie eine lokale Unternehmensethik immer weniger greifen,[8] wird die rechtliche Steuerung auf dieser Ebene wichtiger.

---

6 Dafür etwa *Rehberg*, Der Versicherungsabschluss als Informationsproblem (2003), S. 169 ff. m.w.N., vgl. auch *Riesenhuber* (Fn. 3), S. 264 ff.

7 Ein besonders deutliches Beispiel bildet die Berücksichtigung unternehmerischer Werbeangaben bei der vertraglich geschuldeten Produktqualität. Siehe dazu etwa – auch vor der Richtlinie 1999/44/EG des Europäischen Parlaments und des Rates vom 25.5.1999 zu bestimmten Aspekten des Verbrauchsgüterkaufs und der Garantien für Verbrauchsgüter, ABl. 1999 L 171/12, der Schuldrechtsreform und damit vor allem § 434 Abs. 1 S. 3 BGB – BGHZ 132, 55, 60 ff.; 48, 118, 123 f. oder *Flume*, Allgemeiner Teil des Bürgerlichen Rechts, Bd. 2 (4. Aufl. 1992), S. 312, 617, aber auch Art. 6:101 PECL und Art. II. – 9:102 DCFR sowie aus der Literatur *Köndgen*, Selbstbindung ohne Vertrag (1981), S. 283 ff., 295 ff., passim; *Lehmann*, Vertragsanbahnung durch Werbung (1981); *Jorden*, Verbrauchergarantien (2000); *Alexander*, Vertrag und unlauterer Wettbewerb (2002); *Tiller*, Gewährleistung und Irreführung (2005) sowie *Rehberg*, Das Rechtfertigungsprinzip (2014), S. 835 ff.

8 Man kann dies als Sittenverfall bezeichnen, ohne dass damit bereits entschieden wäre, wie dieser politisch zu bewerten ist. Früher jedenfalls bewarb keine Bank – obwohl rechtlich zulässig – unaufgefordert neue Kreditaufnahmen, weil man doch sicher mal wieder in den Urlaub fahren wolle. Es war auch noch nicht in ganzen Branchen üblich, Reklamationen standardmäßig so lange direkt in den Papierkorb weiterzuleiten, bis diese nicht zumindest per Einschreiben eingehen.

II. Zuschreibung

1. Problem

Wie bereits angedeutet geht es beim Verbraucherleitbild nicht nur um eine rein tatsächlich-psychologische Beschreibung menschlichen Verhaltens. Vielmehr darf oder gar soll das rechtliche Verständnis durchaus von solchen Realitäten abweichen. Anders formuliert sind es erst wir selbst, die dem Menschen bestimmte Verhaltensmuster zuschreiben, diese Erwartungen also an den Einzelnen herantragen. Das Verbraucherleitbild ist nichts, was sich wie etwa „Wasser" raumzeitlich identifizieren und damit klar als das definieren ließe, was gelegentlich vom Himmel tropft und bläulich schimmert, um es dann in allen Facetten auf seine genauen Eigenschaften hin zu untersuchen.

Doch wozu dient eine solche Zuschreibung dann, und warum interessiert uns nicht nur das Faktische?[9] Warum unterstellen wir bestimmten Personen ein bestimmtes Verhalten, nur um uns gleich wieder zu wundern oder gar zu entrüsten, wenn diese Person das von uns selbst zugeschriebene Verhalten missachtet? Dabei hilft es nur begrenzt, dass sich solche Zuschreibungen auch in ganz anderen Bereichen finden, sei es bei der Rationalität,[10] der Erkenntnisfähigkeit,[11] der Eigen- bzw. Fremdnützigkeit menschlichen Handelns,[12] der Fähigkeit zu „handeln",[13] „Schuld" auf sich zu laden oder der so ominösen Willensfreiheit[14] – um hier nur einige Beispiele zu nennen.

---

9 Siehe zum Folgenden auch – dort zum Rationalitätsbegriff – *Rehberg* (Fn. 7), S. 986 ff., 1113 ff.

10 Maschinen etwa „handeln" für uns nicht „irrational", sondern „funktionieren" allenfalls nicht richtig. Siehe zur Zuschreibung von Rationalität neben der vorherigen Fußnote etwa aus philosophischer Sicht *Schnädelbach*, Zur Rehabilitierung des *animal rationale* (1992), S. 61 ff., 93 ff., 101 f., passim.

11 Ein klassisches, in der Erkenntnistheorie schon von Platonikern diskutiertes Beispiel ist die Frage, warum ein Stein, der mit einem lauten Klack auf den Boden fällt, nicht die „Erkenntnis" hat, auf den Boden gefallen zu sein.

12 Was eigen- oder fremdnützig ist, ist Gegenstand persönlicher bzw. gesellschaftlicher Einschätzung, die erst einmal zu ermitteln bzw. wissenschaftlich zu begründen ist. Dass sich die Ökonomik mit Eigennutz- und Rationalitätsannahme auf gleich zwei wackelige, weil erst einmal zuschreibungsbedürftige „Grundannahmen" stellt, macht dieser Disziplin die Arbeit sicher nicht leichter.

13 Steine „handeln" nach unserem Empfinden nicht, Menschen hingegen schon.

14 Näher unten Fn. 17.

2. Begründungsnotwendigkeit

Als Wissenschaftler muss es uns gelingen, dieses Phänomen der Zuschreibung nicht nur staunend zu bewundern, sondern verallgemeinernd wie zutreffend zu beschreiben. Schließlich etablieren sich Zuschreibungen nicht etwa rein zufällig und können wir Menschen diese beeinflussen, also nach unseren persönlichen oder gesellschaftlichen Vorstellungen gestalten. Wir müssen daher verstehen, warum wir überhaupt Leitbilder formulieren, um diese dann gegebenenfalls auch hinterfragen zu können.

Nur eine bequeme Ausrede wäre es, hier einfach darauf zu verweisen, dass ein Verbraucherleitbild eben normativ sei. Denn wissenschaftlich ist damit nichts gewonnen, lässt sich diesem Befund keinerlei Aussage darüber entnehmen, wie dieses Leitbild aussieht und was die rechtlichen Konsequenzen einer (Nicht-) Beachtung sind. „Rein normativ" könnte man schließlich auch verlangen, dass ein Verbraucher vor jedem Kauf einen Handstand macht und magische Wörter von sich gibt. Begriffe wie „normativ", „sollen", „kontrafaktisch", „präskriptiv" uvm. enthalten nur eine negative Aussage, nämlich dass nicht das Reale, Tatsächliche, Faktische (hier auf das Verbraucherverhalten gemünzt) maßgeblich sein muss.

Demgegenüber lässt sich in der Verbraucherschutzdiskussion immer wieder feststellen, dass man gerade dort, wo die psychologisch-realen Gegebenheiten menschlichen Denkens und Handelns so manchen schönen dogmatischen Traum zerplatzen lassen, lieber in die Konjunktiv-Welt des „hätte, wäre, wenn" flieht und einfach nur pauschal auf die Notwendigkeit einer „normativen" Wertung verweist. Das betrifft das Menschenleitbild[15] wie selbst so grundlegende Phänomene wie den Vertrag: Zwar wird es jedem Studenten von klein auf beigebracht, dass er das Abstraktions- und Trennungsprinzip minutiös zu beachten habe, nicht aber das, was die Vertragsparteien tatsächlich bei Vertragsschluss wollten bzw. erklärten – wenn man nur rechtzeitig auf eine „normative Auslegung" bzw. „verständige Würdigung" des Vertragsinhalts verweist.[16] Und genauso haben Personen, die durch andere einen Schaden erleiden, nach einer auch unter Rechtswissenschaftlern verbreiteten Auffassung „eben Pech": Wenn sie einem einfach nur behaupteten oder hingenommenen Leitbild nicht entsprechen, haben sie „eben die Verantwortung zu tragen", ohne eine tragfähige Begründung dafür zu erhalten, warum sie denn eine solche Verantwortung tragen sollen, warum sich die Rechtsordnung in ihrem Fall nicht auch anders entscheiden soll, wenn sie es – wie

---

15 Vgl. hier nur – stellv. für viele – *Schünemann*, Mündigkeit versus Schutzbedürftigkeit, in: Festschrift für Brandner (1996), S. 279, 290, demzufolge die Normativierung des Menschenbildes der Kritik einer Lebensferne (dort des BGB) den Boden entziehen soll.

16 Näher *Rehberg* (Fn. 7), S. 541 ff., 647 ff., 696, 701 ff.

so oft – sehr wohl kann. Beinahe schon zynisch, obwohl in unserer Kultur tief verankert, ist es auch, anderen Menschen vorzuwerfen, sie hätten „anders handeln“ können, und sie mit diesem Argument zu bestrafen, obwohl es bis heute keinerlei wissenschaftliche Basis gibt, um eine solche Willensfreiheit auch nur ansatzweise festzustellen.[17] All das mag zwar noch die Vorstellungen einzelner Bevölkerungskreise befriedigen – für eine wissenschaftliche Diskussion des 21. Jahrhunderts ist Derartiges jedoch schlichtweg nicht mehr akzeptabel.

3. Funktionen

a) Wahrnehmung

Wir müssen also das Ob und den Inhalt von Leitbildern – und von Zuschreibungen generell – begründen, und zwar anhand solcher Begrifflichkeiten, die nicht ihrerseits wieder ausfüllungsbedürftig sind. An erster Stelle steht dabei das, was man als Wahrnehmungs-, Anzeige-, Indikations- oder auch Indizfunktion bezeichnen mag. So bilden wir Menschen die uns umgebende Welt – einschließlich des für uns so existenziellen Verhaltens insbesondere fremder Menschen – innerlich ab, indem wir diese eigene Weltsicht unter ständiger Auswertung der einströmenden Sinneswahrnehmungen aufbauen und fortwährend anpassen.[18]

Zuschreibungen sind Teil dieser inneren Weltsicht und legen dabei insbesondere fest, was wir überhaupt als eine Veränderung wahrnehmen, auf die wir dann möglicherweise reagieren sollten. Diese Reaktion muss nicht immer aus einem konkreten Handeln oder einer direkten Verhaltensänderung bestehen. Oft geht es allein um weitere innere (Lern-) Prozesse, sei es, dass die interne Abbildung der Umwelt getreu der neuen Information korrigiert wird, oder aber eine solche Korrektur gerade verweigert, ja die bisherige Weltsicht kontrafaktisch,

17 Traurig klassisch BGHSt 2, 194, 200: „Strafe setzt Schuld voraus. Schuld ist Vorwerfbarkeit. Mit dem Unwerturteil der Schuld wird dem Täter vorgeworfen, dass er sich nicht rechtmäßig verhalten, dass er sich für das Unrecht entschieden hat, obwohl er sich rechtmäßig verhalten, sich für das Recht hätte entscheiden können. Der innere Grund des Schuldvorwurfes liegt darin, dass der Mensch auf freie, verantwortliche, sittliche Selbstbestimmung angelegt und deshalb befähigt ist, sich für das Recht und gegen das Unrecht zu entscheiden, sein Verhalten nach den Normen des rechtlichen Sollens einzurichten und das rechtlich Verbotene zu vermeiden...“ Siehe dazu neben dem bereits in Fn. 1 zitieren *Haeckel* hier nur die Sicht des Verfassers in *Rehberg* (Fn. 7), S. 200 ff., 550 f., 619 ff., 974 ff., 1180 f. m.w.N. Dass es natürlich viele andere gute Gründe gibt, Menschen zu bestrafen, genauso wie es gute Gründe gibt, manches Verhalten zivilrechtlich zu sanktionieren, versteht sich von selbst, siehe dazu etwa nachfolgend III. 3.

18 Für Nachweise siehe oben Fn. 2 (besonders *Spitzer* und *MITECS*).

entgegen der aktuellen Wahrnehmung, nochmals gefestigt wird. Beides kann wiederum mit Emotionen wie etwa Stress verbunden sein.

b) Steuerung

Doch lassen sich Zuschreibungen auch steuernd einsetzen – was gerade beim Verbraucherleitbild wichtig wird – und werden dabei von der Gesellschaft bisweilen mit großem Aufwand etabliert und aufrechterhalten.[19] Das geschieht etwa über Lernprozesse, die ihrerseits stark kulturell beeinflusst sind, aber auch Anreize wie rechtliche Sanktionsandrohungen. Letzteres erklärt dann auch, warum wir Leitbilder regelmäßig so formulieren, dass es die adressierte Personengruppe nach unserer Vorstellung[20] jedenfalls mit einiger Anstrengung schaffen kann, dem auch zu genügen.[21] Und genauso erklärt es, warum wir viele Zuschreibungen von vornherein auf Personen und nicht etwa auf einen Stein erstrecken. Denn da auf Steine weder Anreize wirken noch von diesen Lernprozesse zu erhoffen sind, wäre es reine Energieverschwendung, ihnen unrealistische Verhaltensvorstellungen zuzuschreiben, da wir uns dann fortwährend mit der redundanten Information auseinandersetzen müssen, dass der Stein die ihm zugeschriebenen Erwartungen verletzt.

Wenngleich viele Zuschreibungen ersichtlich kollektiv geprägt sind und auch das hier interessierende Verbraucherleitbild regelmäßig übergreifend und nicht für einzelne Vertragsschlüsse diskutiert wird, birgt gerade das einige Gefahren. Zwar ist besonders der Gesetzgeber zu Typisierungen gezwungen, schon weil er nicht für jede einzelne Konstellation gesonderte Regeln bereitstellen kann. Doch wo immer wir die individuellen Besonderheiten der Vertragsparteien, ihre Fähigkeiten, Veranlagungen, situativen Umstände uvm. vertraglich passgenau berücksichtigen können, um sie noch stärker ihren Zielen näherzubringen,[22] sollten wir das auch tun und damit passgenaue Verhaltensanforderungen formulieren. Und auch unserem Vertragsrecht geht es hier um jeden einzelnen Vertrag und um die konkrete Vertragspartei, so wie sie als individueller Mensch mit Haut und Haaren nun einmal Verträge schließt. Darauf wird noch zurückzukommen sein.[23]

---

19 Das wiederum untersucht besonders die Soziologie.

20 Oft ist diese Vorstellung, gerade wenn es um das menschliche Denken geht, allerdings reichlich optimistisch, siehe zu den Faktizitäten menschlichen Denkens wiederum oben Fn. 2.

21 Ob es sinnvoll ist, eine solche Anstrengung zu verlangen, steht auf einem anderen Blatt, vgl. dazu näher unten ab III. 3. c).

22 Näher zu diesem Anliegen unten III. 3.

23 Unten IV.

c) Vereinfachung

Sofern sich Leitbilder effektiv durchsetzen lassen oder zumindest bei Missachtung etwa ein finanzieller Ausgleich erfolgt, erleichtert das die menschliche Orientierung enorm. Denn so anspruchsvoll es bereits ist, das Verhalten nur eines einzigen Menschen einigermaßen treffsicher einzuschätzen, wird all das nochmals um ein Vielfaches gesteigert, wenn es um die soziale Interaktion verschiedener Menschen untereinander geht.[24] Auf die Vereinfachungsfunktion beschränkt,[25] reicht es oft bereits aus, nur irgendeine Festlegung zu treffen, sofern sich dann möglichst viele daran halten.[26] Und manche Zuschreibung setzte sich vor allem deshalb durch, weil sie eines war: einfach. Sofern etwa durch personelle Anforderungen wie die Kaufmannseigenschaft gesichert ist, dass nicht einzelne „Schwache"[27] großen Schaden nehmen, profitieren alle Betroffenen von vielleicht etwas kruden Zuschreibungen, die dafür aber das Miteinander enorm vereinfachen und damit letztlich sehr viel mehr Kooperation ermöglichen, als wenn man vor jedem Vertragsschluss immer erst alle möglichen Missverständnisse, geistigen Defizite oder sonstigen Störungen einkalkulieren müsste.

Und selbst für das Verbraucherleitbild gilt, dass es den für unsere heutige Gesellschaft typischen, massenhaften und oft stark anonymisierten Publikumsverkehr stark erleichtert, wenn Verhaltensstandards einfach und klar definiert sind, so dass sich ein Anbieter hierauf zurückziehen kann. Da dies letztlich alles in den Preis einfließt,[28] profitiert von dieser Vereinfachung auch der Verbraucher. Dabei kann Vereinheitlichung mit ganz verschiedenen Standards erfolgen – also auch auf einem vergleichsweise hohen Schutzniveau.

III. Vertragstheoretische Umsetzung

Die bisher beschriebenen Funktionen (Wahrnehmung, Steuerung, Vereinfachung) lassen sich bei den verschiedensten Zuschreibungen finden, wurden dafür aber

---

24 Diese Komplexität und Unvorhersehbarkeit (Kontingenz) menschlichen Verhaltens und deren Eingrenzung durch rechtliche oder sittliche Verhaltenserwartungen ist wiederum ein Kernthema der Soziologie.

25 Siehe zu dieser etwa auch *Riesenhuber* (Fn. 3), S. 266.

26 Ein klassisches Beispiel bildet das Rechtsfahrgebot im Straßenverkehr oder die Farbwahl bei Ampeln.

27 Rechtsdogmatisch ist dieser Begriff begrenzt hilfreich, weil stark einzelfallabhängig und kaum subsumierbar.

28 Näher unten III. 3. c) a.E.

auch vergleichsweise abstrakt formuliert. Glücklicherweise hat das hier zu behandelnde Verbraucherleitbild einen starken Vertragsbezug, der eine Konkretisierung erlaubt. Wir können uns fragen, welche Verhaltensstandards mitsamt daran geknüpften rechtlichen Reaktionen dazu führen, das zu verwirklichen, was wir mit unserem Vertragsrecht generell anstreben. Gerade weil die Identifikation von Wahrnehmungs-, Steuerungs- und Vereinfachungsfunktion zwar ein erstes Verständnis von Zuschreibungen erleichtert, nicht jedoch greifbare Aussagen darüber liefert, wie genau das Verbraucherleitbild auszugestalten ist, benötigen wir einen vertragstheoretischen Maßstab, anhand dessen wir all das ausrichten und letztlich *en detail* bestimmen können.

Dabei geht es hier vor allem um die Anforderungen an einen Vertragsschluss und dabei die genaue Entscheidungsbildung. Unser Vertragsrecht nimmt nicht jede Parteientscheidung einfach so hin – besonders deutlich zeigt sich das beim Verbraucherschutz. Der Einzelne soll hinreichend informiert und mit einer gewissen Ruhe entscheiden, damit das Ergebnis seiner Willensbildung qualitativ hochwertig ausfällt. Diskutiert wird das etwa unter dem Stichwort eines materialen Verständnisses von Vertragsfreiheit, Privatautonomie bzw. Konsumentensouveränität oder speziell von Unwissenheit, fehlender Erfahrung, einer intellektuellen bzw. psychischen Unterlegenheit, des Verlustes von Marktübersicht oder eines motivatorischen Ungleichgewichts.[29] Solche Erwägungen zur Entscheidungsqualität liegen auch dem Informationsmodell zugrunde, das der europäische Gesetzgeber besonders begierig aufgriff.[30] Aber auch Widerrufsrechte, die es für einige Zeit nach Vertragsschluss erlauben, die ursprüngliche Entscheidung unabhängig von konkreten Irrtümern und damit recht unkompliziert zu revidieren,[31] gehören hierhin – genauso wie klassische Vertragsschlusserfordernisse (z. B. die „Abgabe" einer Willenserklärung), Irrtumsregeln und vieles mehr.

---

29 Vgl. zu diesen Begrifflichkeiten hier nur *Tamm* (Fn. 3), S. 166 ff. m.w.N.

30 Näher dazu (und zu dem meist entgegen gestellten Sozialmodell) etwa *Dauner-Lieb*, Verbraucherschutz durch Ausbildung eines Sonderprivatrechts für Verbraucher (1983), S. 62 ff.; *Drexl*, Die wirtschaftliche Selbstbestimmung des Verbrauchers (1998), S. 25 ff.; *Heiderhoff*, Grundstrukturen des nationalen und europäischen Verbrauchervertragsrechts (2004), S. 265 ff.; *Meller-Hannich*, Verbraucherschutz im Schuldvertragsrecht (2005), S. 180 ff.; *Rehberg*, Der staatliche Umgang mit Information, in: Eger/Schäfer (Hrsg.), Ökonomische Analyse der europäischen Zivilrechtsentwicklung (2007), S. 284 jeweils m.w.N.

31 Bereits vorgeschlagen von *Heck*, in: Schriftführer-Amt der ständigen Deputation (Hrsg.), Verhandlungen des Einundzwanzigsten Deutschen Juristentags, Bd. 2 (1891), S. 180. Zur auch psychologischen Komponente siehe hier nur *Kind*, Die Grenzen des Verbraucherschutzes durch Information (1998), S. 520 ff.; *Rehberg* (Fn. 6), S. 240 ff. jeweils m.w.N.

1. Klassische Ansichten

Sucht man in der klassischen Rechtsgeschäftslehre nach Maßstäben dafür, wie genau die Entscheidungsqualität auszusehen habe, also etwa was und wie viel Information zu welchem Zeitpunkt in welcher Situation zu verlangen sei, welche Widerrufsfrist mit welchen Modalitäten dem Kunden eingeräumt werden sollte, wie viel Eigenanstrengung vom Einzelnen zu erwarten ist, was genau für Rechtsfolgen je nach Verhalten eintreten sollten, wird man nicht fündig. Die Willenstheorie erklärt das Gewollte für intrinsisch richtig, weigert sich also explizit, diesen Willen zu hinterfragen bzw. ihn weiteren Anforderungen zu unterwerfen.[32] Es gibt dort keine besseren oder schlechteren, sondern nur gewollte und nicht gewollte Entscheidungen. Denn woran sollte dieser Wille auch zu messen sein?

Nicht besser ergeht es einem mit den Erklärungstheorien, obwohl diese meistens ein „zurechenbares“ oder zu „verantwortendes“ Verhalten verlangen.[33] Denn erstens stellen solche Begrifflichkeiten allenfalls die Frage neu, beantworten jedoch nicht, wann genau ein bestimmtes Verhalten zurechenbar oder zu verantworten ist. Außerdem soll hier jedenfalls Vorsatz reichen – und vorsätzlich erklärt ein Verbraucher meistens selbst dann den Vertragsinhalt, wenn er überrumpelt, nicht ausreichend informiert oder gar getäuscht oder bedroht wurde. Man müsste also erst einmal begründen, wann mit welchen rechtlichen Konsequenzen mehr als vorsätzliches Erklärungshandeln zu verlangen ist. Die Erklärungstheorien bieten dafür keinerlei Maßstäbe. Denn wie die Willenstheorie stellen auch sie nicht auf die Motivbildung ab, sondern allein auf den Erklärungsakt. Oder um es anders zu formulieren: Wann immer die Probleme in der Bildung und nicht nur Äußerung einer Vertragsentscheidung liegen, versagen sämtliche Ansätze, die sehr punktuell allein auf die Situation des Vertragsschlusses abstellen.

2. Flexible Begründungsmuster

An diesen Problemen wird sich in der praktischen Anwendung auch dann nichts ändern, wenn man – begrifflich weiterhin an diesem punktuellen Denken festhaltend und gerne versehen mit Zusätzen wie etwa „materiell“ – auf nicht sub-

---

32 Besonders deutlich formuliert dies *Flume*, Rechtsgeschäft und Privatautonomie, in: Festschrift Deutscher Juristentag, Bd. 1 (1960), S. 135, 141 ff., 149; *ders.*, Das Rechtsgeschäft und das rechtlich relevante Verhalten, AcP 161 (1962), 52, 58, 65.

33 Für eine umfassende Diskussion siehe *Rehberg* (Fn. 7), S. 587 ff., 658 ff.

sumierbare Begriffe wie Selbstbestimmung, Autonomie, Entscheidungsfreiheit, Freiwilligkeit usw. ausweicht. Um die obigen Fragen nochmals aufzugreifen: Was für Rahmenbedingungen, was für Widerrufsmodalitäten, wie viel Information, wie viel Ruhe in der Entscheidung usw. reichen denn jeweils aus, um genug „Selbstbestimmung" zu erzielen?

Umso mehr lockt dann der Ausweg zu sonstigen flexiblen Begründungsmustern, sei es, dass man bewegliche Systeme propagiert, auf eine Interessenabwägung verweist, Spannungsverhältnisse feststellt, nicht näher spezifizierte Regel/Ausnahme-Muster bemüht oder auf Gesetzgebung bzw. Rechtsprechung (europäisch wie national) verweist.[34] Hierhin gehört es auch, einfach zu betonen, dass ein (Verbraucher-) Leitbild normativ sei, ohne darüber aufzuklären, wie man dessen Inhalt begründen und konkretisieren möchte. „Normativ" besagt darüber nichts, sondern fungiert bestenfalls als Platzhalter für noch zu formulierende Tatbestände, über die sich dann hoffentlich tatsächlich eine wissenschaftliche Diskussion führen lässt.[35]

3. Rechtfertigungsprinzip

a) Herausforderung

Die bisherigen Untersuchungen fielen eher ernüchternd aus. Zwar wurde das für Leitbilder typische Phänomen einer Zuschreibung konkretisiert und wurden insbesondere Wahrnehmungs-, Steuerungs- und Vereinfachungsfunktion beschrieben. Doch reichte das nicht aus, um für die praktische Handhabung – sei es als Rechtsanwender oder Gesetzgeber – konkrete vertragsrechtliche Maßstäbe zu entwickeln. Insbesondere konnte hierzu nicht auf die klassischen Vertragstheorien zurückgegriffen werden, da sie die genauen Umstände der vertraglichen Willensbildung nicht hinterfragen bzw. begründen, sondern von vornherein allein vom Parteiverhalten bei Vertragsschluss ausgehen. Wir benötigen einen Maßstab außerhalb des Wollens oder Erklärens bei Vertragsschluss, um für eben jenes Wollen und Erklären weitere Anforderungen beschreiben oder fordern zu können.

---

34 Beide – europäischer wie nationaler Gesetzgeber bzw. Richter – benötigen Maßstäbe, Argumente, Gründe, um das jeweilige Verbraucherleitbild im Einzelfall zu konkretisieren.

35 Siehe dazu bereits den Nachweis in Fn. 16.

b) Grundidee

Einen solchen Maßstab zu finden gelingt,[36] wenn man sich fragt, wozu Verträge eigentlich dienen und auf welcher Basis die Parteien agieren. Denn natürlich bilden Wille und Erklärung bei Vertragsschluss keinen Selbstzweck, sondern dienen dazu, die Parteiinteressen zu verwirklichen. Verträge sind ein Instrument zur Verwirklichung individueller Ziele, und die Rechtsordnung unterstützt die Parteien nach Kräften dabei, sich gegenüber ihrem aktuellen Status Quo zu verbessern. „Ziele" (hier synonym mit Interessen und Zwecken verwandt) meint dabei denjenigen persönlichen Bewertungsmaßstab, den jeder Einzelne benötigt, um immer wieder für sich entscheiden zu können, was für einen Zustand, was für einen Vertragsinhalt, was für eine Lebenssituation usw. für ihn erstrebenswerter ist als andere Zustände, Vertragsinhalte, Lebenssituationen usw.

Doch ist für ein fundiertes Vertragsverständnis noch etwas anderes entscheidend: Denn ob sich jemand verbessert oder verschlechtert, lässt sich immer nur anhand einer Vergleichsbasis beurteilen – beim Vertrag die jeweilige Rechteausstattung. Dazu gehört nicht nur das jeweilige Eigentum bzw. Vermögen, sondern etwa auch das Recht auf körperliche Unversehrtheit. Um dies hier kurz zu illustrieren: Der Ausruf „Geld oder Leben" ist nur dann kein verlockendes Angebot, für die eigene Geldbörse das Leben geschenkt zu bekommen, wenn man darauf verweisen kann, dass einem Leben und Geldbörse ohnehin schon gehören. Letzteres wiederum ist Ergebnis bereits früherer Verträge. Unser Vertragsrecht verknüpft diese jeweilige Rechteausstattung mit den Zielen der jeweils rechtlich geschützten Person. Jede Partei soll nur so weit eine rechtliche Einbuße (beispielsweise durch Pflichten aus einem Kaufvertrag) erleiden, wie dies notwendig ist, um sich getreu den eigenen Zielen zu verbessern (Rechtfertigungsprinzip). Kauft etwa jemand im Supermarkt eine Flasche Milch für einen Euro, so sollte es ihn getreu seinen eigenen Zielen insgesamt besser stellen, dass er am Ende zwar einen Euro weniger, dafür jedoch eine Flasche Milch mehr hat. Ansonsten hätte der Vertrag seine Aufgabe nicht erfüllt.

Auf dieser Basis lässt sich dann auch erklären, was unsere Vertragsrechtsordnung von jeher auszeichnet. Das ist zunächst die starke Stellung der Vertragsparteien bei der Entscheidung über Ob und Inhalt von Verträgen (Privatautonomie).[37] Denn meistens wissen die besser als etwa ein außenstehender Richter, was für eigene rechtliche Einbußen angesichts der eigenen Situation notwendig sind, um sich getreu den eigenen Zielen zu verbessern. Andererseits kann aber

36 Eingehend zum Folgenden *Rehberg* (Fn. 7), S. 146 ff., passim.
37 Näher *Rehberg* (Fn. 7), S. 464 ff.

auch gefragt werden, wo es sich denn anders verhält. So liefert unser Vertragsrecht – notgedrungen stark typisierend – zahllose Beispiele dafür, dass auch andere Personen als die Parteien über das Ob und den Inhalt von Verträgen entscheiden, seien es staatliche Stellen (Gesetzgeber wie Richter) über das dispositive und zwingende Recht,[38] seien es ganze Verkehrskreise über Sitte, Übung und Brauch,[39] sei es ein einfacher Stellvertreter,[40] sei es der für seinen Mandanten Allgemeine Geschäftsbedingungen entwerfende Anwalt[41] oder ein Unternehmen, dessen Produktwerbung sogar den Vertragsinhalt ihm unbekannter Händler beeinflusst.[42] Diese vielschichtige Kompetenzverteilung, wie sie dem geltenden Vertragsrecht schon immer zugrunde lag – und zwar nicht nur für Verbraucher –, lässt sich von vornherein nicht wissenschaftlich erfassen, wenn man allein vom Parteiverhalten bei Vertragsschluss ausgeht. Dabei liefert das Rechtfertigungsprinzip auch gleich den inhaltlichen Maßstab, den etwa ein Richter benötigt, wenn er in

---

38 Siehe dazu nur *Bülow*, Dispositives Civilprozessrecht und die verbindliche Kraft der Rechtsordnung, AcP 64 (1881), 1; *Stammler*, Der Garantievertrag, AcP 69 (1886), 1; *Laband*, Zum zweiten Buch des Entwurfs eines Bürgerlichen Gesetzbuchs für das Deutsche Reich. I. Abschnitt. Titel 1 bis 3, AcP 73 (1888), 161; *Ehrlich*, Das zwingende und nichtzwingende Recht im Bürgerlichen Gesetzbuch für das Deutsche Reich (1899) oder aus jüngerer Zeit *Cziupka*, Dispositives Vertragsrecht (2010); *Möslein*, Dispositives Recht (2011); *Binder*, Regulierungsinstrumente und Regulierungsstrategien im Kapitalgesellschaftsrecht (2012), S. 63 ff.; *Kähler*, Begriff und Rechtfertigung abdingbaren Rechts (2013) sowie rechtsökonomisch *Ayres/Gertner*, Filling Gaps in Incomplete Contracts, YaleLJ 99 (1989), 87; *Johnston*, Strategic Bargaining and the Economic Theory of Contract Default Rules, YaleLJ 100 (1990), 615 und verhaltensökonomisch *Camerer/Issacharoff u. a.*, Regulation for Conservatives, UPennLawRev 151 (2003), 1211; *Korobkin*, Bounded Rationality, Standard Form Contracts, and Unconscionability, UChicagoLawRev 70 (2003), 1203; *Sunstein/Thaler*, Libertarian Paternalism Is Not An Oxymoron, UChicagoLawRev 70 (2003), 1159.

39 Etwa, wenn dies die „Auslegung" beeinflussen soll, vgl. stellv. *Kohler*, Über den Willen im Privatrecht, JhJb 28 (1889), 166, 244 f.; *Ehrlich*, Die stillschweigende Willenserklärung (1893), S. 28 ff., 35, 38 f., passim; *Sonnenberger*, Verkehrssitten im Schuldvertrag (1970); *Raiser*, Das Recht der Allgemeinen Geschäftsbedingungen (1935), S. 166.

40 Sehr gute Aufarbeitung der Diskussion hierzu bei *Mitteis*, Die Lehre von der Stellvertretung nach römischem Recht mit Berücksichtigung des österreichischen Rechts (1885).

41 Näher zur AGB-Problematik etwa *Großmann-Doerth*, Selbstgeschaffenes Recht der Wirtschaft und staatliches Recht (1933); *Raiser* (Fn. 39); *Kessler*, Contracts of Adhesion, ColumbiaLRev 43 (1943), 629; *Slawson*, Standard Form Contracts and Democratic Control of Lawmaking Power, HarvLRev 84 (1971), 529 oder jüngst *Hellwege*, Allgemeine Geschäftsbedingungen, einseitig gestellte Vertragsbedingungen und die allgemeine Rechtsgeschäftslehre (2010) sowie rechtsökonomisch *Priest*, A Theory of the Consumer Product Warranty, YaleLJ 90 (1981), 1297; *Trebilcock/Dewees*, Judicial control of standard form contracts, in: Burrows/Veljanovski (Hrsg.), The Economic Approach to Law (1981), S. 93; *Adams*, Ökonomische Analyse des Gesetzes zur Regelung des Rechts der Allgemeinen Geschäftsbedingungen (AGB-Gesetz), in: Neumann (Hrsg.), Ansprüche, Eigentums- und Verfügungsrechte (1984), S. 655.

42 Siehe dazu bereits oben Fn. 7.

Ergänzung der Parteivorstellungen dispositives Recht bestimmen muss oder sich zur Inhaltskontrolle Allgemeiner Geschäftsbedingungen – diese dürften weit über 90 % aller Vertragsinhalte ausmachen – aufgefordert sieht. Die klassische Rechtsgeschäftslehre hingegen hat zu alldem nichts beizutragen.

c) Vertragliche Wertschöpfung

In der Diskussion um das Verbraucherleitbild interessieren allerdings weniger der Vertragsinhalt und nur bedingt eine personell vielschichtige Kompetenzverteilung als vielmehr die genauen Voraussetzungen, unter denen der Verbraucher seine Entscheidung trifft und letztlich Vertragswillen und -erklärung formt. Daher nochmals: Was und wie viel Information benötigt er, wie soll diese aufbereitet sein, wie viel Ruhe, welche Überlegungsfrist mit welchen Modalitäten, was für Anstrengungen sollten wir ihm zubilligen? Dabei scheint es klare Aussagen zu erschweren, dass nicht nur Rechtslage und Ziele des Kunden, sondern genauso die der jeweiligen Anbieter zu berücksichtigen sind. Bleibt es also doch nur bei der nichtssagenden Forderung nach einer Abwägung?

Ganz so pessimistisch müssen wir hier nicht sein. Denn eine möglichst wertschöpfende (dazu gleich mehr) Aufgabenverteilung zwischen Anbieter und Kunde liegt im Interesse beider Vertragsparteien, während sich Verteilungsfragen vor allem beim Preis stellen. Dieser Preis wiederum kann jedenfalls dann dem Wettbewerb überlassen bleiben, wenn er funktioniert.[43] Und selbst ein Monopolist ist daran interessiert, mit dem Vertragsschluss möglichst viel an gemeinsamer Kooperationsrente herauszuholen, da es ihm als Monopolisten dann auch noch gelingen wird, davon sehr viel für sich zu beanspruchen.

Aber was genau meint hier Wertschöpfung? Wie bereits dargelegt dient die mit Verträgen verbundene Verrechtlichung (Bsp.: Der Milchkäufer erhält einen Anspruch auf die Milch, der Verkäufer den auf einen Euro) dazu, die Parteien ihren Zielen näherzubringen. Rationale Parteien (bzw. ggf. andere Personen wie etwa ergänzend der Staat) werden den Vertragsinhalt so ausgestalten (und – soweit für sie noch lohnend – im Einzelnen geradezu ausfeilen), dass diese Verbesserung möglichst groß ausfällt. Dabei nutzen sie insbesondere unterschiedliche Wert-

---

43 Ansonsten bewegen wir uns in den Konstellationen insbesondere der „Ausbeutung“, wie sie im deutschen Recht etwa in § 138 BGB behandelt wird. Zu deren Abgrenzung von Zwang und Drohung vgl. nur *Kohler*, Die Menschenhilfe im Privatrecht, JhJb 25 (1887), 1, 28 f., 31; *Schliemann*, Die Lehre vom Zwange (1861), S. 22 ff.; *Blume*, Beiträge zur Auslegung des deutschen B.G.B., JhJb 38 (1898), 224, 227, 258; *Gutmann*, Freiwilligkeit als Rechtsbegriff (2001), S. 69 sowie eingehend zur dogmatischen Bewältigung der Ausbeutung *Rehberg* (Fn. 7), S. 189 ff., 273 ff.

schätzungen für einzelne Güter oder Dienstleistungen, die ihrerseits etwa auf unterschiedlichen Fähigkeiten, aber auch sonstigen Umständen, beruhen können.

Bereits *Jhering* – ganz den Zwecken zugewandt – formuliert diese Einsicht glasklar: „Die Bezeichnung der Gegenleistung als Äquivalent ... enthält daher subjektiv von dem [Standpunkt] der Parteien aus eine entschiedene Unrichtigkeit ... Diese Möglichkeit des beiderseitigen Gewinnes beim Geschäft beruht auf der Verschiedenheit des subjektiven Bedürfnisses ..., jeder von beiden Teilen hat für die beiden Sachen oder Leistungen, welche den Gegenstand des Austausches bilden, einen von dem des anderen abweichenden individuellen Wertmaßstab, und so kommt es, dass jeder gewinnt, ohne dass der andere verliert ... Jede von ihnen sucht die Person auf, bei der sie ihre Bestimmung besser erreichen kann, für die sie also relativ einen höheren Wert hat als bei ihrem bisherigen Inhaber, sie tauscht mithin ihren bisherigen Platz gegen einen neuen aus."[44] Anders formuliert: Käufer erwerben in einem Supermarkt so weit Milch, wie diese Milch für sie mehr wert ist als der dafür zu bezahlende Preis.[45] Auch die Vertreter der Grundfolgentheorie weisen immer wieder darauf hin, dass Verträge dazu beitragen, die Parteizwecke größtmöglich zu verwirklichen – und daran auch zu messen sind.[46] In jüngerer Zeit hat dabei vor allem die stark psychologisch und ökonomisch geprägte Verhandlungstheorie diese Einsichten vertieft und anschaulich vermittelt.[47]

Gerade im modernen Wirtschaftsverkehr und generell in unserer hochgradig ausdifferenzierten Gesellschaft geht es hier vor allem darum, die Vorteile von Arbeitsteilung konsequent auszunutzen. Denn Arbeitsteilung bedeutet nichts anderes, als dass einzelne Parteien wegen ihrer unterschiedlichen Spezialisierung abweichende Interessen, Kenntnisse, Möglichkeiten oder Kostenstrukturen haben, was eine besonders fruchtbare Basis für eine gemeinsame Wertschöpfung

---

44 *Jhering*, Der Zweck im Recht, Bd. 1 (1877), S. 129 ff., 132.

45 Ökonomisch formuliert muss der Grenznutzen zusätzlicher Milch deren Grenzkosten übersteigen, vgl. dazu grdl. *Gossen*, Entwicklung der Gesetze des menschlichen Verkehrs und der daraus fließenden Regeln für menschliches Handeln (1854).

46 Stellv. *Fitting*, Über das Wesen des Titels bei der Ersitzung (Schluss), AcP 52 (1869), 381, 389 ff.; *Karlowa*, Das Rechtsgeschäft und seine Wirkung (1877), S. 163 f., 177; *Zitelmann*, Irrtum und Rechtsgeschäft, (1879), *Schlossmann*, Grünhuts Zeitschrift 7 (1880), 543, 569 f., 572; *Kohler*, Das Autorrecht, JhJb 18 (1880), 129, 155, 160 ff.; *Lenel*, Parteiabsicht und Rechtserfolg, JhJb 19 (1881), 154, 164, 166, 188 f., 194, 198, 202, 220, 250, passim; *Ehrlich*, Die stillschweigende Willenserklärung (1893), S. 2 ff., 8 ff.; *Danz*, Die Auslegung der Rechtsgeschäfte (3. Aufl. 1911), S. IV, 11 ff., 19 ff., 82, 214, passim; *Gysin*, Zur Theorie des Rechtsgeschäfts, ZBJV 65 (1929), 97, 113 f. Eingehend zu dieser viel zu unbekannten Richtung *Rehberg* (Fn. 7), S. 559 ff.

47 Stellv. *Schelling*, The Strategy of Conflict (1960); *Raiffa*, The Art and Science of Negotiation (1982); *Fisher/Ury/Patton*, Getting to Yes (2. Aufl. 1991).

liefert. Doch liegt auch unserem Vertragsrecht eine ausgefeilte Arbeitsteilung zugrunde, bei der die Vertragsparteien regelmäßig nur recht wenige Vertragsinhalte festlegen und ansonsten von den Entscheidungen ganz anderer Personen profitieren.[48]

An dieser Stelle lassen sich dann auch einzelne Argumentationsmuster aus der ökonomischen Analyse des Rechts verwenden, etwa wenn man sich fragt, welche Seite bestimmte Schäden leichter vermeiden oder – ggf. auch über eine Versicherung – absorbieren kann.[49] Wichtig ist, dass die hier illustrierte Prüfung keine Abwägung beinhaltet, sondern verschiedene Zustände darauf hin befragt, welche davon das Kundeninteresse besser verwirklichen. Der Vertragsinhalt wird also anhand eines einheitlichen Bewertungsmaßstabs (Interesse) optimiert.[50]

Dabei darf nicht übersehen werden, dass jede (deshalb oft nur vermeintliche) verbraucherfreundliche „Wohltat" bezahlt werden muss, nämlich eingepreist wird. Es vernichtet Werte, es hält die Vertragsparteien von einer größtmöglichen Wertschöpfung ab, dem Anbieter solche Anstrengungen aufzulasten, die zu einer Preiserhöhung führen, die den Kunden getreu dessen eigenen Zielen stärker belastet, als auf die vermeintliche Wohltat verzichten zu müssen. Oder um es plakativ zu sagen: „Im Zweifel für den Verbraucher" wirkt im Zweifel gegen den Verbraucher. Gerade wegen dieses Einpreisens können wir uns allerdings auch im Rahmen des Verbraucherleitbildes erst einmal auf den Kunden konzentrieren und uns fragen, was für eine rechtliche Ausgestaltung tatsächlich in seinem – wie auch im gemeinsamen – Interesse einer größtmöglichen vertraglichen Wertschöpfung liegt.

d) Umsetzung

Für die praktische Umsetzung nicht nur des Rechtfertigungsprinzips reicht es sicher nicht aus, „das Verbraucherleitbild" abstrakt zu diskutieren. Denn dieses steht nur plakativ für zahlreiche Einzelfragen, von denen hier nur einige aufgegriffen seien, um die grundsätzliche Herangehensweise zu illustrieren. Fragt man sich etwa, ob und ggf. wie lange ein Verbraucher einen Vertrag widerrufen können sollte, ist zu prüfen, ab welchem Zeitpunkt weitere Überlegungszeit dem Kunden – gemessen an dessen eigenen Zielen – größeren Nachteil zufügt (über den dadurch

48 Siehe dazu bereits oben III. 3. b).

49 Instruktiv etwa *Koller*, Die Risikozurechnung bei Vertragsstörungen in Austauschverträgen (1979), S. 77 ff. – dort zu Leistungsstörungen.

50 Für die ausgeblendete Verteilungsdimension, die spätestens in Ausbeutungsfällen wichtig wird, vgl. die Nachweise oben in Fn. 43.

erhöhten Preis), als ihm diese zusätzliche Überlegungsfrist noch hilft. Genauso lässt sich fragen, für welche Produkte oder Situationen ein Widerrufsrecht überhaupt im Interesse des Kunden liegt. Wer etwa in der Lage ist, sich – auch bei Bestellungen über das Internet – von vornherein zu überlegen, was er benötigt und was nicht (und sei das auch nur bei bestimmten Produktarten der Fall), wird möglicherweise gar kein Interesse an einem teuren Widerrufsrecht haben. Zumal es hier bei allzu grob typisierenden Lösungen – gerade wenn vom Staat zwingend vorgegeben – schnell dazu kommt, dass man für jene zahlt, die jedes Produkt erst einmal in fünf Varianten bestellen, um dann vier dieser Bestellungen zu widerrufen – mit all den damit verbundenen Verpackungs- und Transportkosten.

Nicht anders lässt sich etwa bei der Frage vorgehen, wie viel Mühe sich ein Kunde bei der Produktauswahl geben muss, also wie viele Anstrengungen ihm zugemutet werden, bevor er wegen nachteiliger Produkteigenschaften Gewährleistung oder gar Schadensersatz verlangen kann. Wir können hier wiederum fragen, ob eine mit der erhöhten Belastung des Anbieters einhergehende Preiserhöhung den Kunden weniger stört, als er dafür von der eigenen Entlastung profitiert. Auf die vieldiskutierten Informationspflichten gemünzt, ist diese Prüfung für Ob, Inhalt, Zeitpunkt, Menge, Verständlichkeit und Individualität von Verbraucherinformationen vorzunehmen.

Auch hier geht es dabei – wie so oft im Vertragsrecht – schlichtweg um eine möglichst wertschöpfende Arbeitsteilung. Schon deshalb befremdet es, wenn die Diskussion um das Verbraucherleitbild oft immer noch um die Frage kreist, welche Anstrengung vom Einzelnen „noch" verlangt werden könne, ohne ihn zu überfordern.[51] Sinnvoll ist allein die Frage, wie viel Anstrengung – mit den jeweiligen kognitiven Fähigkeiten als Obergrenze – getreu einer möglichst wertschöpfenden vertraglichen Arbeitsteilung sinnvollerweise verlangt werden sollte. Selbst wenn sich ein Kunde durch genauestes Hinschauen oder umfangreiche Recherchen ein eigenes Bild verschaffen könnte, ist dies häufig wenig sinnvoll – gerade wenn der Hersteller die relevanten Informationen leicht zur Hand hat. Wer nach Feierabend noch müde einkaufen muss, zahlt gerne ein paar Cent mehr, wenn er dafür nicht stundenlang auf jedem einzelnen Produkt noch so detaillierte und kryptische Angaben lesen muss, um sich der Produktqualität sicher zu sein.

Gesetzgeber wie Rechtsprechung sind daher gut beraten, statt des Leitbildes eines jederzeit aufmerksamen und sich vor jeder Transaktion umfangreich kundig machenden Verbrauchers die Problemlosigkeit des Kaufverhaltens in den Vordergrund zu stellen, d. h. eine routinemäßige und vereinfachte Bedürfnisbefriedigung zu ermöglichen. Die früher gerade von manchen Europa- und Wettbe-

---

51 Siehe zum Folgenden bereits *Rehberg* (Fn. 30), S. 348 f. m.w.N.

werbsrechtlern genüsslich vorgetragene Kritik an einem vermeintlich weltfremd-debil-obrigkeitsstaatlichen Verbraucherverständnis etwa des Bundesgerichtshofs entpuppt sich dabei schnell als die Missachtung so schlichter Einsichten wie jener der Vorteile menschlicher Arbeitsteilung, gepaart mit Vorstellungen von den menschlichen Fähigkeiten und über wirtschaftliche Rahmenbedingungen, die man vielleicht noch als Ökonomiestudent gläubig hinzunehmen bereit war – die mit der Realität aber nichts gemein haben.

Dass praktische Zwänge (begrenzte Zeit, limitierte Kenntnisse über Situation, Ziele etc. der Parteien) dazu führen, dass unser Vertragsrecht das Rechtfertigungsprinzip oft nur höchst unvollkommen verwirklicht, liegt auf der Hand. Genau deshalb muss der Staat – besonders als Gesetzgeber – typisierend vorgehen und sich getreu dem Subsidiaritätsprinzip ständig fragen, ob und inwieweit er tatsächlich besser als etwa die Vertragsparteien agieren kann. Dieser ständige Konflikt spiegelt sich in der ausgeklügelten, zeitlich wie personell stark verteilten Bestimmung von Vertragsinhalten wieder, die unser Vertragsrecht kennzeichnet.

IV. Fazit und Ausblick

Möchte man das Verbraucherleitbild, den vertraglichen Verbraucherschutz oder noch übergreifender die Verhaltensanforderungen an einzelne Vertragsparteien stimmig einordnen, sollte sich der dafür verwandte Maßstab für das gesamte Vertragsrecht bewähren – also das geltende Vertragsrecht erfolgreich verallgemeinernd beschreiben – und damit unabhängig davon, ob gerade ein Verbraucher, Unternehmer oder Rentner betroffen ist. Dass die klassischen Ansätze daran scheitern und genau deshalb der Verbraucherschutz vielen bis heute einen Fremdkörper ist, wurde kurz beschrieben. Demgegenüber muss man das Rechtfertigungsprinzip nur konsequent anwenden, um die genannte Herausforderung zu bewältigen. Denn so einheitlich das Grundanliegen auch ist, rechtliche Einbußen nur so weit eintreten zu lassen, wie dies dem Interesse der so betroffenen Partei dienlich ist, so vielschichtig ist dessen praktische Verwirklichung angesichts verschiedener Menschen, rechtlicher Ausgangslagen und persönlicher Lebensumstände. Jeder Mensch zählt so wie er ist, mit seinen Rechten und Interessen, mit seinen individuellen Fähigkeiten und Möglichkeiten. Und genau deshalb muss das Verbraucherleitbild zwar nicht das reale Verbraucherverhalten abbilden, wohl aber die vertragliche Wertschöpfung für reale Menschen mit ihren realen Fähigkeiten verwirklichen. Wir können die menschlichen Ziele nur dann unterstützen, wenn wir wissen, mit was für Menschen wir es zu tun haben.

Zumal es unser Vertragsrecht von jeher anstrebt, das Rechtfertigungsprinzip für jeden einzelnen Vertrag zu verwirklichen, weshalb selbst ungewöhnliche

Umstände im Einzelfall relevant werden können. Kein Staat vertröstet etwa einen Getäuschten oder Bedrohten – um hier nur besonders deutliche Fälle anzusprechen – damit, dass er bei anderen Verträgen ja seinerseits täuschen und bedrohen könne, oder gar damit, dass er zwar grundlos eine rechtliche Einbuße erleide, dafür aber andere umso mehr profitierten. Kollektivistisches Denken ist dem Vertragsrecht fremd.[52] Nur wo sich dieses Anliegen praktisch nicht verwirklichen lässt – etwa weil ein Gesetzgeber um allgemein gefasste Normen nicht umhinkommt –, müssen wir diese Zwänge notgedrungen hinnehmen und insbesondere typisieren. Von vornherein kein Widerspruch, sondern die Beachtung dieses individualistischen Grundansatzes ist es zu berücksichtigen, dass jede verbraucherrechtliche „Wohltat" vom Verbraucher bezahlt werden muss.[53] Genauso wenig wäre es wertschöpfend, solche Risiken bei deren Eintritt zu kompensieren, für die es bei Vertragsschluss sehr wohl im Verbraucherinteresse lag, sie dem Verbraucher aufzulasten.

Die größte Herausforderung besteht natürlich in der rechtspraktischen Verwirklichung des Rechtfertigungsprinzips. Schließlich haben wir viele Jahrhunderte gebraucht, um diesem Anliegen über ein ausgefeiltes Normgeflecht wenigstens einigermaßen gerecht zu werden. Das Verbraucherleitbild als ein möglicher Baustein dieser Anstrengungen ist dabei sehr grob und liefert nicht viel mehr als eine prägnante Zusammenfassung zahlreicher Einzelprobleme.[54] Denn letztlich entscheidet über das Verbraucherleitbild, welche Informationspflichten wir anordnen, wie wir Gewährleistungsvorschriften ausgestalten, wie weit wir Widerrufsrechte ziehen usw. Die Hoffnung, all diese Detailfragen – die zudem je nach Problemkreis und Wirtschaftssektor unterschiedliche Ausgestaltungen verlangen – mit einer pauschalen Diskussion über das richtige Verbraucherleitbild abhandeln zu können, wäre illusionär.

Vielmehr geht es darum, solche Lebensbereiche zu identifizieren – gewissermaßen auszuschneiden –, für die sich einheitliche und möglichst konkrete Anforderungen formulieren lassen, um das Rechtfertigungsprinzip auch unter widrigen Umständen (etwa eines schlecht funktionierenden Wettbewerbs) zu verwirklichen. Hier sind dann eine detaillierte Auseinandersetzung mit einzelnen Wirtschaftssektoren und Personengruppen, die Berücksichtigung früherer Erfahrungen und ein intensiver Austausch mit Praktikern gefragt.

Wie groß man dabei die einzelnen Lebensbereiche schneidet und damit das Anliegen nach Einzelfallgerechtigkeit zurückstehen lässt, lässt sich pauschal

---

52 Eingehend *Rehberg* (Fn. 7), S. 941, 1136 ff.

53 Näher oben III. 3. c) a.E.

54 *Riesenhuber* (Fn. 3), S. 267 spricht zutr. von einer griffigen Kurzformel mit nur begrenztem Wert.

nicht beantworten. Es sind hier verschiedenste Aspekte zu berücksichtigen – etwa auch ungewollte Verteilungswirkungen. Was etwa, wenn Frauen statistisch gesehen häufiger als Männer über das Internet Kleidungsgegenstände erwerben und dann wieder zurückschicken? Gleichermaßen banal wie wichtig ist es, dass jede Typisierung dazu führt, einzelne Individuen zu viel oder zu wenig zu schützen, was aber gerade bei zwingendem Recht, wo nach Ansicht des Gesetzgebers die Privatautonomie versagt, unausweichlich wird.

Speziell im Europarecht geht es dabei noch um Marktintegration. Denn dass der Europäische Gerichtshof zumindest früher ein vergleichsweise strenges Verbraucherleitbild beherzigte, diente auch einem spezifisch europarechtlichen Anliegen, nämlich die mit den Grundfreiheiten verfolgte Schaffung eines europäischen Binnenmarktes.[55] Doch sollte die Frage nach dem richtigen Maßstab für ein Verbraucherleitbild konzeptionell von der Diskussion über die Vor- und Nachteile etwa einer weiteren Harmonisierung getrennt werden.

Bei alldem spielt es dann auch eine erhebliche Rolle, ob es hier lediglich um dispositive oder zwingende Vertragsvorschriften geht. Sofern es die Parteien – und zwar bei einer realitätsnahen Betrachtung – in der Hand haben, individuelle Besonderheiten abweichend von gesetzlichen Regelvorgaben zu berücksichtigen, erweist sich die konkrete Ausgestaltung als weniger brisant als bei verbindlichen Normen. So könnte ein Online-Schuhhändler, wenn er es denn betriebswirtschaftlich wollte und rechtlich dürfte, Männern einen Rabatt einräumen, um deren geringere Widerrufsquote zu honorieren. Bei intensivem Wettbewerb würden sich automatisch sachgerechte Unterscheidungen herausbilden, auf die der Gesetzgeber schließlich (etwa auch unter Verweis auf die Verkehrssitte) zurückgreifen könnte. Schon deshalb ist die Frage nach dem richtigen Ausmaß zwingender Vorgaben in vielerlei Hinsicht für die Diskussion um Verbraucherleitbilder wichtig, kann hier jedoch nicht näher behandelt werden. Letztlich geht es auch insoweit um eine im Sinne des Rechtfertigungsprinzips wertschöpfenden Arbeitsteilung zwischen Vertragsparteien, staatlichen Stellen und sonstigen Personen bzw. Personengruppen.[56]

---

55 Besonders instruktiv ist hier die Unterscheidung des EuGH v. 24. 11. 1993 – Rs. C-267/91 und C-268/91 *Keck und Mithouard*, Slg. 1993, I-06097 Rn. 16 von „Verkaufsmodalitäten" (den grenzüberschreitenden Handelsverkehr nicht so stark beeinträchtigend) und sonstigen Handelshemmnissen.

56 Eingehend *Rehberg* (Fn. 7), S. 438 ff., 855 ff.

Jan Schnellenbach, Cottbus

§ 4 Verbraucherleitbilder aus ökonomischer Sicht

I. Einleitung

Ökonomen analysieren menschliches Handeln in aller Regel als das Ergebnis rationalen Abwägens zwischen den zur Wahl stehenden Alternativen unter den relevanten Nebenbedingungen. Der konkrete Inhalt der Annahme individueller Rationalität kann variieren. Manche Modelle unterstellen eine fast unbegrenzte Fähigkeit der Individuen, Informationen zu verarbeiten und die jeweils optimale Entscheidung zu fällen, während andere die unterschiedlichsten Abweichungen von der extremen Annahme vollständiger Rationalität zulassen. Es gibt daher auch nicht *das* Verbraucherleitbild der Ökonomik. Vielmehr ist die ökonomische Theorie grundsätzlich in der Lage, sehr verschiedene Varianten des Konsumentenverhaltens theoretisch zu modellieren und dann auch ein ganzes Spektrum plausibler verbraucherpolitischer Empfehlungen daraus abzuleiten.

Diese Vielfalt an Modellierungsansätzen bedeutet jedoch nicht, dass man im Sinne eines „*anything goes*" auch in der Lage wäre, je nach eigener politischer Präferenz zu jedem gewünschten konsumentenpolitischen Ansatz eine gute ökonomische Argumentationsgrundlage zu konstruieren. Zum einen ist grundsätzlich die empirische Plausibilität der verschiedenen Ansätze zu hinterfragen, zum anderen ist aber auch der Schluss von einem geringeren Grad individueller Rationalität auf einen höheren Grad der Schutzbedürftigkeit durch die Verbraucherpolitik keinesfalls immer zwingend, da sich oft auf den Märkten selbst Institutionen entwickeln, die auch die Position des Verbrauchers stärken.

Im folgenden *Abschnitt II* dieses Beitrages werden die aus der neoklassischen Standard-Mikroökonomik ableitbaren Verbraucherleitbilder diskutiert. In *Abschnitt III* wird die Perspektive erweitert und es wird diskutiert, inwieweit neuere verhaltensökonomische Kenntnisse an den traditionellen Verbraucherleitbildern rütteln und was daraus für die Konsumentenpolitik folgen kann. In *Abschnitt IV* wird die Frage des Verbraucherleitbildes kurz aus ordnungsökonomischer Sicht untersucht, bevor in *Abschnitt V* einige Schlussfolgerungen gezogen werden.

II. Das Verbraucherleitbild der neoklassischen Standardansätze

1. Vollständige Rationalität unter Sicherheit und vollständiger Information

Die einfachste und in ihren Implikationen klarste Variante der Modellierung von Konsumentenverhalten ist die Annahme vollständiger Rationalität bei vollständiger Information. Vollständige Rationalität bedeutet hier, dass die Individuen durch eine Präferenzordnung charakterisiert werden, die (i) vollständig ist, d. h. alle relevanten Alternativen umfasst, (ii) stabil ist, d. h. unabhängig von der konkreten Präsentation einer Entscheidungssituation im Einzelfall ist und die (iii) transitiv ist.[1] Diese dritte Bedingung stellt sicher, dass eine Präferenzordnung logisch widerspruchsfrei ist. Sie ist erfüllt, wenn für drei Alternativen x, y und z stets gilt: Falls x gegenüber y präferiert wird oder zwischen beiden Indifferenz herrscht, und falls dies auch für y gegenüber z gilt, dann muss die gleiche Relation auch für x gegenüber z gelten. Ist diese Bedingung nicht erfüllt, etwa wenn die ersten beiden Relationen gelten, anstelle der Dritten aber z gegenüber x präferiert wird, dann liegt eine zyklische Präferenzordnung vor. Wir hätten es dann mit einem Individuum zu tun, das wie Hans im Glück im gleichnamigen Märchen immer wieder eine Alternative gegen die andere zu tauschen bereit wäre und niemals bei einem tatsächlich präferierten Konsumplan zur Ruhe käme.

Die zweite Bedingung der Präferenzstabilität stellt sicher, dass aus zwei logisch identischen Entscheidungssituationen auch immer die gleiche Entscheidung folgt. Ihre praktische Bedeutung liegt darin, dass eine Manipulation der Individuen durch eine zielgerichtete Gestaltung des Entscheidungsrahmens ausgeschlossen wird. Wenn etwa ein Verkäufer die positiven Eigenschaften von x rhetorisch stärker hervorhebt als ein anderer, dann sollte dies keinen Einfluss auf die Stellung von x in der Präferenzordnung haben, denn nur die objektiv relevanten Eigenschaften des Gutes zählen für die Konsumentscheidung. Das bedeutet aber auch, dass beispielsweise manipulative Werbung unseren vollständig rationalen Konsumenten nicht beeinflussen wird.[2] Die erste Annahme der Voll-

---

1 Siehe z. B. *Mas-Colell/Whinston/Green*, Microeconomic Theory (1995), Kapitel 1.

2 Allenfalls Werbung, die selbst eine Gutseigenschaft kreiert – etwa die Möglichkeit, sozialen Status an die Mitmenschen zu signalisieren – würde dann Konsumentscheidungen beeinflussen. Dies kann dann auch zum Veblen-Effekt führen, einer mit steigendem Preis ansteigenden nachgefragten Menge eines Gutes, *Veblen*, The Theory of the Leisure Class – An Economic Theory

ständigkeit schließlich ist eher technischer Art und stellt sicher, dass der Konsument auch tatsächlich alle Alternativen in Relation zueinander setzen kann.

Die ersten drei Annahmen betreffen also den Konsumenten selbst, oder genauer gesagt die Eigenschaften der Präferenzordnung, die ihn charakterisiert. Das Zusammenspiel aller drei Annahmen sorgt für das, was als Rationalität bezeichnet wird: Der Konsument ist in der Lage, aus den relevanten Alternativen unter Nebenbedingungen wie Preisen, Einkommen und Vermögen diejenige Alternative zu wählen, die ihm den höchsten Nutzen stiftet. Hinzu kommen Annahmen über die Entscheidungssituation, in der unser Konsument handelt. Eine Entscheidung unter Sicherheit bedeutet, dass die Konsumentscheidung nicht mit einem Risiko verbunden ist, etwa wenn ein Konsumgut soweit standardisiert ist, dass seine Eigenschaften keine Überraschungen mehr bergen. Eine Entscheidung unter vollständiger Information liegt schließlich dann vor, wenn dem Konsumenten alle für ihn relevanten Informationen vorliegen.

Sind alle diese Bedingungen erfüllt, so existiert offensichtlich kein Bedarf an einem weiteren Konsumentenschutz irgendwelcher Art. Der Verbraucher ist mit den notwendigen internen Voraussetzungen (also mit Rationalität) ausgestattet und er verfügt über alle notwendigen Informationen, die eine gute Entscheidung erlauben. Gleichzeitig ist offensichtlich, dass der Anwendungsbereich dieses Grundmodells sehr begrenzt ist. Man kann sogar argumentieren, dass es gerade die Aufgabe der Verbraucherpolitik ist, die Bedingungen für solcherart rationale Entscheidungen näherungsweise herzustellen, indem Unsicherheit reduziert wird und Informationen bereitgestellt werden.[3] Eine schrittweise Lockerung der Annahmen dieses Unterabschnittes verdeutlicht dies.

2. Vollständige Rationalität unter Risiko

An der grundsätzlichen Fähigkeit des Konsumenten, selbst rationale Entscheidungen zu treffen, ändert sich nicht viel, wenn unterstellt wird, dass er eine mit Risiko behaftete Wahl treffen muss. Er wählt dann diejenige Alternative, die den erwarteten Wert *E(u)* seiner von Neumann-Morgenstern-Nutzenfunktion *u* maxi-

---

of Institutions (1899); *Simon Bagwell/Bernheim,* Veblen Effects in a Theory of Conspicuous Consumption, American Economic Review 86 (1996), 349.

3 Vgl. *Hadfield/Howse/Trebilcock,* Information-Based Principles for Rethinking Consumer Protection Policy, Journal of Consumer Policy 21 (1998), 131, die allerdings auch darauf hinweisen, dass eine informationsorientierte Verbraucherpolitik über die bloße Kompensation von Informationsasymmetrien hinausgehen sollte.

miert.[4] Seine Wahl erfolgt nun nicht mehr zwischen sicheren Alternativen, sondern zwischen Lotterien. Plant unser Konsument beispielsweise den Kauf eines Gebrauchtwagens und sieht er zwei ihn interessierende Modelle bei zwei Händlern x und y, dann ordnet er beiden Händlern jeweils eine Wahrscheinlichkeit p_x und p_y zu, mit der er einen gewissenhaften Anbieter erwartet, der einen intakten Wagen verkauft. Trifft dies zu, dann würden die vorteilhaften Situationen x_1 oder y_1 eintreten; gerät er hingegen an einen weniger zuverlässigen Verkäufer, der ihm einen weniger gut gewarteten Wagen verkauft, dann treten die ungünstigen Situationen x_2 oder y_2 ein. Unser rationaler Konsument entscheidet sich dann für Händler x falls $p_x u(x_1)+(1-p_x)u(x_2)>p_y u(y_1)+(1-p_y)u(y_2)$ und für y falls das Gegenteil gilt.

Im Vergleich zur Entscheidung unter Sicherheit fallen zwei Unterschiede auf. Zunächst ist das Informationsbedürfnis des Konsumenten natürlich etwas größer. Er muss in der Lage sein, ganze Lotterien zu vergleichen, d. h. er muss wissen, welche Zustände der Welt auf ihn zukommen können und mit welcher Wahrscheinlichkeit diese eintreten können. Im hier zur Illustration gewählten Beispiel mit zwei möglichen Fällen pro Handlungsalternative erscheint das noch recht einfach, aber auch hier kann es *ex ante* in der Praxis schon schwierig sein, gut begründete Wahrscheinlichkeiten zu finden, die dann ins Kalkül einfließen können. Vor allem aber könnte man auch dieses Beispiel mit zunehmender Realitätsnähe schon beliebig verkomplizieren. So wird es in der Praxis hunderte von Fällen geben, die eintreten können – es sind dann nicht nur die Fälle des Problemautos und des intakten Gebrauchtwagens zu unterscheiden, sondern viele potentielle Defekte in Rechnung zu stellen, die jeweils ganz unterschiedliche Auswirkungen auf Mobilitätseinschränkungen, Reparaturkosten, Reparaturdauer usw. haben und damit auch mit unterschiedlichen Nutzenschätzungen verbunden sind. Der vollständig rationale Konsument müsste also über eine umfangreiche Menge von möglichen Zuständen der Welt und die dazu gehörende Wahrscheinlichkeitsverteilung informiert sein, was man natürlich in der Realität kaum unterstellen kann.

Ein zweiter Unterschied zur Entscheidung unter Sicherheit ist die Möglichkeit der Enttäuschung *ex post*. Gerade dies ist für die Praxis des Konsumentenschutzes relevant: Die Neigung, eine im Nachhinein konstatierte Unzufriedenheit mit der eigenen Konsumentscheidung betrügerischen Anbietern oder ähnlichen Umständen anzulasten, ist oft verlockend. Selbst die vollständig rationale Maximierung des Erwartungsnutzens unter vollständiger Information über die Parameter der Entscheidungssituation kann zu einer Entscheidung führen, die man im

---

4 Vgl. *von Neumann/Morgenstern*, Theory of Games and Economic Behavior (1953), Kapitel 3.

Nachhinein bereut – obwohl man sie vernünftigerweise immer wieder so treffen würde, wenn man noch einmal in die gleiche Entscheidungssituation geriete.

3. Vollständige Rationalität mit unvollständiger Information

Entscheidungssituationen unter Risiko und solche unter unvollständiger Information sind analytisch nicht immer vollständig voneinander zu trennen. Das im vorherigen Abschnitt diskutierte Beispiel könnte auch als Anwendungsfall für unvollständige Information des Konsumenten genutzt werden: Er weiß nicht, welche Eigenschaften die beiden Gebrauchtwagen eigentlich haben und ist daher zu einer Entscheidung unter Risiko gezwungen. Andererseits war er sich aber zumindest über die Parameter seiner riskanten Entscheidung vollkommen im Klaren und entschied immerhin in dieser Hinsicht vollständig informiert. Wäre dies nicht der Fall, so wäre wiederum die Entscheidung über das Ausmaß der eigenen Suche nach entscheidungsrelevanten Information immer auch eine Entscheidung unter Risiko, da man *ex ante* naturgemäß nicht genau abschätzen kann, wie nützlich bisher noch unbekannte Information nach ihrer Entdeckung letztendlich sein wird.[5]

Grundsätzlich besteht die wesentliche Anforderung an rationales Handeln bei unvollständiger Information im neoklassischen Standardmodell aber trotzdem gerade darin, die Grenzkosten der weiteren Informationsbeschaffung und den erwarteten Nutzen zusätzlicher Information zum Ausgleich zu bringen.[6] In unserem Beispiel müsste ein rationaler Autokäufer also überlegen, in welchem Verhältnis die Kosten für einen Sachverständigen und der daraus folgende Nutzen in Form präziserer Information stehen. Es lassen sich zwar einige allgemeine Prognosen aus dieser einfachen Vorstellung über individuelles Handeln unter unvollständiger Information ableiten. Auf Märkten, auf denen Preise und Qualitäten stärker streuen, sollte beispielsweise tendenziell mehr in Informationssuche investiert werden. Aber aufgrund der stark subjektiven Einschätzung von Kosten und Nutzen ist es kaum zu leisten, ein sinnvolles Ausmaß individueller Informationssuche objektiv zu bestimmen. Der Vorwurf an einen Verbraucher, er hätte sich mehr informieren sollen, wird in der Praxis immer aus einer privilegierten, *ex post* gebildeten Interpretation der Entscheidungssituation heraus getroffen,

5 Siehe bereits *Stigler*, The Economics of Information, Journal of Political Economy 69 (1961), 213.
6 Vgl. etwa *Birchler/Bütler*, Information Economics (2007), Kapitel 5.

während eine andere Einschätzung der Situation durch den Verbraucher selbst *ex ante* durchaus auch vernünftig sein konnte.

Fest steht andererseits aber, dass rationale Individuen frei verfügbare und glaubhafte Information in jedem Fall nutzen sollten, um rationale Erwartungen zu bilden und so die Qualität ihrer Entscheidungen zu verbessern. Ihre Erwartungen würden sich dann, sofern keine systematischen Fehler gemacht werden, zumindest im Durchschnitt an die Realität annähern.[7] Dies gilt umso mehr, wenn es nicht um einmalige sondern um wiederholte Entscheidungen geht und ein Lernen aus – eigener oder fremder – Erfahrung möglich ist. Als Mechanismus des rationalen Lernens wird dabei in der mikroökonomischen Theorie in der Regel das Bayesianische Lernen unterstellt, das aber empirisch mit einigen Problemen behaftet ist und eher als normativer Maßstab denn als deskriptiver Ansatz zur Erklärung tatsächlicher Lernprozesse gelten kann.[8] Unabhängig von der Debatte über eine zutreffende theoretische Beschreibung von Lernprozessen in der ökonomischen Theorie und der Hoffnung auf im Durchschnitt korrekte Erwartungen bleibt das Problem bestehen, dass *einzelne* Individuen kaum jemals vollständig informiert sein werden und stattdessen unvollständige Information, und sei es auch nur als rationale Uninformiertheit, allgegenwärtig ist. Die Frage ist, was daraus verbraucherpolitisch folgt.

4. Der rationale, aber unvollständig informierte Konsument in der Verbraucherpolitik

Unvollständige Information hat vor allem dann unmittelbare Auswirkungen auf Marktergebnisse, wenn zusätzlich auch die Informationsverteilung zwischen den Marktseiten asymmetrisch ist. *Akerlof* hat dies in seinem Beitrag über den *market for lemons* als einer der Ersten theoretisch herausgearbeitet.[9] Hier führt Unsicherheit über die Qualität eines Gutes, wie zum Beispiel eines Gebrauchtwagens, dazu, dass die Konsumenten sich in ihrer Zahlungsbereitschaft an der vermuteten Durchschnittsqualität orientieren. Zu dem dann erzielbaren Preis sind aber die Anbieter qualitativ hochwertiger Wagen nicht mehr bereit, auf dem Markt zu bleiben. Mit der Zeit sinken Durchschnittsqualität und Zahlungsbereitschaft in

7 Zur Theorie rationaler Erwartungen siehe ursprünglich *Muth*, Rational Expectations and the Theory of Price Movements, Econometrica 29 (1961), 315.

8 Siehe z. B. *Blume/Easley*, What Has the Rational Learning Literature Taught Us?, in: Kirman/Salmon (Hrsg.), Learning and Rationality in Economics (1995), S. 12.

9 *Akerlof*, The Market for Lemons: Quality Uncertainty and the Market, Quarterly Journal of Economics 84 (1970), 488.

einer Abwärtsspirale; es kommt zu einer Negativauslese (adverse Selektion). Im Grenzfall bricht der Markt vollständig zusammen und es kommt zu erheblichen negativen Wohlfahrtseffekten, da eine vorhandene Nachfrage überhaupt nicht mehr bedient wird.

Damit wird aber auch deutlich, dass nicht nur rationale Konsumenten ein Interesse an der Beseitigung von Informationsasymmetrien haben können. Auch die Anbieter qualitativ hochwertiger Güter haben einen Anreiz, den uninformierten Konsumenten Informationen über die tatsächlichen Eigenschaften ihres Angebotes zukommen zu lassen.[10] Die wichtigste Frage ist dann, ob die qualitativ hochwertigen Anbieter glaubhafte Signale finden, die von schlechten Anbietern nicht gesendet werden können. Ist dies der Fall, dann kommt es zu einem sogenannten trennenden Gleichgewicht, in dem die Konsumenten ein für sie oft kostenloses, informatives Signal erhalten, mit dem sie die Qualität von Anbietern gut abschätzen können.[11] Einfache Beispiele sind großzügige Garantien oder das Angebot zum Vertragsrücktritt bei Nichtgefallen. Auch der Anschluss an einen Franchisegeber, der für Reputation und Standardisierung des Angebotes sorgt, kann ein solches Signal sein.[12]

Besonders interessant ist, dass solche Mechanismen dann auch nicht mehr die vollständige Rationalität der Konsumenten voraussetzen, um zu funktionieren. Auch beschränkt rationale Individuen, die nicht ständig ihren Nutzen maximieren, sondern lediglich auf der Suche nach zufriedenstellenden Alternativen sind,[13] sollten in der Regel fähig sein, kostenlos bereitgestellte und eindeutige Information richtig zu nutzen oder auch nur von Institutionen wie den oben genannten Beispielen intuitiv richtigen Gebrauch zu machen. Tatsächlich zeigt gerade die Neue Institutionenökonomik, wie sich oft endogen Institutionen herausbilden, die es auch schlecht informierten und beschränkt rationalen Konsumenten erlauben,

---

10 Vgl. ursprünglich *Spence*, Market Signaling: Informational Transfer in Hiring and Related Screening Processes (1974), der diese Idee, die allgemein anwendbar ist, zunächst für Arbeitsmärkte entwickelt hat.

11 Dies unterscheidet das *signaling* vom *screening*, bei dem die uninformierte Marktseite Mechanismen konstruiert, welche die informierte Marktseite dazu veranlassen, ihre Information preiszugeben (vgl. ursprünglich *Rothschild/Stiglitz*, Equilibrium in Competitive Insurance Markets: An Essay on the Economics of Imperfect Information, Quarterly Journal of Economics 90 (1976), 629).

12 Ähnlich argumentiert *Stigler*, Journal of Political Economy 69 (1961), 213, dass große Warenhäuser durch ihre Reputation oft implizit für die von ihnen angebotenen Güter garantieren. Grundsätzlich zu diesem Thema vgl. auch *Epstein*, Behavioral Economics: Human Errors and Market Corrections, University of Chicago Law Review 73 (2006), 111.

13 Vgl. *Simon*, Models of Man (1957).

zu geringen Transaktionskosten den Markt zu nutzen und gute Konsumentscheidungen zu treffen, von denen sie nicht systematisch enttäuscht werden.[14]

Allerdings bilden sich solche Institutionen nicht überall heraus. So sind beispielsweise Signalmechanismen für die Anbieter oft mit Kosten verbunden und nicht immer lohnend. Je nach Markt kann es auch technisch schwierig sein, einen glaubhaften Signalmechanismus zu entwickeln, der von Anbietern schlechter Qualität nicht ebenfalls genutzt werden kann. Auch die Art der konsumierten Güter spielt eine Rolle. Bei sogenannten Suchgütern ist die Qualität unmittelbar ersichtlich, sobald das spezifische Gut entdeckt wurde. Bei Erfahrungsgütern werden die Gutseigenschaften immerhin mit dem Konsum aufgedeckt. Auch hier kann man sich das Funktionieren z. B. von Reputationsmechanismen noch gut vorstellen. Bei Vertrauensgütern, deren wahre Qualität möglicherweise nie eindeutig offenbart wird, ist das schon schwieriger. Ein Beispiel sind Medikamente. Schlägt ein Medikament nicht an, so kann das daran liegen, dass der Hersteller eine Charge mit geringem Wirkstoffanteil produziert hat um Kosten zu sparen. Es kann aber auch daran liegen, dass der Patient selbst aus irgendwelchen Gründen immun gegen den Wirkstoff ist, oder daran, dass er von seinem Arzt falsch diagnostiziert wurde. Schlägt das Medikament doch an, könnte es auch an einem Placebo-Effekt liegen. In jedem Fall ist die wahre Qualität für den Konsumenten nicht direkt beobachtbar, und er muss schlicht darauf vertrauen können, nicht betrogen zu werden.

Bei solchen Gütern helfen Lösungen wie großzügige Garantien oder auch die Reputation eines einzelnen Anbieters oft nicht oder nur eingeschränkt weiter. Mögliche alternative Institutionen wären dann Zertifizierungen, wie sie beispielsweise von den Anbietern biologisch produzierter Lebensmittel genutzt werden.[15] Zwar ist es grundsätzlich denkbar, die Aufgabe der Zertifizierung und der Definition von Standards privaten Anbietern zu überlassen. Es kann allerdings systematische Interessenskonflikte geben: Das Geschäftsmodell einer privaten Zertifizierungsagentur beruht zwar wiederum auf Reputation gegenüber dem Konsumenten, die etwa im Fall von fahrlässigem Kontrollversagen verloren gehen würde. Es besteht jedoch auch eine Abhängigkeit von Produktanbietern, die sich zertifizieren lassen und dafür Gebühren entrichten müssen. In einem gewissen Rahmen ist also auch ein Laxheitswettbewerb denkbar, in dem private Zertifizierer durch ein Absenken der Standards um Kunden konkurrieren. Darüber hinaus kann es bei einer größeren Zahl konkurrierender Zertifikate für den Konsumenten

14 Vgl. *Richter/Furubotn*, Neue Institutionenökonomik – Eine Einführung und kritische Würdigung (4. Aufl. 2010), für einen breiten Überblick über solche Institutionen.

15 Vgl. *Jahn/Schramm/Spiller*, The Reliability of Certification: Labels As A Consumer Policy Tool, Journal of Consumer Policy 28 (2005), 53.

schwer durchschaubar sein, welcher Zertifizierer im Detail welche Standards definiert hat. Eine staatliche Monopollösung kann dann ausnahmsweise sinnvoll sein.

Grundsätzlich liegt in einer von rationalen, aber unvollständig informierten Konsumenten bevölkerten Welt die Rolle des Staates in der Verbraucherpolitik also vor allem in der Bereitstellung von Informationen und in der Überprüfung der faktischen Korrektheit der vom Anbieter bereitgestellten Informationen. Damit werden die Kosten der Nutzung des Preismechanismus,[16] also: die Transaktionskosten, gesenkt[17] und es wird die allokative Effizienz des Marktsystems insgesamt erhöht, indem die Abwicklung einer größeren Anzahl vorteilhafter Transaktionen ermöglicht wird.[18] Indirekt gehört zur Verbraucherpolitik allerdings auch die Sicherstellung einer funktionierenden Wettbewerbsordnung. Existiert diese, so kann man von einer Marktasymmetrie sprechen: Konsumenten mit diversifizierten Präferenzen treffen auf spezialisierte Anbieter, die Transaktionen abschließen wollen.[19] Erst diese komfortable Position erlaubt es dem Konsumenten, Fehlverhalten von Anbietern durch eine Verweigerung weiterer Vertragsabschlüsse zu sanktionieren.

Der Konsument selbst aber ist in diesem Modellrahmen weiterhin jemand, der eine kohärente und stabile Präferenzordnung hat, der verfügbare Information rational verarbeitet und der keinesfalls davon profitieren würde, in seinem Konsumentenverhalten im Detail betreut oder gesteuert zu werden. Von diesem Verbraucherbild setzt sich die verhaltensökonomische Forschung zunehmend ab.

III. Das verhaltensökonomische Verbraucherleitbild

Das oben diskutierte neoklassische Bild des Konsumenten als rational kalkulierendem, wenn auch nicht vollständig informiertem *homo oeconomicus* wird seit einigen Jahren in der Literatur immer stärker fundamental kritisiert. Teils wird gar

16 Vgl. zu diesem Begriff ursprünglich *Coase*, The Nature of the Firm, Economica 4 (1937), 386.

17 Man kann argumentieren, dass andere originäre Aufgaben des Staates, wie die Durchsetzung von Eigentumsrechten und Verträgen, ebenfalls vor allem diesen Zweck erfüllen.

18 Allerdings ist zur Bestimmung des gesamten allokativen Effekts streng genommen zu überprüfen, ob die Wohlfahrtsverluste durch Besteuerung zur Finanzierung dieser staatlichen Aufgabe geringer sind als die Wohlfahrtsgewinne durch sinkende Transaktionskosten.

19 Siehe insbesondere *von Weizsäcker*, Asymmetrie der Märkte und Wettbewerbsfreiheit, in: Vanberg (Hrsg.), Evolution und Freiheitlicher Wettbewerb: Erich Hoppmann und die aktuelle Diskussion (2009), S. 211.

bezweifelt, dass es so etwas wie einen „mündigen Verbraucher" überhaupt geben kann.[20] Eine zentrale Rolle spielen in dieser Diskussion empirische Erkenntnisse der Verhaltensökonomik, welche zunächst vor allem in ökonomischen und psychologischen Laborexperimenten gewonnen wurden, inzwischen aber zunehmend auch durch Felddaten untermauert werden. Dieser Zweig der wirtschaftswissenschaftlichen Literatur setzt nicht mehr an den Rändern des ökonomischen Verhaltensmodells an, sondern an seinem Kern. Der Nutzen vollständiger Rationalität als deskriptiver Modellannahme wird in Zweifel gezogen, indem gezeigt wird, wie Menschen systematisch und nicht nur zufällig Fehler machen.[21] Würden sich zufällige Fehler zumindest im Durchschnitt mehr oder weniger aufheben, so ist dies bei systematischen Fehlern nicht mehr der Fall.

1. Charakteristische Rationalitätsdefizite

Eine Reihe von Beispielen kann, ohne Anspruch auf Vollständigkeit, veranschaulichen, was es bedeutet, wenn sich Individuen systematisch anders verhalten als ein vollständig rationaler *homo oeconomicus* es täte.[22] Ein wesentliches Problem ist zunächst das Phänomen, dass Individuen inkohärente Präferenzordnungen haben können. Im neoklassischen Standardansatz geht man davon aus, dass rationale Individuen auch ihre Zukunft planen und dabei einen Konsumpfad entwerfen können, den sie dann befolgen und abarbeiten. Dagegen kann man trivialerweise einwenden, dass es oft unerwartete Änderungen in den Restriktionen dieses Konsumpfades geben wird. Preise ändern sich, ebenso kann sich unerwartet das Einkommen des Konsumenten ändern, oder sein Gesundheitszustand. Dann wäre es natürlich rational, einen einmal entworfenen Konsumplan entsprechend anzupassen. Weniger trivial ist dagegen der Einwand, dass Individuen oft ihre Pläne auch dann revidieren, wenn sich an den Randbedingungen ihrer Entscheidung scheinbar gar nichts verändert hat. Dies wird in der Literatur in aller Regel als Hinweis auf ein Problem der Individuen mit ihrer

---

20 Vgl. *Kenning/Wobker*, Ist der „mündige Verbraucher" eine Fiktion?, Zeitschrift für Wirtschafts- und Unternehmensethik 14 (2013), 282.

21 Allerdings kann argumentiert werden, dass eine *schwache* Rationalitätsannahme immer noch fundamental für sozialwissenschaftliche Modelle bleibt, vgl. *Kirchgässner*, The Weak Rationality Principle in Economics, Swiss Journal of Economics and Statistics 149 (2013), 1.

22 Siehe etwa *Conlisk*, Why Bounded Rationality?, Journal of Economic Literature 34 (1996), 669; *Thaler/Sunstein*, Nudge. Improving Decisions about Health, Wealth and Happiness (2008); und *Kahneman*, Thinking Fast and Slow (2011).

Selbstkontrolle und als ein Hinweis auf konkurrierende kurz- und langfristige Präferenzen interpretiert.

Ein Konsument kann es beispielsweise im November vernünftig finden, im folgenden Januar auf gesunde Ernährung umzusteigen, um im Juni erfolgreich an einer Sportveranstaltung teilnehmen zu können. Ist der Januar dann aber erreicht, so hat unser Konsument die gleiche starke Gegenwartspräferenz für Schokoriegel wie schon im November und er verschiebt seine Ernährungsumstellung auf März – wo das Drama sich dann wiederholt. Eine solche immer wieder beobachtete Selbstenttäuschung wird als hyperbolisches Diskontieren bezeichnet,[23] denn das Verhalten wird damit erklärt, dass die Konsumenten dazu neigen, die unmittelbare Zukunft sehr stark zu diskontieren, während der Diskontierungsparameter in der ferneren Zukunft geringer und konstant ist. Damit ist der Konsument also in der Lage, rational vorausschauende Pläne für die fernere Zukunft zu machen, aber immer dann, wenn es an die konkrete Umsetzung dieser Pläne in der Gegenwart gehen sollte, hält ihn die hohe Gegenwartspräferenz für aktuellen Konsum (in diesem Fall von Schokoriegeln) davon ab.

Ebenfalls empirisch gut dokumentiert sind falsche Einschätzungen von Risiken, die auch nicht durch rationales Lernen vollständig korrigiert werden. So neigen wir zu einem übermäßigen Optimismus, nicht nur über externe Risiken sondern auch über die eigenen Fähigkeiten. Dieser ist möglicherweise evolutionsbiologisch begründet.[24] Eine außerdem bestehende Neigung zur Vermeidung kognitiver Dissonanz führt dazu, dass wir Risiken von häufig ausgeübten Aktivitäten verleugnen und uns entsprechend übermäßig risikofreudig verhalten.[25] Und der sogenannte *availability bias* führt auf der anderen Seite dazu, dass wir Risiken, die uns beispielsweise durch Diskussionen in den Medien gerade sehr präsent sind, signifikant überschätzen[26] und uns zu vorsichtig verhalten oder zu viel Mühe auf die Vermeidung eigentlich wenig bedeutsamer Risiken verwenden, während wir die wichtigen Risiken aus dem Auge verlieren.

Schließlich sind wir auch durch die gezielte Ausnutzung sogenannter *Framing*-Effekte manipulierbar. Präsentiert man einem Konsumenten zwei logisch identische, aber anderweitig unterschiedliche Entscheidungssituationen, so kann

---

23 Vgl. *Laibson*, Golden Eggs and Hyperbolic Discounting, Quarterly Journal of Economics 112 (1997), 443.

24 Vgl. *Sharot*, The Optimism Bias – A Tour of the Irrationally Positive Brain (2011).

25 Vgl. *Akerlof/Dickens*, The Economic Consequences of Cognitive Dissonance, American Economic Review 72 (1982), 307.

26 Vgl. *Kahneman/Tversky*, Judgment Under Uncertainty: Heuristics and Biases, Science 185 (1974), 1124.

dies einen Einfluss darauf haben, wie er sich entscheidet.[27] Ein Gebrauchtwagenhändler, der betont, dass 80 % der von ihm verkauften Autos noch mindestens weitere 100.000 Kilometer geschafft haben, wird mehr Verträge abschließen als einer, der betont, dass 20 % seiner Autos vor dieser Wegmarke verschrottet wurden. Die Existenz von *Framing*-Effekten bedeutet wie schon die Existenz von Selbstkontrollproblemen, dass Konsumenten in der Realität oft nicht durch eindeutige Präferenzen charakterisiert werden können. Vielmehr scheinen wir durch eigentlich nicht relevante Randbedingungen einer Entscheidung in unserer Entscheidung beeinflussbar zu sein.[28]

2. Kann Verbraucherpolitik die Konsumenten rationaler machen?

Eine denkbare Reaktion auf die recht robuste und umfangreiche empirische Evidenz zu Abweichungen vom neoklassischen Standardmodell rationalen Verhaltens könnte darin bestehen, die Rationalität der Konsumenten zum unmittelbaren Ziel verbraucherpolitischer Interventionen zu machen. Genau dies scheinen die Vertreter des sogenannten libertären Paternalismus zu befürworten, wenn sie im Untertitel ihres Buches mitteilen, es gehe ihnen um „*improving decisions about health, wealth and happiness*".[29] Das wichtigste Mittel hierzu ist die planvolle Gestaltung von Entscheidungssituationen, die nicht mehr nur dem Zufall oder auch dem Gewinnstreben von Anbietern überlassen werden soll. An deren Stelle tritt ein paternalistischer Planer, der gezielt die oben diskutierten *Framing*-Effekte so ausnutzt, dass die betroffenen Individuen genau in die entgegengesetzte Richtung derjenigen Rationalitätsdefizite geschubst (daher: „*nudge*") werden, an denen sie leiden. Das Resultat wäre ein korrigiertes individuelles Entscheidungsverhalten, das im Grenzfall einer perfekten paternalistischen Korrektur wieder dem Maßstab vollständiger Rationalität entspräche. Von libertärem Paternalismus wiederum ist die Rede, weil es tatsächlich nur um ein Schubsen, nicht um ein Zwingen geht. Individuen, die sich anders entscheiden wollen, können dies tun.

Die Idee erscheint einfach und bestechend, ist aber tatsächlich mit erheblichen Schwierigkeiten verbunden. So ist es leicht möglich, in kontrollierten La-

---

27 Vgl. *Kahneman* (Fn. 22).

28 Vgl. allerdings *Sher/McKenzie*, Information Leakage from Logically Equivalent Frames, Cognition 101 (2006), 467, für eine kritische Diskussion der üblichen Interpretation von *Framing*-Effekten.

29 *Thaler/Sunstein* (Fn. 22).

borexperimenten, in denen das vollständig rationale Verhalten als Maßstab berechnet werden kann, festzustellen, dass die Teilnehmer der Studie unter Entscheidungsverzerrungen leiden. Es ist hingegen viel schwieriger, ohne Kenntnis der im konkreten Fall zugrunde liegenden Präferenzordnung aus beobachtetem Verhalten zu schließen, ob es vernünftig ist oder nicht und wenn nein, wie vernünftiges Verhalten aussähe. Ökonomisch rationales Verhalten ist von objektiven Restriktionen *und* subjektiven Präferenzen bestimmt. Es fehlt damit oft ein gesicherter normativer Maßstab für eine paternalistische Intervention.[30] Gleichzeitig kann aus einer erfolgreichen libertär-paternalistischen Intervention nicht auf die Zustimmung der Betroffenen geschlossen werden: Diese könnten sich zwar formal über das Entscheidungsdesign hinwegsetzen, werden aber faktisch nur erfolgreich manipuliert, möglicherweise ohne es zu bemerken.

Das Problem wird noch verkompliziert, da es in der Realität nur selten möglich sein wird, eine einzelne Entscheidungsverzerrung isoliert zu korrigieren. Stattdessen wird ein Zusammenspiel ganz unterschiedlicher Rationalitätsdefizite eine Rolle spielen. Man kann beispielsweise zur Bekämpfung von Überoptimismus bei riskanten privaten Finanzanlagen vor dem definitiven Vertragsabschluss eine verbindliche Abkühlphase einführen, die der Anleger zur Überprüfung seiner Anlagestrategie nutzen sollte. Die so signalisierte Gefahr bei Finanztransaktionen könnte aber bei anderen Anlegern wiederum zur Rechtfertigung des Aufschiebens ihrer Altersvorsorge dienen, also das hyperbolische Diskontieren verstärken. Analog zur Wohlfahrtsökonomik wäre also eigentlich eine „Theorie des Zweitbesten“[31] nötig, die das komplexe Zusammenspiel von Verzerrungen berücksichtigt, während die naive Forderung, eine Verzerrung nach der anderen isoliert zu korrigieren, die Komplexität des Problems ignoriert.

Sogar die Diagnose eines Rationalitätsdefizits kann unter praktischen Bedingungen schwierig sein. Schiebt etwa der oben bereits erwähnte Hobbysportler seine Diät vor sich her oder spart ein Arbeitnehmer weniger als er ursprünglich geplant hat, so kann dies tatsächlich auf ein Selbstkontrollproblem hindeuten, dem mit paternalistischer Hilfe begegnet werden könnte. Es wäre aber ebenso denkbar, dass die langfristigen Pläne *ex ante* unter unvollständiger Information und mit übermäßigem Optimismus gemacht wurden, und dass die betroffenen Individuen erst im Moment des Ernstfalls wirklich bemerken, wie mühsam es ist, ihre Ziele zu erreichen – und diese vernünftigerweise aufgeben. In diesem Fall wäre aber vielleicht keine paternalistische Intervention angezeigt, die Individuen

---

30 Vgl. *Rebonato,* Taking Liberties – A Critical Examination of Libertarian Paternalism (2012).
31 Vgl. ursprünglich *Lipsey/Lancaster,* The General Theory of Second Best, Review of Economic Studies 56 (1956), 11.

zur Durchsetzung ihrer langfristigen Präferenzen treibt, sondern eine, die sie davon abhält, sich zu ehrgeizige Ziele zu setzen.[32] Wird die Büchse der Pandora, in der sich die Entscheidungsverzerrungen und Rationalitätsdefizite befinden, einmal geöffnet, so lassen sich für das gleiche beobachtete Verhalten oft ganz verschiedene Narrative finden, die jeweils unterschiedliche Interventionen rechtfertigen würden.

Die Argumente für eine Verbraucherpolitik, die sich zum Ziel setzt, Konsumenten rationaler zu machen, sind daher nicht sehr überzeugend. Zu den bereits diskutierten praktischen Problemen gesellen sich noch politisch-ökonomische Schwierigkeiten. Die spezifischen Anreizstrukturen bei kollektiven Entscheidungen in Referenden, Wahlen oder auch in Parlamenten lassen nicht erwarten, dass Entscheidungsverzerrungen hier eine geringere Rolle spielen als bei privaten Konsumentscheidungen.[33] Hinzu kommt, dass Mechanismen der Rückkoppelung, die Informationen über die Güte einer getroffenen Entscheidung liefern, in der politischen Sphäre viel indirekter und unpräziser sind als bei privaten Entscheidungen. Lernprozesse laufen also eher langsamer ab.[34] Die Erfolgsaussichten des Versuchs, durch politische Interventionen gezielt rationalere Entscheidungen herbeizuführen, sind unter solchen Umständen eher skeptisch zu beurteilen.

3. Robuste Implikationen der empirischen Verhaltensökonomik für das Verbraucherleitbild

Die kritischen Überlegungen im vorangegangenen Unterabschnitt bedeuten keinesfalls, dass die Verbraucherpolitik nichts aus den Erkenntnissen der empirischen Verhaltensökonomik zu lernen hätte. Der oben kritisch diskutierte Versuch, durch gezielte „*Nudges*" die Rationalität individueller Entscheidungen gezielt zu verbessern, hat sich als sehr ehrgeizig und angesichts der damit verbundenen Anforderungen an Wissen und Fähigkeiten der paternalistischen Planer auch als unrealistisch erwiesen. Ein hinsichtlich dieser Anforderungen bescheidenerer Ansatz könnte dagegen versuchen, besonders solche offenen Flanken von eingeschränkt rationalen Verbrauchern zu schützen, deren Ausnutzung durch Unternehmen mit besonders schwerwiegenden negativen Konsequenzen für die

---

32 Vgl. *Cordes/Schubert*, Role Models That Make You Unhappy: Light Paternalism, Social Learning and Welfare, Journal of Institutional Economics 9 (2013), 131, für eine etwas ernsthaftere Diskussion der Möglichkeit zur Bildung unrealistischer Präferenzen.

33 Vgl. *Schnellenbach*, Nudges and Norms: On the Political Economy of Soft Paternalism, European Journal of Political Economy 28 (2012), 266.

34 Vgl. *Glaeser*, Paternalism and Psychology, University of Chicago Law Review 73 (2006), 133.

Verbraucher verbunden wäre. Verhaltensökonomische Erkenntnisse können nicht nur libertär-paternalistische Maßnahmen motivieren, sondern sie können auch eine konventionelle Verbraucherpolitik informieren.

So ist in zunehmendem Maße zu beobachten, dass Unternehmen in ihrem Marketing sehr gezielt die Rationalitätsdefizite nutzen, die in der Verhaltensökonomik diskutiert werden.[35] Zwar ist z. B. der Einsatz von *Framing*-Effekten durch Unternehmen, die im Wettbewerb miteinander stehen, nicht identisch mit der einheitlichen, standardisierten Planung von Entscheidungssituationen durch staatliche Paternalisten. Aber auch wenn man eine gewisse Disziplinierung durch Wettbewerb annehmen kann, erscheint die intransparente Manipulation hierfür anfälliger Konsumenten doch grundsätzlich problematisch. Widmet man sich diesem Problem aus einer verbraucherpolitischen Sicht, so geht es aber gerade nicht um die Beeinflussung von Verbrauchern, sondern um die Regulierung einer besonders manipulativen Marketingpraxis auf der Anbieterseite. Auch eine Regulierung zulässiger Vertragsinhalte zur Verhinderung einer Übervorteilung beschränkt rationaler Konsumenten könnte aus dieser Perspektive begründet werden.[36]

Ebenso wie der vollständig rationale Verbraucher profitiert auch der beschränkt rationale Konsument von der Bereitstellung von Information. In seinem Fall betrifft dies aber nicht nur konkrete Information über Gutseigenschaften, sondern auch Information über Prozeduren. Konsumenten, die sich ihrer Entscheidungsverzerrungen und Rationalitätsdefizite bewusst sind, werden zumindest bei besonders wichtigen Entscheidungen vorsichtiger agieren. Sie können darüber hinaus wiederum nach Marktlösungen suchen, um die spezifischen, sie betreffenden Probleme zumindest teilweise zu kompensieren.

Grundsätzlich erscheint der Konsument in der verhaltensökonomischen Perspektive als wesentlich verwundbarer und damit auch schutzbedürftiger als in der neoklassischen Perspektive. Die Diskussion darüber, welche verbraucherpolitischen Konsequenzen ein Wechsel vom neoklassischen zum verhaltensökonomischen Verbraucherleitbild im Detail haben müsste, ist noch nicht besonders weit fortgeschritten. Möglicherweise führte hier die Dominanz des libertären Paternalismus und seiner Spielarten in der Debatte in eine Sackgasse. Während dieser zwar intellektuell interessant ist, aber bisher nur wenige wirklich praktikable Vorschläge macht, hat die konventionelle Verbraucherpolitik etwas an

---

35 Vgl. *Reisch/Oehler*, Behavioral Economics: Eine neue Grundlage für die Verbraucherpolitik?, Vierteljahreshefte zur Wirtschaftsforschung 78 (2009), 30.

36 Vgl. für eine ausführliche Diskussion *Luth*, Behavioural Economics in Consumer Policy – The Economic Analysis of Standard Terms in Consumer Contracts Revisited, PhD Thesis, Faculty of Law, Erasmus University Rotterdam (2010).

Aufmerksamkeit verloren. Entscheidend scheint dann die Frage zu sein, wie man eingeschränkt rationale Konsumenten zu den Voraussetzungen einer informierten, freien Entscheidung verhelfen kann,[37] aber nicht, wie man sie in eine bestimmte Richtung zu manipulieren hat.

IV. Ordnungsökonomische Aspekte der Diskussion um das Verbraucherleitbild

Die ordnungsökonomische Perspektive gründet sich, wie das moderne ökonomische Denken insgesamt, in einem normativen Individualismus, der Individuen als einzige Träger von Werten und Präferenzen ansieht. Das bedeutet nicht, dass Isolation und Eremitentum unterstellt wird. Aber auch gegenseitige Beeinflussung von Menschen in sozialen Kontexten ändert nichts daran, dass Legitimation bei heterogenen Präferenzen letztendlich nur aus der Zustimmung der betroffenen Individuen gewonnen werden kann.[38] Kollektives, politisches Handeln wird dann verstanden als freiwillige Kooperation, die im Idealfall *„politics as exchange"* sicherstellt: Bürger einigen sich auf gemeinsame Regeln und politische Maßnahmen, die, zumindest im Bündel, für alle insgesamt vorteilhaft sind.

Es ist wichtig, dass dieses individualistische Argument nicht auf behaupteten Erkenntnisvorteilen des Individuums gegenüber anderen, beispielsweise staatlichen Akteuren gründet, so wichtig diese in der Praxis auch häufig sein mögen. Solche Erkenntnisvorteile eignen sich aber nicht für ein grundsätzliches Argument, denn sie wären immer empirisch bestreitbar, etwa wenn zum Paternalismus neigende Konsumentenschützer argumentieren, dass die Konsumenten zu viel *Fast Food* essen, also nicht wissen, welche Produkte gut für sie sind. Anstelle solcher bestreitbarer epistemischer Argumente verneint *James Buchanan* ganz grundsätzlich, dass abstrakte Nutzenfunktionen, wie sie im oben diskutierten neoklassischen Ansatz eine zentrale Rolle spielen, für normative Urteile in irgendeiner Form nützlich sind:

> .., a 'utility function', as such, does not exist, which, even conceptually, could be observed and recognized independently of an individual's choice behavior. All there is are individual

37 Vgl. *Leistner,* Das Prinzip der Selbstverantwortung – Verhaltensökonomische Grundlagen, in: Riesenhuber (Hrsg.), Das Prinzip der Selbstverantwortung (2011), S. 101.

38 Vgl. insbesondere *Buchanan,* The Foundations of Normative Individualism, in: The Logical Foundations of Constitutional Liberty – The Collected Works of James M. Buchanan, Vol. 1 (1999), S. 282.

> choices, and it is about these choices, not about some alleged relationship to some utility function, that we develop theories.[39]

Gerade nicht Nicht-Existenz eines abstrakten, aus Sicht der Individuen externen Wohlfahrtsmaßstabes, wie etwa der Sozialen Wohlfahrtsfunktion der neoklassischen Ökonomik, führt zu der Schlussfolgerung, dass nur Zustimmung zu sozialen Arrangements diesen Legitimation verschaffen kann. Es führt aber auch zur zweiten Schlussfolgerung, dass „by their very being as individuals, members of humankind are and must be treated as responsible for their own choices."[40] Der Unterschied zwischen der neoklassischen und der ordnungsökonomischen Herangehensweise kann daher auch prägnant als der Gegensatz zwischen einem Nutzen-Individualismus und einem Wahl-Individualismus auf den Punkt gebracht werden.[41] Während im ersten Fall Individuen nur als Wohlfahrts-Messsäulen dienen, die in einem wie auch immer konstruierten sozialen Wohlfahrtsmaß aufgehen, kommt es im zweiten Fall auf ihre tatsächlichen Wahlentscheidungen an.

Stellt man in dieser Form die tatsächlichen Entscheidungen der Individuen ins Zentrum, so spricht einiges dafür, dass Konsumentensouveränität ein Steuerungsideal ist, an dem sich die institutionelle Gestaltung von Marktordnungen orientieren sollte.[42] Die traditionellen Argumente in diesem Zusammenhang sind beispielsweise wettbewerbspolitischer Natur: Eine Marktordnung, die sich am allgemeinen Konsumenteninteresse orientiert anstatt etwa durch protektionistische Maßnahmen die Partikularinteressen einzelner Anbieter zu schützen, erscheint eher allgemein zustimmungsfähig. Interessant ist in diesem Zusammenhang nun aber das Verbraucherleitbild der Ordnungsökonomik. Wer ist dieser Konsument, der hier die Möglichkeit zu souveränem Handeln haben soll? Die wichtigste Eigenschaft eines Verbrauchers aus ordnungsökonomischer Sicht ist die Tatsache, dass er Verantwortung für sich und seine Entscheidungen über-

---

39 Siehe *Buchanan* (Fn. 38), S. 286.

40 Siehe *Buchanan* (Fn. 38), S. 291. *Sugden*, The Opportunity Criterion. Consumer Sovereignty Without the Assumption of Coherent Preferences, American Economic Review 94 (2004), 1014, entwickelt dieses Argument weiter und entwirft ein formales Modell des Konsumenten, in dem nicht eine kohärente Präferenzordnung, sondern die Verantwortung für eigenes Handeln die Klammer darstellt, die ein Individuum zusammenhält.

41 Vgl. *Vanberg*, Konsumentensouveränität und Bürgersouveränität: Steuerungsideale für Markt und Politik, in: Czada/Zintl (Hrsg.), Politik und Macht – Sonderheft 34 der Politischen Vierteljahresschrift (2003), S. 3.

42 Vgl. für die Argumentation im Detail *Vanberg* (Fn. 41), S. 8–10.

nimmt.[43] Es handelt sich nicht um einen vollständig rationalen Konsumenten, der keine Fehler macht und der durch unveränderliche, kohärente Präferenzen charakterisiert werden könnte, sondern um einen, der akzeptiert, dass seine heutigen Entscheidungen einen Einfluss auf die Handlungsoptionen haben, die ihm in der Zukunft noch zur Verfügung stehen.[44] Und es handelt sich um einen Konsumenten, der wenigstens schwach rational ist, der also eine gewisse (wenn auch nicht invariante) Vorstellung von seinen Zielen hat und der zumindest über einen groben Überblick über seine diesbezüglichen Handlungsoptionen verfügt.[45] Individuen sind grundsätzlich in der Lage, sich an Problemlösungen zu versuchen, aber weit weg von der vollständigen Rationalität des neoklassischen Ansatzes.[46]

Auf der konstitutionellen Ebene bedeutet dies, dass Individuen, die sich ihrer von der Verhaltensökonomik aufgedeckten Rationalitätsdefizite bewusst sind, ausgedehnten Maßnahmen des Verbraucherschutzes durchaus zustimmen können. Pointierter gesagt deuten die verhaltensökonomischen Ansätze darauf hin, dass eine Regulierung manipulativer, Rationalitätsdefizite gezielt ausnutzender Praktiken auf der Anbieterseite erst die Voraussetzungen für echte Konsumentensouveränität schaffen könnte. Konsumentensouveränität setzt voraus, eigene Entscheidungen zu treffen, deren Konsequenzen möglichst absehbar sind. Es sprechen daher aber ebenfalls wenige Argumente dafür, die Kontrolle über das eigene Handeln an vorgeblich wohlwollende Paternalisten zu delegieren. Besteht das Ziel darin, Konsumentensouveränität abzusichern und die Fähigkeit zu eigenverantwortlichem Handeln zu stärken, dann liefert auch die ordnungsökonomische Perspektive, wie schon die Diskussion in *Abschnitt III* dieses Beitrages, tatsächlich plausiblere Argumente für eine konventionelle, aber verhaltensökonomische Erkenntnisse berücksichtigende Verbraucherpolitik als für libertär-paternalistische Interventionen, die auf intransparente Weise das Handeln der Konsumenten manipulieren.

---

43 Vgl. auch *von Hayek*, Die Verfassung der Freiheit (1971), S. 88. *Vanberg*, Freiheit und Verantwortung. Neurowissenschaftliche Erkenntnisse und ordnungsökonomische Folgerungen, in: Riesenhuber (Hrsg.), Das Prinzip der Selbstverantwortung (2011), S. 45 diskutiert die Frage der Verantwortung vor dem Hintergrund der neurowissenschaftlichen Debatte um die Willensfreiheit.

44 Vgl. *Sugden*, American Economic Review 94 (2004), 1014.

45 Vgl. zum Konzept der schwachen Rationalitätsannahme *Kirchgässner*, Swiss Journal of Economics and Statistics 149 (2013), 1. Vgl. allerdings auch *Kirchgässner*, The Role of Homo Oeconomicus in the Political Economy of James Buchanan, Constitutional Political Economy 25 (2014), 2, der zeigt, dass James M. Buchanan selbst oft eine starke Rationalitätsannahme im Sinne des traditionellen *homo oeconomicus* genutzt hat.

46 Vgl. etwa *Vanberg*, Rationalitätsprinzip und Rationalitätshypothesen: Zum methodologischen Status der Theorie rationalen Handelns, in: ders., Wettbewerb und Regelordnung (2008), S. 215.

V. Schlussfolgerungen

Die Diskussion der Verbaucherleitbilder aus ökonomischer Sicht hat gezeigt, dass es *das* wirtschaftswissenschaftlich korrekte Verbraucherleitbild nicht gibt. Die ökonomische Theorie liefert mehrere, ganz unterschiedliche Ansätze zum Verständnis des Verbraucherverhaltens, die dann auch unterschiedliche Implikationen für die Verbraucherpolitik haben. Ein neoklassisches Verbraucherleitbild unterstellt einen Konsumenten, der vor einer Konsumentscheidung selbst in signifikantem Ausmaß nach relevanten Informationen sucht und der jegliche kostenlos verfügbare Information nutzt, um seine *a priori* getroffenen Einschätzungen verzerrungsfrei zu korrigieren. Will man ihm helfen, bessere Entscheidungen zu treffen, so kann man dies vor allem durch die möglichst kostengünstige Bereitstellung möglichst aller entscheidungsrelevanten Informationen tun. Darüber hinaus profitiert er auch von der institutionellen Absicherung eines offenen Wettbewerbs zwischen den Anbietern, der seine Verhandlungsposition verbessert und es ihm erlaubt, opportunistische Anbieter durch Abwanderung zum Wettbewerber zu bestrafen.

Das verhaltensökonomisch geprägte Verbraucherleitbild ruft Zweifel an den Handlungsempfehlungen des neoklassischen Modells hervor. Angesichts der vielfältigen Rationalitätsdefizite, die von der empirischen Verhaltensökonomik diagnostiziert wurden, erscheint der Konsument wesentlich anfälliger für eine Manipulation seiner Entscheidungen durch die Anbieterseite, aber auch ganz generell für Entscheidungen, die nicht in seinem eigenen besten Interesse sind. Jedoch deutet einiges darauf hin, dass eine Verbraucherpolitik, die im Sinne libertär-paternalistischer Ansätze den Verbraucher systematisch zu rationaleren Entscheidungen drängen soll, von ihrem eigenen Anspruch vollkommen überfordert wäre und letztendlich auch selbst zur Quelle neuer Rationalitätsdefizite werden könnte.

Vor diesem Hintergrund und mit Rücksicht auf die ordnungsökonomischen Erwägungen lautet die Empfehlung, eher in der konventionellen, also relativ offen und transparent regulierenden Verbraucherpolitik stärker verhaltensökonomische Erkenntnisse zu berücksichtigen, als zu versuchen, mit meist sehr intransparenten libertär-paternalistischen Ansätzen das Verhalten der Verbraucher – wenn auch scheinbar wohlwollend – zu manipulieren. Das Ziel bestünde dann in einer Absicherung der Konsumentensouveränität als Fähigkeit des Konsumenten, selbst möglichst weitgehend Verantwortung für sein Handeln zu übernehmen.

Jan Prinz

§ 4a Diskussionsbericht zu §§ 2–4

Klinck, der die Diskussion auch leitete, dankte den Vortragenden. Er fragte *Felser*, ob dieser die liberale Grundannahme *Schnellenbachs* anzweifle, dass der Verbraucher fähig zu rationalem Handeln sei. Zudem wollte er wissen, ob der Gesetzgeber aus diesem Grund gehalten sei, die Information von Verbrauchern zu fördern. Die Problematik bei der Annahme einer solchen Pflicht sei doch, dass nach *Felsers* Vortrag verschiedene staatliche Versuche zur „Erziehung" der Verbraucher dann nicht zielführend seien, wenn diese nicht lernfähig sind.

Zunächst gab *Felser* an, dass seine Arbeit als Wissenschaftler regelmäßig in der Antizipation und Erforschung rationaler Defizite liege und weniger in der Entwicklung von Lösungsstrategien. Unter Hinweis auf das Beispiel des Ankereffekts bekräftigte er dabei, dass Verbraucher jedenfalls in manchen Bereichen bereits biologisch nicht fähig seien, ihre Defizite an Rationalität zu überwinden. Zum Teil sei der Mensch seinen automatisierten kognitiven Abläufen geradezu schutzlos ausgeliefert. Allerdings sei auch diesbezüglich eine umfassende Verbraucherinformation von Nutzen, da es jedenfalls nur positive Effekte haben könne, die Probleme der eigenen Psyche mit rationalen Entscheidungen zu kennen.

Klinck bezog sich daraufhin auf das von *Schnellenbach* vorgestellte normative Leitbild des Verbrauchers und hob den Aspekt der individuellen Wohlfahrt des Einzelnen als Ziel noch einmal hervor. Er fragte, ob man mit Bestimmtheit sagen könne, dass das Wohlbefinden des einzelnen Verbrauchers im Rahmen des Verbraucherrechts im Mittelpunkt stehe oder, ob man zugeben müsse, dass (jedenfalls auch) andere Aspekte eine Rolle spielten. Unter Berücksichtigung der Pareto-Effizienz rücke doch das Befinden des Einzelnen in den Hintergrund, da nach diesem Kriterium ein Zustand einer funktionierenden Volkswirtschaft hergestellt werden solle.

Schnellenbach differenzierte dahingehend zwischen dem auf Wohlfahrtsmessung ausgerichteten, klassischen Bild des „homo oeconomicus", dem die Idee der Pareto-Effizienz zugrunde liege, und der verfahrensorientierten Perspektive der Ordnungsökonomie. Der wohlfahrtsökonomische Ansatz sei eine ergebnisorientierte Sichtweise, welche die letztendliche Verteilungssituation am Markt im Blick habe und die Frage stelle, ob diese effizient sei oder durch etwaige Eingriffe (wie z. B. Umverteilungsmechanismen) optimiert werden könne. Der einzelne Mensch gehe in diesem Modell vollkommen unter und würde zu einer „Nutzentankstelle", einem Messpunkt für Wohlfahrt, reduziert. Der ordnungsökonomische Ansatz gehe hingegen insoweit von einem Tauschparadigma aus, als dass bei einem freiwilligen Tausch von Gütern zwischen souveränen Subjekten der Nutzen aller gemehrt würde. Nach dieser Sichtweise stünden nicht die Ergebnisse der Verteilung, sondern die Rahmenbedingungen für die Verteilung im Fokus. Ziel sei dabei, die Möglichkeit für den Austausch von Gütern zum beiderseitigen Vorteil zu schaffen. Dies setze regelmäßig voraus, dass Informationsasymmetrien beseitigt und Transaktionskosten gesenkt werden. Dieser theoretische Ansatz nehme die handelnden Subjekte ernster als die klassische wohlfahrtsorientierte Perspektive. Dies führe konsequenterweise zu einem staatlichen Auftrag zur Schaffung von geeigneten Institutionen, bspw. von Einrichtungen zur systematischen Verbraucherinformation.

Daraufhin stellte *Riesenhuber* heraus, dass alle Vorträge die Themen „Information" als Hilfsmittel für Verbraucher und „Lerneffekte" berührt hatten. Der von *Schnellenbach* vorgeschlagene ordnungsökonomische Ansatz hebe die Bedeutung der Verbraucherinformation hervor. In gewisser Hinsicht reagiere diese Sichtweise jedoch auch auf Problematiken, die von *Felser* beschrieben wurden. Das sei zum Beispiel dann der Fall, wenn man über bestimmte Beeinflussungsaspekte aufklären würde. Andererseits werde auch bereits seit langer Zeit – jedenfalls in Europa flächendeckend – einigen der typischen Einflussmöglichkeiten auf Verbraucher (z. B. Millisekunden-Einblendungen von Werbebotschaften oder Marken) im Rahmen des Verbotes unlauteren Wettbewerbs entgegengewirkt. Aus heutiger Sicht würde man dies unabhängig von früheren Erwägungen wohl auch aus verhaltenspsychologischen Gründen beibehalten. Der Gesetzgeber tue dies aktuell im Rahmen der Umsetzung der Verbraucherrechterichtlinie[1], durch die sog. „pre-ticked-boxes" – also vor-angeklickte Markierungsfelder – teilweise verboten würden.[2]

Außerdem habe insbesondere *Felser* angesprochen, dass man Verbraucher auch zum Teil über Lerneffekte zu rationalem Verhalten lenken könne. Problematisch sei dies dann, wenn Lerneffekte in bestimmten Bereichen aufgrund der psychischen Eigenschaften der Verbraucher nicht zielführend seien. An *Rehberg* gewandt hob er hervor, dass die Rechtsordnung klassischerweise bestimmte Übertölpelungen oder Fehler (auch) von Verbrauchern durch die Rechtsordnung hinnehme. Als Beispiel führte er die außerhalb von Geschäftsräumen geschlossenen Verträge an, die bislang grundsätzlich nicht zwangsläufig ein Widerrufs-

1 Richtlinie 2011/83/EU des Europäischen Parlaments und des Rates vom 25. Oktober 2011 über die Rechte der Verbraucher, zur Abänderung der Richtlinie 93/13/EWG des Rates und der Richtlinie 1999/44/EG des Europäischen Parlaments und des Rates sowie zur Aufhebung der Richtlinie 85/577/EWG des Rates und der Richtlinie 97/7/EG des Europäischen Parlaments und des Rates, ABl. 2011 L 304/64.

2 § 312a Abs. 3 S. 2 BGB n.F., s. Umsetzungsgesetz BGBl. 2013, 3642.

recht zur Folge hatten. Lediglich bei Haustürgeschäften hätte Verbrauchern ein solches zugestanden. Dies ändere sich nun im Zuge der Umsetzung der Verbraucherrechterichtlinie.[3]

An die Referenten stellte er die Frage, wo sie in Bezug auf diese Themenkreise die Verbindungen zwischen ihren Beiträgen sehen würden.

Rehberg sagte, dass für das Recht regelmäßig der einzelne Vertrag im Fokus stehe. Eine Verbesserung bei zukünftigen Verträgen sei dabei kein Kriterium. Jedenfalls in Bezug auf den ersten Vertrag einer Art oder mit einem Vertragspartner würden Lerneffekte keine positive Auswirkung haben. Er stimmte *Riesenhubers* Einschätzung, dass die Rechtsordnung dem Verbraucher nicht sämtliche Risiken abnehme, unter dem Hinweis darauf zu, dass der Gesetzgeber beim Verbraucherschutz regelmäßig auftretende Situationen im Blick habe, da er gezwungen sei, verbraucherschützende Normen zu generalisieren. Darüber hinaus dulde man manche Nachteile für den Verbraucher mit dem Argument, dass diese den jeweiligen Preis senkten. Zudem gebe es auch Vertragsinhalte, bei denen es typischerweise um Risikoentscheidungen gehe. Allerdings argumentiere man auch dort nicht damit, dass sich Ungerechtigkeiten langfristig ausgleichen.

Dazu ergänzte *Schnellenbach*, dass die Verbraucherpolitik regelmäßig ihre eigentliche Aufgabenstellung verfehle. Die Politiker hätten oftmals nicht das effektive Funktionieren des Marktes im Sinn, sondern würden versuchen, maximales politisches Kapital aus der jeweiligen Thematik zu schlagen. Insofern könne man Verbraucherpolitik nicht als reibungslosen, effizienten Marktreparaturmechanismus ansehen. Bezogen auf die Möglichkeit, Machtverzerrungen entgegenzuwirken, führte *Schnellenbach* an, dass man anerkennen müsse, dass sich manche Schieflagen nicht beseitigen ließen. Bei der Aufgabenstellung, effektive Lösungen zu finden, sei eine staatliche Aufsicht über Vertragsverhandlungen schon wegen der mangelnden Umsetzbarkeit jedenfalls keine Option.

Felser stimmte zu, dass mit der Erkenntnis über bestimmte Verbraucherschwächen allein keine Lösung einhergehe. In Bezug auf das Thema „Information", dem das Ziel eines hohen Maßes an Selbstbestimmtheit zugrunde liege, müsse man zwischen zwei Arten der Information differenzieren: Zum einen könne man über die internen Schwächen der Verbraucher, also den Entscheidungsvorgang, informieren, um dazu beizutragen, dass jeder Selbstkontrolle über seine inneren (verzerrenden) psychologischen Vorgänge ausüben kann. Insofern funktioniere die Psyche wie ein Muskel, der in vielerlei Hinsicht trainiert werden könne. Zum anderen könne man Sachinformationen, also Informationen über den Gegenstand der Entscheidung, anbieten. Den klassisch-ökonomischen Ansatz

3 § 312 g Abs. 1 BGB n.F.

aufgreifend, führte *Felser* weiter aus, dass Sachinformationen regelmäßig nicht brauchbar seien, wenn es lediglich um die Zufriedenheit der Verbraucher gehe. Die Menschen seien mit dem subjektiven Gefühl einer erfolgreichen Verhandlung, insbesondere der Genugtuung, dem Gegenüber etwas abgerungen zu haben, in der Regel zufriedener als mit einem objektiv besseren Ergebnis.

Hinsichtlich der etwa im ordnungspolitischen Modell grundsätzlich freien Entscheidung des Konsumenten warf *Rehberg* dabei die Frage auf, ab welchem Grad an Information man von einer „freiwilligen Entscheidung" ausgehen könne. Das Problem an diesem Begriff der Freiwilligkeit sei, dass er nicht handhabbar sei.

Dies griff *Schnellenbach* auf und erklärte am aktuellen Beispiel der Insolvenz des Energieanlagenbetreibers „Prokon", dass hohe Risiken regelmäßig mit hohen Renditeaussichten einhergehen. Dieses Unternehmen habe hochverzinste Anlageprodukte angeboten, mit denen ein überdurchschnittliches Ausfallrisiko verbunden gewesen sei. Der Erwerb dieser Produkte sei daher ein Risikogeschäft, bei dem man im Erfolgsfall überdurchschnittliche Zinsen erwarte. Die Notwendigkeit von Verbraucherschutz begründe dies indes nicht.

Zum Beispiel des Konzerns „Prokon" sagte *Rehberg*, dass beispielsweise in England – das nicht im Verdacht stehe, ein Hort des Sozialismus zu sein – vergleichbare Anlageprodukte stärker reguliert würden. Ein „grauer" Kapitalmarkt existiere dort nicht.

Schnellenbach entgegnete, dass es in England keinen – in vergleichbarer Form – freien, insbesondere keinen „grauen", Kapitalmarkt gebe, da dort nach schlechten Erfahrungen mit Deregulierung in der Vergangenheit, vor allem auf Druck der Lobby der Investmentbanken, bereits differenziertere Reglementierungen eingeführt worden seien. Dies habe unbestritten einen verbraucherpolitischen, aber zudem auch einen lobbypolitischen Aspekt.

Zum Leitbild des schwachen und schutzbedürftigen Verbrauchers merkte *Struyk* an, dass es Werbung gebe, die erkennbar darauf gerichtet sei, Verbraucher in Zwangslagen anzusprechen. Ein Beispiel seien Kredite, die mit dem Verzicht auf eine Bonitätsprüfung beworben würden. Damit verbunden seien in aller Regel sehr hohe Zinssätze. Er fragte *Schnellenbach* in diesem Zusammenhang, ob dies ein Anwendungsfall von Ordnungsökonomie oder ein Fall für die Sozialpolitik sei.

Schnellenbach setzte diesen Fall mit der Ordnungsökonomie insofern in Zusammenhang, als dass es letztlich um die Frage gehe, wie souverän der Verbraucher sei. Derartige Angebote richteten sich nicht ausschließlich an verletzliche Verbraucher. Maßgeblich sei, ob sich die Verbraucher konkret in einer Zwangssituation befänden oder eine freie Entscheidung treffen könnten. Die ordnungspolitische Aufgabe sei dabei, die Voraussetzungen für Konsumentensouveränität zu schaffen. Ziel müsse dabei sein, attraktive, marktgerechte Angebote für starke, souveräne Verbraucher zu erhalten und dabei gleichzeitig die schwachen, etwa in einer Zwangslage befindlichen, Verbraucher zu schützen.

Dazu ergänzte *Felser*, dass nicht jede Schwäche der Verbraucher auch Anlass zur Regulierung sei. Die Feststellung der Schwächen und eine Bewertung als im Einzelfall „unmoralisch" sei jedoch möglich. Eventuell könne man eine Grenze mit Hilfe der Entwicklungspsychologie ziehen. In der Regel würden sich jedenfalls die Symptome, die auf Unreife zurückzuführen sind, mit der Zeit zurückentwickeln; dies gelte insbesondere bei der Heranreifung des Menschen zum Erwachsenen. Als Beispiel nannte *Felser* die Reaktionen von Kindern auf Sonderangebote. Den Aktionscharakter würden Kinder regelmäßig erkennen. Dabei gelinge es ihnen jedoch oftmals nicht, den Vorteil von etwa einer Reduzierung um 70 % gegenüber einer „2 zum Preis von 1"-Aktion zu erfassen. Jedoch gelinge das Abstellen von Unreife-Symptomen nicht jedem Menschen vollständig. Man könne also nicht davon ausgehen, dass der Mensch dieses Fehlverhalten an Rationalität durch Zeitablauf ablege.

Rehberg stimmte zu, dass Voraussetzung staatlicher Eingriffe immer auch deren Geeignetheit zur Problembewältigung sein müsse. Er zweifle jedoch daran, dass man als Gegenschluss daraus die Konsequenz ziehen müsse, dass immer dann kein staatlicher Handlungsbedarf existiere, wenn es keine vollkommen effektiven Maßnahmen zur Lösung eines Problems gebe. Staatliche Aufgabe sei es, auch Einzelfällen gerecht zu werden, selbst wenn dies herausfordernd sei. Man müsse dabei in jedem Fall abwägen, wo staatliche Eingriffe effektiv seien und an welchen Stellen sie unter Umständen gegenteilige Konsequenzen hätten. Problematische Einzelfälle sollten dabei nicht vorschnell der Selbstregulierung des Marktes überlassen werden, sofern der Staat jedenfalls partielle Verbesserungsmöglichkeiten anbieten könne.

Die Diskussion schließend dankte *Klinck* noch einmal den Referenten und den übrigen Diskussionsteilnehmern.

2. Teil: **Verbraucherleitbilder im Europäischen Primär- und Sekundärrecht**

Wolfram Cremer/Gregor-Julius Ostermann, Bochum

§ 5 Vorgaben für ein Verbraucherleitbild aus den Grundfreiheiten des AEUV und der EU-Grundrechtecharta

„Vorgaben für ein Verbraucherleitbild aus den Grundfreiheiten des AEUV und der EU-Grundrechtecharta" – der dergestalt gefasste Vortragstitel gibt der Untersuchung einerseits eine zweigliedrige Struktur, impliziert aber andererseits übereinstimmende Vorgaben im Hinblick auf ein aus den Grundfreiheiten und der EU-Grundrechtecharta ableitbares Verbraucherleitbild. Der nachfolgende Beitrag geht nicht zuletzt der Frage nach, ob sich diese Annahme im Hinblick auf die Rechtsprechung des Europäischen Gerichtshofs, deren Darstellung den Kern dieser Untersuchung ausmacht, bestätigen lässt.

Zum diesem Zweck befasst die Darstellung sich zunächst mit den Vorgaben für ein Verbraucherleitbild aus den Grundfreiheiten des AEUV, namentlich dem Freien Warenverkehr sowie der Dienstleistungs- und Niederlassungsfreiheit (I), und sodann mit etwaigen Vorgaben der EU-Grundrechtecharta (II).

I. Vorgaben für ein Verbraucherleitbild aus den Grundfreiheiten

In den Mitgliedstaaten findet sich eine Fülle von Regelungen, welche – vorgeblich – aus Gründen des Verbraucherschutzes die Ausübung der Grundfreiheiten des AEUV, insbesondere die Warenverkehrs-, Dienstleistungs- und Niederlassungsfreiheit, beeinträchtigen und von der Unionsgerichtsbarkeit im Hinblick auf eine Grundfreiheitsverletzung überprüft worden sind. Angesichts des Umfangs der ergangenen Judikatur muss sich die nachfolgende Darstellung und Analyse freilich auf einige nach Repräsentationsgesichtspunkten ausgewählte Beispiele beschränken.

1. Warenverkehrsfreiheit (Art. 28 ff. AEUV)

a) Zur Illustration: Einige Beispiele aus dem Kontext von Lebensmittelregulierung und Verbraucherschutz

Im Kontext der Warenverkehrsfreiheit ist etwa eine belgische Vorschrift zu nennen, nach der Margarine im Einzelhandel ausschließlich in Würfelform verkauft werden durfte, weil der Verbraucher sie andernfalls – wie die belgische Regierung vorbrachte – möglicherweise mit Butter verwechselte.[1] Nach einer deutschen Vorschrift durfte nur Frankenwein in Bocksbeutelflaschen abgefüllt werden, da dies schon seit Jahrhunderten in Deutschland geschehe, der Verbraucher mithin nur Frankenwein und keine anderen Erzeugnisse erwarte, wenn er Bocksbeutelflaschen kaufe.[2] Als in Deutschland wohl prominentestes Beispiel ist schließlich das deutsche Reinheitsgebot für Bier zu nennen, das die Bundesregierung mit dem Argument zu rechtfertigen suchte, der Verbraucher lebe in der Vorstellung, er würde – wenn er ein Produkt kaufe, das der Erzeuger mit der Bezeichnung „Bier" versehen habe – ein Getränk erwerben, das nur aus Malz, Hopfen, Hefe und Wasser hergestellt sei, also keine weiteren Stoffe enthalte.[3]

b) Verbraucherschutz als ungeschriebener Rechtfertigungsgrund für nicht unmittelbar diskriminierende Beschränkungen der Warenverkehrsfreiheit

All diese (vorgeblich insbesondere oder zumindest auch) dem Verbraucherschutz dienenden mitgliedstaatlichen Regelungen wurden vom Gerichtshof letztlich für unvereinbar mit der Warenverkehrsfreiheit erklärt. Zwar unterscheiden sie nicht nach der Warenherkunft und sind mithin nicht als unmittelbare Diskriminierungen zu qualifizieren; indessen sind den Grundfreiheiten bekanntlich nicht nur Diskriminierungs-, sondern auch Beschränkungsverbote zu entnehmen. Regelungen wie die vorstehend skizzierten sind „geeignet [...], den innergemeinschaftlichen Handel unmittelbar oder mittelbar, tatsächlich oder potentiell zu behindern" und folglich Handelsbeschränkungen im Sinne der Dassonville-For-

---

1 EuGH v. 10.11.1982 – Rs. 261/81 *Rau*, Slg. 1982, 3961; zum Vorbringen der belgischen Regierung und der Würdigung durch den Gerichtshof insbesondere Rn. 16 f.

2 EuGH v. 13.3.1984 – Rs. 16/83 *Prantl*, Slg. 1984, 1299 – Bocksbeutelflaschen; zum Verbraucherschutzargument insbesondere Rn. 26 ff.

3 EuGH v. 12.3.1987 – Rs. 178/84 *Kommission/Deutschland*, Slg. 1987, 1227 – deutsches Reinheitsgebot für Bier; zur Beschäftigung mit dem Verbraucherschutzargument Rn. 30 ff.

mel[4]. Soweit sich eine mitgliedstaatliche Regelung als derartige Handelsbeschränkung erweist, wird dadurch zugleich die Rechtfertigungsbedürftigkeit der mitgliedstaatlichen Maßnahme ausgelöst. Diese Rechtfertigungsbedürftigkeit geht zudem mit einer Darlegungslast der Mitgliedstaaten einher: Der Gerichtshof betont in ständiger Rechtsprechung, es sei „Sache der zuständigen nationalen Stellen", darzutun, dass eine die Warenverkehrsfreiheit beschränkende Maßnahme aus bestimmten Gründen gerechtfertigt ist.[5] Die vom EuGH in zahlreichen Fällen judizierten Verstöße gegen die Warenverkehrsfreiheit zeigen, dass die Anforderungen für die Anerkennung des Vorbringens der Mitgliedstaaten und damit für die Rechtfertigung einer Beeinträchtigung der Warenverkehrsfreiheit erheblich sind.

Zulässige Rechtfertigungsgründe können bekanntermaßen zunächst dem AEUV selbst entnommen werden. Für die Warenverkehrsfreiheit finden sich solche in Art. 36 AEUV. Darüber hinaus sind seit der Entscheidung „Cassis de Dijon"[6] neben den unmittelbar im AEUV niedergelegten Belangen ungeschriebene Rechtfertigungsgründe, sog. „zwingende Erfordernisse des Allgemeininteresses", als Schranken der Grundfreiheiten anerkannt, soweit die mitgliedstaatliche Regelung sich nicht als unmittelbare Diskriminierung erweist.[7] Der Verbraucherschutz ist nicht ausdrücklich als Rechtfertigungsgrund für Beschränkungen der Grundfreiheiten im AEUV genannt, nach der Rechtsprechung des EuGH handelt es sich aber um ein „zwingendes Erfordernis", mithin um einen ungeschriebenen Rechtfertigungsgrund für Beeinträchtigungen (respektive um eine tatbestandsimmanente Schranke)[8] von Art. 34 AEUV.[9]

---

4 EuGH v. 11.7.1974 – Rs. 8/74 *Dassonville*, Slg. 1974, 837.

5 Siehe nur EuGH v. 12.3.1987 – Rs. 178/84 *Kommission/Deutschland*, Slg. 1987, 1227 Rn. 46 – deutsches Reinheitsgebot für Bier.

6 EuGH v. 20.2.1979 – Rs. 120/78 *Rewe-Zentral*, Slg. 1979, 649 – Cassis de Dijon.

7 Zum Anwendungsbereich der ungeschriebenen Rechtfertigungsgründe Calliess/Ruffert-*Kingreen*, EUV, AEUV (4. Aufl. 2011), Art. 34–36 AEUV Rn. 80ff.

8 Vgl. zur Diskussion um die dogmatische Einordnung der „zwingenden Erfordernisse" als tatbestandsimmanente Schranken oder als Rechtfertigungsgründe nur Streinz-*Schroeder*, EUV/AEUV (2. Aufl. 2012), Art. 34 AEUV Rn. 73; *Fremuth*, „Cassis de Dijon" – Zu der dogmatischen Einordnung zwingender Erfordernisse, EuR 2006, 866.

9 So schon EuGH v. 20.2.1979 – Rs. 120/78 *Rewe-Zentral*, Slg. 1979, 649 Rn. 8 – Cassis de Dijon; siehe aus dem Schrifttum statt vieler Calliess/Ruffert-*Kingreen* (Fn. 7), Art. 34–36 AEUV Rn. 80.

c) Kontinuierliche Akzentuierung eines Verbraucherleitbildes in der Rechtsprechung des EuGH

aa) „Cassis de Dijon": Eine erste Weichenstellung

Der Gerichtshof hat in seiner Rechtsprechung zur Warenverkehrsfreiheit ein bestimmtes, sogleich näher darzustellendes Verbraucherleitbild über Jahrzehnte hinweg kontinuierlich akzentuiert. Die wohl erste, in jedem Falle aber bedeutsame Weichenstellung findet sich in der Entscheidung „Cassis de Dijon".[10] Sie hat eine deutsche Regelung zum Gegenstand, nach der Fruchtsaftliköre nur mit einem Mindestweingeistgehalt[11] von 25% in Deutschland in den Verkehr gebracht werden durften. Die Rewe-Zentral-AG wollte den Likör „Cassis de Dijon" aus Frankreich nach Deutschland einführen. Weil dessen Weingeistgehalt indessen nur ca. 15–20% betrug, stand die deutsche Regelung einer Einfuhr entgegen. Im Verfahren vor dem EuGH wurde von Seiten der deutschen Bundesregierung unter anderem vorgebracht, die Regelung diene dem Schutz des Verbrauchers vor unlauterem Wettbewerb: Da Alkohol der teuerste Bestandteil von Getränken sei, gebe es für Hersteller einen Anreiz, den Alkoholgehalt in den Getränken zu verringern, um sich auf diese Weise einen Wettbewerbsvorteil zu verschaffen. Der deutsche Verbraucher erwarte jedoch, ein Getränk mit einem Mindestalkoholgehalt von 25% zu erwerben, wenn er einen Fruchtsaftlikör kaufe. Der EuGH führt hingegen aus, eine „angemessene Unterrichtung" der Verbraucher lasse sich auch durch das Erfordernis der „Angabe von Herkunft und Alkoholgehalt auf der Verpackung des Erzeugnisses" erreichen.[12]

In den gegenläufigen Positionen der Bundesregierung und des Gerichtshofs wird einerseits die Vorstellung eines flüchtigen und unkritischen Verbrauchers,[13] der eine Konsumentscheidung „ohne permanente staatliche Begleitung nicht treffen kann"[14], und andererseits eines Verbrauchers, der seinen Schutz selbst zu bewirken vermag, wenn man ihn nur mit den notwendigen Informationen ver-

---

10 EuGH v. 20.2.1979 – Rs. 120/78 *Rewe-Zentral*, Slg. 1979, 649 – Cassis de Dijon.

11 Der Ausdruck „Weingeistgehalt" ist ein etwas älterer Begriff für den Ethanol-, also den Alkoholgehalt.

12 EuGH v. 20.2.1979 – Rs. 120/78 *Rewe-Zentral*, Slg. 1979, 649 Rn. 13 – Cassis de Dijon.

13 Vgl. zu diesem Leitbild nur BGH, GRUR 1959, 365, 366 – Englisch Lavendel; BGH, GRUR 1965, 610, 611 – Diplom Ingenieur; BGH, GRUR 1995, 60, 61 – Napoleon; siehe ebenfalls Loschelder/Erdmann-*Lubberger*, Handbuch des Wettbewerbsrechts (4. Aufl. 2010), § 40 Rn. 2 und Fn. 1 m.w.N. aus der Rechtsprechung.

14 So die Beschreibung bei Calliess/Ruffert-*Kingreen* (Fn. 7), Art. 34–36 AEUV Rn. 212.

sorgt, offenbar. Der flüchtige[15] Verbraucher ist in der geschilderten Konstellation nicht fähig, die Abweichung des Alkoholgehalts des erworbenen Getränks von den ansonsten üblichen 25% zu erkennen. Was er selbst zu erkennen nicht in der Lage ist, muss der Staat für ihn erkennen. Während also dem Verbraucher nach Auffassung der Bundesregierung nicht zuzutrauen ist, seine Interessen selbst zur Geltung zu bringen, und er infolgedessen des staatlichen Schutzes durch Ge- und Verbote bedarf, geht der Gerichtshof von einem (Durchschnitts)verbraucher aus, der deutlich klüger, verständiger, aufmerksamer, mündiger und besser informiert ist, was staatliche Ge- und Verbote (weitgehend) obsolet macht. Dieser Verbraucher benötigt lediglich Informationen, um sich schützen zu können. Die Informationsversorgung des Verbrauchers darf daher von mitgliedstaatlichen Regelungen erzwungen werden – insbesondere in Form von Etikettierungsvorschriften –; Vertriebsverbote verstoßen indessen gegen die Warenverkehrsfreiheit.

bb) Folgerechtsprechung: Verstetigung und Pointierung des Leitbildes vom „mündigen" Verbraucher – zugleich der Weg zum „Informationsparadigma"

(1) „Obstessig": Der informierte Verbraucher irrt nie

Das in vorgenannter Entscheidung niedergelegte Verbraucherbild wurde von der Folgerechtsprechung des Gerichtshofs weiter ausgearbeitet. Als Verstoß gegen die Warenverkehrsfreiheit wurde etwa eine italienische Regelung angesehen, die das Verbot des Vertriebs von Essig vorsah, der nicht aus Weinessig – sondern wie im streitgegenständlichen Fall aus Obstessig – hergestellt worden war.[16] Die italienische Regierung brachte zur Rechtfertigung des Verbots vor, der Verbraucher irre andernfalls über die Eigenschaften des Produkts, das er erwerbe. Er nehme an, in Italien käuflicher Essig sei stets Weinessig. Diesen Einwand ließ der Gerichtshof nicht gelten. Es verwies vielmehr darauf, der verbotenerweise vermarktete Obstessig sei mit einem „hinreichend deutlichen Etikett versehen", welches das Produkt als Obstessig bezeichne, weshalb „jede Möglichkeit" (sic!) eines Irrtums über den Inhalt des Produkts ausgeschlossen sei.[17] Der informierte Verbraucher irre also nie.

15 *Emmerich*, Wettbewerbsbeschränkungen durch die Rechtsprechung, in: Festschrift für Gernhuber (1993), S. 857, 870 skizziert den Verbraucher – legt man das ursprüngliche Leitbild deutscher Gerichte zu Grunde – als eine „an der Grenze zur Debilität verharrende" Person.

16 EuGH v. 26. 6. 1980 – Rs. 788/79 *Gilli und Andres*, Slg. 1980, 2071 – Obstessig.

17 EuGH v. 26. 6. 1980 – Rs. 788/79 *Gilli und Andres*, Slg. 1980, 2071 Rn. 7 – Obstessig.

(2) „Griechisches Reinheitsgebot für Bier": Information durch nicht sichtbare Information

In einer Vielzahl nachfolgender Entscheidungen wurde diese Rechtsprechung, nach der ein Vertriebsverbot[18] für ein Lebensmittel nicht erforderlich[19] sei, weil eine (bestimmte) Etikettierung desselben als milderes Mittel mit eben solcher Sicherheit das erstrebte Ziel des Verbraucherschutzes erreiche, bestätigt.[20] Dabei führte der Gerichtshof mitunter eher lebensfremde Argumente an, um von dieser Linie nicht abweichen zu müssen. In der Parallelentscheidung zum deutschen Reinheitsgebot für Bier, welche das griechische Biersteuergesetz betraf, berief sich die griechische Regierung darauf, eine Etikettierung an Stelle eines Vertriebsverbots sei insofern kein gleich geeignetes Mittel, als Bier nicht nur in Flaschen verkauft, sondern beispielsweise im Gastronomiebetrieb auch aus Fässern aus-

---

18 Freilich versammeln sich unter dem Begriff des Vertriebsverbots hier mehrere Phänomene. Mitunter wird bereits der Absatz eines Produkts als solcher verboten (etwa EuGH v. 26.6.1980 – Rs. 788/79 *Gilli und Andres*, Slg. 1980, 2071 – Obstessig), der Absatz des Produkts unter einer bestimmten Bezeichnung (EuGH v.12.3.1987 – Rs. 178/84 *Kommission/Deutschland*, Slg. 1987, 1227 – deutsches Reinheitsgebot für Bier) oder in bestimmten Behältnissen (EuGH v. 10.11.1982 – Rs. 261/81 *Rau/De Smedt*, Slg. 1982, 3961 – Rau; EuGH v. 13.3.1984 – Rs. 16/83 *Prantl*, Slg. 1984, 1299 – Bocksbeutelflaschen) bzw. es wird eine ganz bestimmte Art der Etikettierung vorgeschrieben (EuGH v. 16.12.1980 – Rs. 27/80 *Fietje*, Slg. 1980, 3839). Das Vertriebsverbot bezeichnet hier also das Verbot, ein bestimmtes Produkt mit einer bestimmten Bezeichnung, Verpackung, Form oder Art der Etikettierung zu vertreiben.

19 Nachdem eine Reihe von mitgliedstaatlichen Regelungen über Jahre hinweg stets an der Erforderlichkeit im Rahmen der Verhältnismäßigkeitsprüfung scheiterten, ergingen später gleichfalls Entscheidungen, die den Regelungen jedenfalls die Angemessenheit absprachen, so etwa EuGH v. 13.12.1990 – Rs. C-238/89 *Pall/Dahlhausen*, Slg. 1990, I-4827; EuGH v. 26.10.1995 – Rs. C-51/94 *Kommission/Deutschland*, Slg. 1995, I-3599 – Sauce béarnaise.

20 Siehe nur EuGH v. 19.2.1981 – Rs. 130/80 *Fabriek voor Hoogwaardige Voedingsprodukten Kelderman BV*, Slg. 1981, 527 – Trockenmassegehalt für Brot; EuGH v. 10.11.1982 – Rs. C-261/81 *Rau/De Smedt*, Slg. 1982, 3961; EuGH v. 13.3.1984, Rs. 16/83 *Prantl*, Slg. 1984, 1299 – Bocksbeutelflaschen; EuGH v. 11.7.1984 – Rs. 51/83 *Kommission/Italien*, Slg. 1984, 2793 – italienische Gelatine; EuGH v. 4.12.1986 – Rs. 179/85 *Kommission/Deutschland*, Slg. 1986, 3879 – petillant de raisin; EuGH v. 12.3.1987 – Rs. 178/84 *Kommission/Deutschland*, Slg. 1987, 1227 – deutsches Reinheitsgebot für Bier; EuGH v. 12.3.1987 – Rs. 176/84 *Kommission/Griechenland*, Slg. 1987, 1213 – griechisches Biersteuergesetz; EuGH v. 23.2.1988 – Rs. 216/84 *Kommission/Frankreich*, Slg. 1988, 793; EuGH v. 14.7.1988 – Rs. 298/87 *Smanor SA*, Slg. 1988, 4489 – tiefgefrorener Joghurt; EuGH v. 14.7.1988 – Rs. 407/85 *Unità sanitaria locale/3 Glocken GmbH*, Slg. 1988, 4233; EuGH v. 22.9.1988 – Rs. 286/86 *Deserbais*, Slg. 1988, 4907 – Edamer; EuGH v. 2.2.1989 – Rs. 274/87 *Kommission/Deutschland*, Slg. 1989, 229 – Reinheitsgebot für Fleischerzeugnisse;EuGH v. 11.5.1989 – Rs. 76/86 *Kommission/Deutschland*, Slg. 1989, 1021 – Milchersatzstoffe Deutschland; EuGH v. 12.10.2000 – Rs. C-3/99 *Ruwet*, Slg. 2000, I-8749 – Apfelwein; EuGH v. 10.1.2006 – Rs. C-147/04 *De Groot und Bejo*, Slg. 2006, I-245 – Gemüsesaatgut.

geschenkt werde – und eine Etikettierung in diesem Fall ausscheide. Der EuGH entgegnet unter Verkennung oder Leugnung der tatsächlichen Gegebenheiten und Gewohnheiten im Gastronomiebereich, „bei Bier, das vom Fass ausgeschenkt wird, können die erforderlichen Angaben beispielsweise auf den Fässern oder den Siphons angebracht werden."[21] Scheinbar soll also auch eine Information der Verbraucher durch nicht sichtbare Informationen möglich sein.

(3) „Mars" und andere: Das Verbraucherleitbild wird explizit – Geburtsstunde und Ausdifferenzierung

In der Mars-Entscheidung aus dem Jahr 1995 findet sich sodann – soweit ersichtlich erstmals – eine ausdrückliche Stellungnahme des Gerichts zu den Eigenschaften eines Verbrauchers. Bis zu diesem Urteil war es lediglich möglich, anhand der Erwägungen des Gerichts auf dessen Verbraucherbild zu schlussfolgern. In dem der Entscheidung zu Grunde liegenden Sachverhalt vermarktete die Firma Mars diverse Eiscremeriegel, auf deren Verpackung sich eine Fläche mit dem Aufdruck „+ 10 %" befand. Allerdings machte eben diese Fläche mehr als 10 % der Gesamtgröße der Verpackung aus. Nach Ansicht der deutschen Bundesregierung irre der Verbraucher über das wirkliche Maß der Vergrößerung – er bemesse sie anhand der Ausmaße der Fläche, die mit „+ 10 %" bedruckt sei, ohne zu realisieren, dass die Fläche mehr als 10 % der Gesamtgröße des Riegels ausmache. Der EuGH weist diese Argumentation zurück und stellt apodiktisch heraus, von „*verständigen* Verbrauchern kann erwartet werden", dass ihnen dieser Irrtum nicht unterliefe.[22] Das nunmehr explizite Leitbild vom „verständigen" Verbraucher wurde nachfolgend – zunächst in Entscheidungen zur Auslegung von Sekundärrechtsakten[23] – weiter ausdifferenziert. In einer aus dem Jahr 2003 stammenden Entscheidung zur Vereinbarkeit einer spanischen Regelung über Bleichmittel mit der primärrechtlichen Warenverkehrsfreiheit hob der Gerichtshof sodann hervor, dass der als Maßstab anzulegende „'Referenzverbraucher' ein

---

21 EuGH v. 12.3.1987 – Rs. 176/84 *Kommission/Griechenland*, Slg. 1987, 1213 Rn. 29 – griechisches Biersteuergesetz.

22 EuGH v. 6.7.1995 – Rs. C-470/93 *Mars GmbH*, Slg. 1995, I-1923 Rn. 24 (Hervorhebungen durch die Verfasser).

23 Erstmals EuGH v. 16.7.1998 – Rs. C-210/96 *Gut Springenheide und Tusky*, Slg. 1998, I-4657 Rn. 31; bereits Standardformulierung in EuGH v. 28.1.1999 – Rs. C-303/97 *Kessler*, Slg. 1999, I-513 Rn. 36; und EuGH v. 13.1.2000 – Rs. C-220/98 *Estée Lauder/Lancaster*, Slg. 2000, I-117 Rn. 27 – Lifting Creme, vgl. zum erstmaligen Auftauchen der Formulierung und der weiteren Entwicklung auch Dauses-*Micklitz/Rott*, Handbuch des EU-Wirtschaftsrechts, Band 2 (34. Lfg. 2013), H.V. Rn. 113.

durchschnittlich informierter, aufmerksamer und verständiger Durchschnittsverbraucher ist".[24] Später variierte das Gericht diese Formulierung und sprach von einem „normal informierten und angemessen aufmerksamen und verständigen Durchschnittsverbraucher"[25].

Was unter den einzelnen Facetten dieses Referenzverbrauchers zu verstehen ist, kann der lauterkeitsrechtlichen Literatur entnommen werden. Die *Informiertheit* des Verbrauchers betrifft den bei ihm zu unterstellenden Informationsstand, während sich der Aspekt seiner *Aufmerksamkeit* dazu äußert, inwieweit er Informationen wahrnimmt und in seiner Entscheidung berücksichtigt. Die *Verständigkeit* des Verbrauchers verhält sich schließlich dazu, wie kritisch er mit den Informationen umgehen kann, die ihm angeboten werden.[26] In vorgenannter modellhafter Vorstellung wird vom Schrifttum in weitem Umfang das Leitbild eines *mündigen* Verbrauchers gesehen.[27]

cc) Folgen für mitgliedstaatliche Regulierung

Nach all dem lässt sich im Bereich des Schutzes des Verbrauchers vor Irrtum im Kontext des freien Warenverkehrs eine jahrzehntelange Rechtsprechungslinie konstatieren, die man – faustformelartig – als „Vorrang der Verbraucherinformation vor dem Vertriebsverbot" kennzeichnen kann. Diese Formel wird auch als Informationsmodell bzw. als Informationsparadigma bezeichnet.[28]

---

24 EuGH v. 6.11.2003 – Rs. C-358/01 *Kommission/Spanien*, Slg. 2003, I-13145 Rn. 53 – Bleichmittel.

25 EuGH v. 19.9.2006 – Rs. C-356/04 *Lidl/Colruyt*, Slg. 2006, I-8501; die Entscheidung ist wiederum zum Sekundärrecht ergangen.

26 Zu dem verallgemeinerungsfähigen Verständnis dieser drei Teilaspekte im Kontext des UWG Köhler/Bornkamm-*Köhler*, Gesetz gegen den unlauteren Wettbewerb (31. Aufl. 2013), § 1 UWG Rn. 26 ff.

27 Calliess/Ruffert-*Krebber* (Fn. 7), Art. 169 AEUV Rn. 7 m.w.N.; Dauses-*Dauses/Brigola*, Handbuch des EU-Wirtschaftsrechts, Band 1 (28. Lfg. 2011), C.I. Rn. 193; *Frenz*, Handbuch Europarecht, Band 1 – Europäische Grundfreiheiten (2. Aufl. 2012), Rn. 1173; Streinz-*W. Schroeder* (Fn. 8), Art. 36 AEUV Rn. 37.

28 Siehe nur Harte-Bavendamm/Henning-Bodewig-*Glöckner*, Gesetz gegen den unlauteren Wettbewerb (2. Aufl. 2009), Einl. B Rn. 171; Streinz-*Lurger* (Fn. 8), Art. 169 AEUV Rn. 14; *Riesenhuber*, EU-Vertragsrecht (2013), § 5 Rn. 36.

d) Dogmatische Verortung und Ableitung des Leitbildes vom mündigen Verbraucher: Verhältnismäßigkeit als Anknüpfungspunkt für ein normatives Leitbild

Vor dem Hintergrund der skizzierten Judikate stellt sich weiter die Frage, wie sich das Leitbild vom mündigen Verbraucher begründen und dogmatisch verorten lässt. Zum diesem Zweck wird zunächst die Rechtsprechung der Unionsgerichtsbarkeit auf entsprechende Aussagen hin überprüft (aa), um diese im Anschluss daran einer kritischen Würdigung zu unterziehen (bb).

aa) Erforderlichkeit als Anknüpfungspunkt für ein Verbraucherleitbild: die Vorgehensweise des EuGH

Der Gerichtshof hat in einigen Entscheidungen ausgeführt, das dargestellte Leitbild eines mündigen Verbrauchers – welches er als „Kriterium" bezeichnet – beruhe auf dem Grundsatz der Verhältnismäßigkeit.[29] Erwägungen des EuGH zu einem Verbraucherleitbild finden sich dabei in erster Linie im Rahmen der Prüfung der Erforderlichkeit. Dies ist auf den ersten Blick nachvollziehbar: So wird im Kontext der Erforderlichkeitsprüfung nach alternativen Mitteln gefragt, welche den erstrebten Zweck – also den Verbraucherschutz – ebenfalls zu bewirken vermögen, aber die Grundfreiheiten weniger stark beeinträchtigen.[30] Welche Maßnahmen aber zum Verbraucherschutz notwendig sind, kann nicht bestimmt werden, ohne gleichzeitig eine Aussage zum Bezugspunkt staatlicher Schutzbemühungen – nämlich dem Verbraucher als solchem – zu treffen. Der Staat darf zum Schutz des Verbrauchers nur in dem Maße und nur insoweit tätig werden, als der Verbraucher nicht selbst für seinen Schutz aufkommen kann. Eben dies setzt aber eine generelle Aussage über seine Eigenschaften, Fähigkeiten und seinen Kenntnisstand voraus, mithin ein bestimmtes Verbraucherleitbild. Allein mit der Anerkennung des Verbraucherschutzes als legitimes Allgemeininteresse ist eine solche Aussage noch nicht verbunden; im Rahmen der Prüfung der Erforderlichkeit einer mitgliedstaatlichen Maßnahme muss eine derartige Festlegung – ungeachtet der sogleich erörterten Frage, ob sie ggf. bereits zuvor, namentlich im Rahmen der Eignungsprüfung, zu treffen ist – aber regelmäßig erfolgen.

---

29 EuGH v. 13.1.2000 – Rs. C-220/98 *Estée Lauder/Lancaster*, Slg. 2000, I-117 Rn. 28 – Lifting Creme; EuGH v. 6.11.2003 – Rs. C-358/01 *Kommission/Spanien*, Slg. 2003, I-13145 Rn. 53 – Bleichmittel; siehe auch Calliess/Ruffert-*Kingreen* (Fn. 7), Art. 34–36 AEUV Rn. 212, der das Leitbild aus Sicht des Gerichtshofs als „bereichsspezifische Konkretisierung des Grundsatzes der Verhältnismäßigkeit" beschreibt.

30 Siehe statt vieler Calliess/Ruffert-*Kingreen* (Fn. 7), Art. 34–36 AEUV Rn. 93.

bb) Rekonstruktion und Kritik

(1) Erforderlichkeit als zutreffender Anknüpfungspunkt?

Wendet man sich einer kritischen Rekonstruktion der dogmatischen Vorgehensweise des Gerichtshofs zu, stellt sich in einem ersten Zugriff die Frage, ob die Erwägungen zu einem Verbraucherleitbild tatsächlich (erst) im Rahmen der Erforderlichkeit anzustellen sind oder bereits im Zusammenhang mit der Eignung einer mitgliedstaatlichen Maßnahme zur Erreichung des erstrebten Ziels. Die Eignung liegt schon dann vor, wenn die Maßnahme ein brauchbares Mittel zur Zielerreichung darstellt und wenn das Ziel gefördert werden kann.[31] Ob ein mitgliedstaatliches Vertriebs- oder Bezeichnungsverbot bei Orientierung an dem Leitbild eines mündigen Verbrauchers zum Verbraucherschutz geeignet ist, hängt von der Existenz respektive Nichtexistenz einer gesetzlich angeordneten Etikettierungspflicht in dem jeweiligen Mitgliedstaat ab. Fehlt eine solche Etikettierungspflicht, wird sich die Eignung der mitgliedstaatlichen Maßnahme nicht verneinen lassen: Darf eine Ware nicht unter einer ggf. irreführenden Bezeichnung vertrieben werden oder darf sie gar nicht erst auf den mitgliedstaatlichen Markt gelangen, ist ein Irrtum beim Verbraucher ausgeschlossen. Besteht aber eine entsprechende Etikettierungspflicht und liegen damit bereits alle zum Schutz des mündigen Verbrauchers notwendigen Informationen vor, dann kann schwerlich von einer Förderung des Ziels durch ein Vertriebs- oder Bezeichnungsverbot gesprochen werden. Denn ein Ziel, das bereits erreicht ist, lässt sich nicht mehr fördern.

(2) Normatives Verbraucherleitbild und Binnenmarktfunktionalität

Darüber hinaus verdeckt der Verweis auf den Verhältnismäßigkeitsgrundsatz als der Grundlage des Leitbilds die tatsächliche Struktur, die der Vorgehensweise des EuGH zu Grunde liegt. So folgt nach der Rechtsprechung aus dem Verhältnismäßigkeitserfordernis der Vorrang der Verbraucherinformation vor dem Vertriebsverbot, welcher seinerseits das dargestellte Leitbild aber voraussetzt; dieses wird vom EuGH nicht abgeleitet, sondern *vorgeben*. Versteht man – wie dies mitunter geschieht[32] – das beschriebene Verbraucherleitbild als Resultat eines „Interessenausgleichs“, der zwischen dem Verbraucherschutz und der Warenverkehrsfreiheit herzustellen ist, stellt sich dieser Ausgleich hier jedenfalls nicht dergestalt dar, dass die gegenläufigen Interessen, deren Spannungslage vom

31 Calliess/Ruffert-*Kingreen* (Fn. 7), Art. 34–36 AEUV Rn. 92.

32 Siehe nur Köhler/Bornkamm-*Köhler* (Fn. 26), § 1 UWG Rn. 21; Harte-Bavendamm/Henning-Bodewig-*Glöckner* (Fn. 28), Einl. B Rn. 148.

Gericht nach rechtlicher Maßgabe aufzulösen ist, schon vorliegen. Denn das Verbraucherinteresse ist nicht einmal seiner grundlegenden inhaltlichen Ausrichtung nach fixiert, weil eine Aussage über das zu Grunde zu legende Wesen des Verbrauchers – also ein Leitbild – als dem Bezugspunkt eines entsprechenden Interesses fehlt. Es ist vielmehr so, dass der Gerichtshof das Leitbild vorgibt, um dann in der Lage zu sein, daraus abzuleitende legitime Interessen gegen die Warenverkehrsfreiheit in Ansatz zu bringen. Es wird demnach nicht der Verwirklichungsgrad zweier Interessen durch Abwägung bestimmt, sondern der Verwirklichungsgrad des einen Interesses, nämlich der Warenverkehrsfreiheit, zuvor festgelegt, um im Anschluss daran die Gleichung zur Unbekannten hin, nämlich dem Verbraucherleitbild, aufzulösen. Auf diese Weise ergibt sich, dass das von Art. 34 AEUV vorgegebene Verbraucherleitbild das eines durchschnittlich informierten, aufmerksamen und verständigen Durchschnittsverbrauchers sein *muss*, damit die Warenverkehrsfreiheit in dem Maße verwirklicht werden kann, in dem der Gerichtshof es für geboten hält. Insofern ist verständlich, dass das skizzierte Verbraucherleitbild des EuGH im Bereich der Warenverkehrsfreiheit vom Schrifttum als „normativ" eingestuft wird,[33] vor allem und insbesondere im Vergleich zu einem „empirischen" Leitbild, das der deutschen Lauter(bar)keitsrechtsprechung über Jahre hinweg zu Grunde lag.[34]

Der enge Zusammenhang von dem – vorgegebenen – Verbraucherleitbild und dem Verwirklichungsgrad der Warenverkehrsfreiheit macht deutlich, dass dem Leitbild letztlich erhebliche Bedeutung für die Verwirklichung und Sicherung des Binnenmarktes zukommt. Das Leitbild des Gerichtshofs kann als „binnenmarktfunktional"[35] bezeichnet werden. Ein paternalistisches, am Leitbild eines unachtsamen, flüchtigen und daher in hohem Maße schutzbedürftigen Verbrauchers würde dagegen nationale Regelungen legitimieren, die auf Vertriebsverbote für ausländische Waren und eine Abschottung nationaler Märkte hinausliefen. Auch in der Kreation des skizzierten Verbraucherleitbildes wird das Bestreben des EuGH sichtbar, als „Motor der Integration"[36] durch den Abbau von Handelshemmnissen den Binnenmarkt weiter voranzutreiben. Des Gleichen weist die Anerkennung von

33 Siehe statt vieler *Riesenhuber*, System und Prinzipien des Europäischen Vertragsrechts (2003), S. 265; differenzierend Loschelder/Erdmann-*Lubberger* (Fn. 13), § 40 Rn. 22 ff.

34 Siehe exemplarisch etwa BGH, GRUR 1979, 716 – Kontinent-Möbel; siehe zum ursprünglichen empirischen Leitbild des BGH auch *Riesenhuber* (Fn. 33), S. 264 m.w.N. in Fn. 57.

35 *Dauses*, Information der Verbraucher in der Rechtsprechung des EuGH, RIW 1998, 750, 751.

36 So etwa Streinz-*Huber* (Fn. 8), Art. 19 EUV Rn. 25.

(Konsumenten)Rechten aus der passiven Seite der Grundfreiheiten[37] in eben diese Richtung. Die besondere Rolle des Verbrauchers bei der Verwirklichung des Binnenmarktkonzepts wird vor diesem Hintergrund oftmals herausgestellt, Verbraucherschutz als Teil des Binnenmarktkonzeptes verstanden.[38] Damit soll nicht in Abrede gestellt werden, dass nationale Regelungen oftmals nur vordergründig dem Verbraucherschutz dienen, tatsächlich aber protektionistische Motive verfolgen, also darauf zielen, Inländer gegenüber ausländischer Konkurrenz zu begünstigen.[39] Ein entsprechender Vorwurf findet sich schon recht früh in der Verbraucherschutzrechtsprechung des EuGH. So heißt es etwa in der Entscheidung zu italienischem Essig: „Praktisch schützen solche Bestimmungen vor allem die einheimische Erzeugung, indem sie verbieten, dass Erzeugnisse anderer Mitgliedstaaten auf den nationalen Markt gelangen".[40] In der Entscheidung zum Reinheitsgebot für Bier weist das Gericht darauf hin, dass „das Recht eines Mitgliedstaats nicht dazu dienen [dürfe], die gegebenen Verbrauchsgewohnheiten zu zementieren, um einer mit deren Befriedigung befassten inländischen Industrie einen erworbenen Vorteil zu bewahren".[41]

Letztgenanntes Zitat macht zugleich deutlich, dass der Gerichtshof vom Verbraucher verlangt, seine Konsumgewohnheiten an einen europäischen Markt und dessen Dynamik anzupassen.[42] Die Leitbildvorstellung des EuGH beinhaltet eine an den Verbraucher herangetragene Forderung.[43] Sie besteht, wie der Gerichtshof in der Mars-Entscheidung unumwunden formuliert, darin, dass von verständigen Verbrauchern ein bestimmtes Wissen *erwartet* werden kann.[44] Dem

---

37 EuGH v. 31.1.1984 – Rs. 286/82 und 26/83 *Luisi und Carbone*, Slg. 1984, 377; EuGH v. 28.4.1998 – Rs. C-120/95 *Decker*, Slg. 1998, I-1831 – Decker; EuGH v. 28.4.1998 – Rs. C-158/96 *Kohll*, Slg. 1998, I-1931; siehe ebenfalls Streinz-*Lurger* (Fn. 8), Art. 169 AEUV Rn. 15.

38 Tamm/Tonner-*Tonner*, Verbraucherrecht (2012), § 4 Rn. 7.

39 Dauses-*Dauses-Brigola* (Fn. 27), C.I. Rn. 194; Vedder/Heintschel von Heinegg-*Khan/Eisenhut*, Europäisches Unionsrecht (5. Aufl. 2010), Art. 34 AEUV Rn. 106.

40 EuGH v. 26.6.1980 – Rs. 788/79, Slg. 1980, 2071 Rn. 10 – Obstessig.

41 EuGH v. 12.3.1987 – Rs. 178/84 *Kommission/Deutschland*, Slg. 1987, 1227 Rn. 32 – deutsches Reinheitsgebot für Bier.

42 Dauses-*Dauses-Brigola* (Fn. 27), C.I. Rn. 193.

43 Ob es sich dabei um eine Rechtspflicht oder eine Obliegenheit handelt, ist in der Literatur umstritten; zum Streit und den verschiedenen Positionen *Diekmann*, Das Verbraucherleitbild im Lichte besonderer Produktgruppen (2012), S. 19 ff. *Bürkle*, Die Bedeutung der Information für Beschränkungen der Dienstleistungsfreiheit durch Verbraucherinteressen, EuZW 2006, 685, 686, bezeichnet die Ausführungen des EuGH als die Konstituierung einer „Holschuld" des Verbrauchers.

44 EuGH v. 6.7.1995 – Rs. C-470/93 *Mars*, Slg. 1995, I-1923 Rn. 24; Dauses-*Micklitz/Rott* (Fn. 23), H.V. Rn. 115 sprechen von der Vorstellung einer gesteigerten Selbstverantwortung des Ver-

Verbraucher wird zugetraut und zugleich zugemutet, die für seine Konsumentscheidung notwendigen Informationen zu sammeln und zur Kenntnis zu nehmen, um sie schließlich seiner Entscheidung zu Grunde zu legen.[45] Auf diese Weise können unter anderem die Produktvielfalt und die Qualität sowie das grenzüberschreitende Nachfrageverhalten gesteigert werden.[46]

e) Partielle Modifikationen des Verbraucherleitbildes – Empirisches im Normativen

Nach dem bisherigen Befund wären nationale Schutzmaßnahmen zu Gunsten unkritischer und flüchtiger Verbraucher per se als Verstoß gegen die Warenverkehrsfreiheit zu qualifizieren.[47] Nachfolgend wird gezeigt, dass der EuGH aber für bestimmte Konstellationen durchaus die mitgliedstaatliche Souveränität schonende Durchbrechungen des bislang skizzierten Verbraucherleitbildes akzeptiert.

aa) Verbraucherleitbild und Verkehrskreise

So weist der Gerichtshof in Aufweichung des skizzierten im Grundsatz normativen Leitbildes Anknüpfungen an Tatsächliches nicht stets und ausnahmslos zurück. In dem der Entscheidung „Lifting-Creme" zu Grunde liegenden Sachverhalt vertrieb die Firma Lancaster eine Hautstraffungscreme unter der Bezeichnung „Monteil Firming Action Lifting Extreme Creme". Im Rahmen eines lauterkeitsrechtlichen Streits wurde von dem konkurrierenden Unternehmen Estée Lauder gegen diese Bezeichnung vorgebracht, der Ausdruck „Lifting" sei irreführend, da beim Verbraucher fälschlicherweise der Eindruck erweckt werde, „das Produkt verfüge über Eigenschaften, die – insbesondere hinsichtlich der Wirkungsdauer – gleiche oder vergleichbare Wirkungen wie ein operatives Lifting der Haut entfalteten."[48] Auch hier hatte der EuGH sich zu der Frage zu äußern, wie der Ausdruck aus der Perspektive eines durchschnittlich informierten, aufmerksamen

---

brauchers bzw. einer durch den Gerichtshof indirekt formulierten Verpflichtung, die verfügbaren Informationen zu verarbeiten.

45 *Frenz* (Fn. 27), Rn. 1173.

46 Dauses-*Dauses-Brigola* (Fn. 27), C.I. Rn. 194.

47 *Köhler*, GRUR 2001, 1067, 1069 konstatiert, jene Verbraucher, die nicht dem Anforderungsprofil eines mündigen Verbrauchers entsprächen, fielen durch das „Rost des Wettbewerbsrechts".

48 EuGH v. 13.1.2000 – Rs. C-220/98 *Estée Lauder/Lancaster*, Slg. 2000, I-117 Rn. 13 – Lifting Creme.

und verständigen Durchschnittsverbrauches zu verstehen sei. Zwar deutet der Gerichtshof an, es spreche „auf den ersten Blick wenig dafür“, dass der Creme vom Verbraucher durch das Wort „Lifting“ eine dauerhafte Wirkung zugeschrieben werde, allerdings sei „vor allem zu prüfen, ob soziale, kulturelle oder sprachliche Eigenheiten es rechtfertigen können, daß das für eine Hautstraffungscreme verwendete Wort ‚Lifting‘ von den deutschen Verbrauchern anders verstanden wird als von den Verbrauchern in anderen Mitgliedstaaten“.[49] Dadurch wird zwar nicht das Verbraucherleitbild als solches modifiziert. Es wird aber deutlich, dass etwa dem realen Marktgeschehen Bedeutung für das Verbraucherleitbild zukommen kann und dieses folglich eine gewisse Tatsachenorientierung erfährt.[50] So erscheint es letztlich auch konsequent, wenn der Gerichtshof die Entscheidung über eine mögliche Irreführung der Verbraucher in der Rechtssache *Estée Lauder* nicht selbst trifft, sondern dies dem nationalen Gericht überlässt.[51]

bb) Situative Schutzbedürftigkeit und Schutz ausgewählter Personengruppen

Jenseits der kulturellen, sprachlichen oder – genereller gesprochen – verkehrskreisspezifischen Besonderheiten in einem oder mehreren Mitgliedstaaten zeigt sich auch in der Rechtsprechung des EuGH zur Warenverkehrsfreiheit die Tendenz, in manchen Konstellationen Abweichungen von seinem Leitbild zuzulassen. Diese kann es zum einen im Hinblick auf die Schutzbedürftigkeit eines dem Grunde nach informierten, aufmerksamen und verständigen Verbrauchers in einer besonderen Situation geben (situative Schutzbedürftigkeit). Zum anderen ist denkbar, dass bestimmte Personengruppen ganz grundsätzlich nicht informiert, aufmerksam und verständig sind (Schutz besonderer Personengruppen).

In der Entscheidung *Buet*[52] hat der Gerichtshof sich gleich zu beiden Konstellationen geäußert. Er hatte sich mit einem französischen Verbot der Haustürwerbung für private Fernunterrichtskurse zu befassen.[53] Zunächst stellt er heraus, die mitgliedstaatliche Regelung sei in dem Bestreben erlassen worden, „die Verbraucher vor der Gefahr unüberlegter Käufe zu schützen.“[54] In der Tat hat

---

49 EuGH v. 13. 1. 2000 – Rs. C-220/98 *Estée Lauder/Lancaster*, Slg. 2000, I-117 Rn. 29 f. – Lifting Creme.

50 Loschelder/Erdmann-*Lubberger* (Fn. 13), § 40 Rn. 23 f.

51 EuGH v. 13. 1. 2000 – Rs. C-220/98 *Estée Lauder/Lancaster*, Slg. 2000, I-117 Rn. 31 – Lifting Creme.

52 EuGH v. 16. 5. 1989 – Rs. 382/87 *Buet*, Slg. 1989, 1235.

53 Die mitgliedstaatliche Maßnahme wurde am Maßstab der Warenverkehrsfreiheit gemessen, weil es in erster Linie um (Werbung für) Unterrichtsmaterialien ging.

54 EuGH v. 16. 5. 1989 – Rs. 382/87 *Buet*, Slg. 1989, 1235 Rn. 11.

die Regelung zum Ziel, dem Verbraucher Schutz in einer ganz bestimmten Situation zukommen zu lassen. Ein generelles Verbot der Haustürwerbung hält der Gerichtshof gleichwohl nicht für verhältnismäßig: Ein Rücktrittsrecht von einem bereits geschlossenen Vertrag könne den Verbraucher ebenfalls schützen.[55] Nun mag man dem EuGH insoweit folgen, als die Möglichkeit der Einräumung eines Rücktrittsrechts das mitgliedstaatliche Werbeverbot tatsächlich als nicht erforderlich erscheinen lässt; aber selbst eines Rücktrittsrechtes bedarf der informierte, aufmerksame und verständige Verbraucher wohl nicht – er würde die Kauf- und Werbesituation an der Haustür ebenso erfassen wie beispielsweise die Situation in einem Kaufhaus. Mithin kann und muss wohl in dem Verweis auf das Rücktrittsrecht gleichzeitig die grundsätzliche Aufgeschlossenheit des Gerichts hinsichtlich eines auf bestimmte Situationen unterschiedlicher Schutzbedürftigkeit abstellenden Verbraucherleitbildes gesehen werden.[56] Dem entspricht es, wenn der EuGH weiter ausführt, die Gefahr eines unüberlegten Kaufs sei bei der Werbung für den Abschluss eines „Unterrichtsvertrags oder den Kauf von pädagogischem Material" – um diese Güter ging es in dem zu Grunde liegenden Fall – besonders groß.[57] Diese Produkte würden nämlich typischerweise – so formuliert das Gericht ausdrücklich – von Personen erworben, „ die [...] einen Bildungsrückstand haben"[58]. Dabei geht es also nicht mehr um eine situative Schutzbedürftigkeit – denn dann hätte der Gerichtshof abermals auf ein etwaiges Rücktrittsrecht rekurrieren können –, sondern um die besondere Schutzbedürftigkeit einer Personengruppe, die systematisch vom Leitbild eines informierten, aufmerksamen und verständigen Verbrauchers abweicht.[59]

Im vorliegenden Kontext kann des Weiteren eine Entscheidung des Gerichtshofs angeführt werden, in der er über die Vereinbarkeit des deutschen Verbots eines Vertriebs von Videos und DVDs im Versandhandel zum Schutze

---

55 EuGH v. 16.5.1989 – Rs. 382/87 *Buet*, Slg. 1989, 1235 Rn. 12.

56 Freilich ist in diesem Zusammenhang zu erwähnen, dass die Einräumung eines Rücktrittsrechts im vorliegenden Fall der Verpflichtung aus Art. 5 der Richtlinie 577/85/EWG des Rates vom 20. Dezember 1985 betreffend den Verbraucherschutz im Falle von außerhalb von Geschäftsräumen geschlossenen Verträgen, Abl. 1985 L 372/31, entsprach. Da aber auch die Union – damals die EWG – an die Grundfreiheiten gebunden ist (so die herrschende Meinung, siehe exemplarisch Ehlers-*Ehlers*, Europäische Grundrechte und Grundfreiheiten (3. Aufl. 2009), § 7 Rn. 49), ergibt sich daraus vorliegend keine abweichende Bewertung.

57 EuGH v. 16.5.1989 – Rs. 382/87 *Buet*, Slg. 1989, 1235 Rn. 13.

58 EuGH v. 16.5.1989 – Rs. 382/87 *Buet*, Slg. 1989, 1235 Rn. 13.

59 In einem die Warenverkehrsfreiheit betreffenden Urteil aus dem Jahr 2006 hat der Gerichtshof die besondere (situative) Schutzbedürftigkeit des Verbrauchers im Rahmen eines Haustürgeschäfts abermals betont, vgl. EuGH v. 23.02.2006 – Rs. C-441/04 *A-Punkt/Schmidt*, Slg. 2006, I-2093 Rn. 29 – Silberschmuck.

Minderjähriger mit der Warenverkehrsfreiheit zu befinden hatte.[60] Der Gerichtshof rechtfertigte die einschlägigen Regelungen mit Gründen des Jugendschutzes – insbesondere dem Schutz vor den Inhalten entsprechender Medien – und erklärte sie für europarechtskonform. Jugendliche sind aber letztlich ebenfalls Verbraucher. Freilich umfasst der Jugendschutz insbesondere den moralischen und gesundheitlichen Schutz junger Menschen. Der Jugendliche als solcher lässt sich, soweit es um den Kauf von Waren geht, aber ebenso gut als besonders schutzbedürftiger Verbraucher modellieren. Es gibt damit eine Reihe von Anhaltspunkten dafür, dass der Gerichtshof besonders schutzbedürftigen Personengruppen seitens der Mitgliedstaaten gewährten Schutz nicht grundsätzlich versagen will.[61]

Das europäische Sekundärrecht, das freilich nicht Gegenstand dieser Untersuchung ist, greift eine spezifische Schutzbedürftigkeit bestimmter Personengruppen etwa in Art. 5 Abs. 3 UGP-RL[62] auf.[63] Dies mag für die Auslegung des Primärrechts auch insofern von Bedeutung sein, als der EuGH – methodisch freilich hoch anfechtbar[64] – die Grundfreiheiten, namentlich die diesbezüglichen Rechtfertigungsgründe, teilweise unter Bezugnahme auf dezidierte Wertungen des sekundären Unionsrechts auslegt.[65] Vor diesem Hintergrund wird in der Literatur mitunter vermutet, dass der EuGH den der Richtlinie zu Grunde liegenden Gedanken verallgemeinere.[66]

---

60 EuGH v. 14.02.2008 – Rs. C-244/06 *Dynamic Medien und Avides Media*, Slg. 2008, I-505 – Videoversandhandel.

61 Dergleichen etwa Mayer/Stöger-*Zöchling-Jud*, Kommentar zu EUV und AEUV (115. Lfg. 2011), Art. 169 AEUV Rn. 3.

62 Richtlinie 2005/29/EG des Europäischen Parlaments und des Rates vom 11. Mai 2005 über unlautere Geschäftspraktiken von Unternehmen gegenüber Verbrauchern im Binnenmarkt und zur Änderung der Richtlinie 84/450/EWG des Rates, der Richtlinien 97/7/EG, 98/27/EG und 2002/65/EG des Europäischen Parlaments und des Rates sowie der Verordnung (EG) Nr. 2006/2004 des Europäischen Parlaments und des Rates (Richtlinie über unlautere Geschäftspraktiken) vom 11. Mai 2005, ABl. 2005 L 149/22, ber. ABl. 2009 L 253/18.

63 Diese Norm wird oftmals angeführt, um im europäischen Sekundärrecht Ansätze zur Berücksichtigung einer besonders schutzbedürftigen Verbrauchergruppe nachzuweisen, vgl. etwa *Riesenhuber* (Fn. 28), § 5 Rn. 42.

64 Zur Kritik bspw. *Leible/Domröse*, in: Riesenhuber (Hrsg.), Europäische Methodenlehre (2006), § 9 Rn. 66.

65 Exemplarisch EuGH v. 8.4.1976 – Rs. 48/75 *Royer*, Slg. 1976, 497 Rn. 24/27; EuGH v. 7.3.1990 – Rs. C-362/88 *GB-Inno-BM*, Slg. 1990, I-667 Rn. 14ff.; vgl. auch eingehend m.w.N. aus Rechtsprechung und Literatur *Leible/Domröse* (Fn. 64), § 9 Rn. 66.

66 So *Mand*, EU- und grundrechtliche Vorgaben für die Anwendung und Auslegung des nationalen Werberechts, JZ 2010, 337, 339 Fn. 24 m.w.N..

Allerdings ist nochmals darauf hinzuweisen, dass die Mitgliedstaaten hinsichtlich der Rechtfertigung einer Beschränkung von Grundfreiheiten eine Darlegungslast trifft. Dies muss umso mehr gelten, als von einem Grundsatz – nämlich dem geschilderten Leitbild eines mündigen Durchschnittsverbrauchers – in derartigen Konstellationen abgewichen wird. Mithin obliegt es jeweils den Mitgliedstaaten, im Einzelfall nachzuweisen, dass ihre Regelungen zum Verbraucherschutz ganz generell oder zum situativen Schutz sowie dem Schutz besonderer Personengruppen erforderlich sind.[67] Zuzugeben ist aber auch, dass die „Überzeugungskraft" des grundlegenden Leitbilds des Gerichtshofs bei zunehmender Abweichung von empiriegesättigten Realdaten geringer wird.[68]

f) Resümee: Vorgaben für ein Verbraucherleitbild aus der Warenverkehrsfreiheit

Mithin kann der Rechtsprechung des Gerichtshofs zur Warenverkehrsfreiheit nach Art. 34 AEUV das Leitbild eines normal informierten und angemessen aufmerksamen und verständigen Durchschnittsverbrauchers entnommen werden. Dieses Leitbild ist allerdings offen für die Integration situativer Schutzbedürftigkeit oder den Schutz besonderer Personengruppen.

2. Dienstleistungsfreiheit (Art. 56 ff. AEUV) und Niederlassungsfreiheit (Art. 49 ff. AEUV)

Mitgliedstaatliche verbraucherschützende Regelungen berühren nicht allein die Warenverkehrsfreiheit. Vielmehr gibt es eine Vielzahl vorgeblich verbraucherschützender Normen, welche die Dienstleistungs- und Niederlassungsfreiheit einschränken. Dienstleistungs- und Niederlassungsfreiheit verbürgen wie die Warenverkehrsfreiheit sowohl ein Diskriminierungs- als auch ein Beschrän-

---

67 Repräsentativ für eine Fülle von Entscheidungen vgl. etwa EuGH v. 12.3.1987 – Rs. 178/84 *Kommission/Deutschland*, Slg. 1987, 1227 Rn. 46 – deutsches Reinheitsgebot für Bier; aus jüngerer Zeit nur EuGH v. 6.9.2012 – C-150/11 *Kommission/Belgien*, GRuR Int 2014, 964 Rn. 54 – Zulassungsbescheinigung.

68 So *Franck*, in: Riesenhuber (Fn. 64), § 6 Rn. 46; Tamm/Tonner-*Tamm* (Fn. 38), § 4 Rn. 9 meint, der Ansatz des Gerichts sei „weit von der Realität entfernt"; ausführlich zum europäischen Informationsmodell im Lichte von Behavorial Economics *Rehberg*, Der staatliche Umgang mit Informationen, in: Eger/Schäfer (Hrsg.), Ökonomische Analyse der europäischen Zivilrechtsentwicklung, S. 284 ff.

kungsverbot.[69] Die in der Entscheidung „Cassis de Dijon" zur Warenverkehrsfreiheit entwickelten ungeschriebenen Rechtfertigungsgründe sind auf die anderen Grundfreiheiten ausgedehnt worden, sodass der Verbraucherschutz auch in diesem Kontext ein legitimes Allgemeininteresse darstellt, welches eine Beschränkung der Dienstleistungs- und der Niederlassungsfreiheit zu rechtfertigen vermag.[70]

Im Hinblick auf den bei der Überprüfung der Europarechtskonformität einer mitgliedstaatlichen Regelung maßgeblichen Standort für die Bestimmung eines Verbraucherleitbildes gelten in methodischer Hinsicht die bereits zur Warenverkehrsfreiheit geäußerten Bedenken.[71] Nachfolgend soll die Rechtsprechung des Gerichtshofs zur Anerkennung von Diplomen und Befähigungsnachweisen (a), zu grenzüberschreitenden Finanzdienstleistungen (b) sowie zu Wetten und Glücksspiel (c) dahingehend untersucht werden, ob im Kontext der Dienstleistungs- und Niederlassungsfreiheit ein bestimmtes Verbraucherleitbild sichtbar wird.

a) Anerkennung von Diplomen und Befähigungsnachweisen

Berufsrechtliche Regelungen bezwecken häufig den Schutz des Verbrauchers, namentlich in Gestalt des Schutzes vor qualitativ „schlechten" Dienstleistungen. Diesem Zweck dienen etwa die als subjektive Berufswahlregelungen zu qualifizierenden Regeln über die (Nicht)Anerkennung von Diplomen und Befähigungsnachweisen (aus anderen Mitgliedstaaten).

aa) Rechtssache *Vlassopoulou*

Der EuGH hat sich mit solchen Regeln erstmals im Urteil *Vlassopoulou*[72] näher befasst. Frau Vlassopoulou war zugelassene griechische Rechtsanwältin mit griechischer Staatsangehörigkeit. Sie hatte in Deutschland einen Doktortitel erworben und arbeitete in einer deutschen Kanzlei, wobei sie die Erlaubnis zur Besorgung fremder Rechtsgeschäfte für das europäische Recht und das griechische Recht besaß. Frau Vlassopoulou beantragte darüber hinaus die Zulassung

69 Siehe zur Dienstleistungsfreiheit nur Calliess/Ruffert-*Kluth* (Fn. 7), Art. 56, 57 AEUV Rn. 57 ff.; zur Niederlassungsfreiheit Calliess/Ruffert-*Bröhmer* (Fn. 7), Art. 49 AEUV Rn. 19 ff.

70 Siehe nur zur Wiedergabe dieser st. Rspr. jüngst im Hinblick auf Dienstleistungs- und Niederlassungsfreiheit EuGH v. 12.9.2013 – Rs. C-660/11 und C-8/12 *Biasci*, NVwZ-RR 2013, 959 Rn. 22.

71 Siehe bereits oben unter I. 1. d) bb) (1).

72 EuGH v. 7.5.1991 – Rs. C-340/89 *Vlassopoulou*, Slg. 1991, I-2357.

zur Rechtsanwaltschaft, um auch eigenständig hinsichtlich des deutschen Rechts beratend tätig zu werden. Ihr Antrag wurde mit der Begründung abgelehnt, sie habe nicht die erforderliche Befähigung zum Richteramt erworben, da sie nicht zwei juristische Staatsexamina in Deutschland abgelegt habe. Der Gerichtshof führt in seinem Urteil aus, der Aufnahmestaat müsse prüfen, ob die im Herkunftsland erworbenen Kenntnisse und Fähigkeiten denjenigen des Aufnahmestaats entsprächen; sollte dies der Fall sein, müsse es zu einer Anerkennung des Abschlusses aus dem Herkunftsland kommen bzw. vorhandene Kenntnisse und Fähigkeiten müssten im Rahmen des Anerkennungsverfahrens Berücksichtigung finden.[73]

Legt man das Leitbild eines informierten, aufgeklärten und verständigen Verbrauchers zu Grunde, drängt sich die Frage auf, ob der Gerichtshof auf dem Weg zur Verwirklichung der Niederlassungsfreiheit nicht noch einen Schritt weiter hätte gehen können und müssen. Analog zur vorstehend skizzierten „Etikettierungsrechtsprechung" im Bereich des Lebensmittelrechts hätte es ausgereicht, die Zulassung von Frau Vlassopoulou zur Rechtsanwaltschaft mit der Verpflichtung zu verbinden, auf ihre in Griechenland erworbene Qualifikation ausdrücklich und für den Verbraucher leicht erkennbar hinzuweisen, etwa durch einen Namenszusatz, welcher die Herkunft ihrer Berufsqualifikation deutlich macht. Dieser Vorschlag entspricht dem Inhalt des im Jahr 2000 in Kraft getretenen Gesetzes über die Tätigkeit europäischer Rechtsanwälte in Deutschland (EuRAG), das seinerseits die sog. „Niederlassungsrichtlinie" 98/5/EG[74] umsetzt. Wer in seinem Herkunftsstaat als europäischer Rechtsanwalt eingetragen wurde, ist danach – unter Einhaltung bestimmter Verfahrenserfordernisse – berechtigt, in Deutschland unter der Berufsbezeichnung des Herkunftsstaates (z. B. Avvocato[75], Avocat[76] oder Barrister bzw. Solicitor[77]) die Tätigkeit eines Rechtsanwalts gemäß §§ 1 bis 3 der Bundesrechtsanwaltsordnung auszuüben (sog. niedergelassener europäischer Rechtsanwalt).

---

73 EuGH v. 7.5.1991 – Rs. C-340/89 *Vlassopoulou*, Slg. 1991, I-2357 Rn. 19ff.

74 Richtlinie 98/5/EG des Europäischen Parlaments und des Rates vom 16.2.1998 zur Erleichterung der ständigen Ausübung des Rechtsanwaltsberufs in einem anderen Mitgliedstaat als dem, in dem die Qualifikation erworben wurde, ABl. 1998 L 77/36.

75 Italienischer Berufstitel des Rechtsanwalts.

76 Französischer Berufstitel des Rechtsanwalts.

77 Berufstitel für die verschiedenen Rechtsanwälte im Vereinigten Königreich; eine Zusammenstellung der einzelnen Berufsbezeichnungen in den Mitgliedstaaten findet sich in Art. 1 Abs. 2 lit. a der RL 98/5/EG.

bb) Rechtssache *Nasiopoulos*

In die Richtung dieses letztgenannten Ansatzes weist dann tatsächlich ein jüngst ergangenes Urteil des EuGH in der Rechtssache *Nasiopoulos*. Aufgrund einer in Deutschland erworbenen Berufsqualifikation in Form einer zweieinhalbjährigen Ausbildung darf der ebenfalls griechische Staatsangehörige Nasiopoulos in der Bundesrepublik als „Masseur und medizinischen Bademeister" tätig werden. Der bei griechischen Behörden gestellte Antrag auf Zulassung zum Physiotherapeuten wurde hingegen abgelehnt. Die Behörden wiesen darauf hin, in Griechenland müsse man ein dreijähriges Hochschulstudium absolvieren, um als Physiotherapeut arbeiten zu können. Vor diesem Hintergrund komme eine Anerkennung seines in Deutschland erworbenen Abschlusses nicht in Betracht. Auf den Vorhalt hin, es gebe zwischen beiden Ausbildungen große inhaltliche Überschneidungen, sodass es zumindest zu einer partiellen Anerkennung kommen müsse, entgegnete Griechenland, in diesem Fall komme es zu einer Aufspaltung der in Griechenland reglementierten Berufe in mehrere Tätigkeiten. Der Verbraucher könne dann über den „Umfang der mit dem Beruf des Physiotherapeuten verbundenen Qualifikationen in die Irre geführt werden."[78] Mithin erstrebt die mitgliedstaatliche Regelung, die Irreführung des Verbrauchers über die Qualität der angebotenen Dienstleistung respektive die hinter der Dienstleistung stehende Qualifikation zu verhindern. Nach Ansicht des Gerichtshofs kann dieses Ziel aber auch erreicht werden, wenn Griechenland das Tätigwerden – im Umfang der jeweiligen Teilqualifikation – partiell zulässt und gleichzeitig die Verpflichtung vorsieht, „die ursprüngliche Berufsbezeichnung oder die Ausbildungsbezeichnung sowohl in der Sprache, in der sie erteilt wurde, und in der ursprünglichen Form als auch in der Amtssprache des Aufnahmemitgliedstaats zu führen."[79]

Dahinter kommt das bereits bekannte Informationsparadigma zum Vorschein: So wird unterstellt, der Verbraucher könne die Qualifikation anhand der Berufsbezeichnung des Herkunftslandes zuverlässig beurteilen. Während dies einem informierten, aufgeklärten und verständigen Verbraucher tatsächlich möglich sein mag, dürfte dies seinem Gegenentwurf nicht zuzutrauen sein. Ohne dass der EuGH also explizit einen bestimmten „Referenzverbraucher" nennt, wird das Leitbild eines „mündigen Verbrauchers", das bereits aus der Judikatur zur Warenverkehrsfreiheit bekannt ist, auch in dieser Entscheidung sichtbar.

---

78 EuGH v. 27.6.2013 – Rs. C-575/11 *Nasiopoulos*, NVwZ-RR 2013, 757 Rn. 23.
79 EuGH v. 27.6.2013 – Rs. C-575/11 *Nasiopoulos*, NVwZ-RR 2013, 757 Rn. 25.

b) Finanzdienstleistungen

In dem Urteil „Versicherungsaufsichtsgesellschaft“[80] aus dem Jahr 1986 beschäftigte sich der EuGH mit einer deutschen Regelung, nach der Versicherungsunternehmen aus anderen Mitgliedstaaten grundsätzlich einem Zulassungserfordernis in Deutschland unterworfen waren. Dabei charakterisiert der EuGH den Versicherungssektor hinsichtlich des Verbraucherschutzes als besonders sensiblen Bereich.[81] So sei die Leistung des Versicherers abhängig von zukünftigen Ereignissen, deren Eintritt im Ungewissen liege. Erfolge im Schadensfall keine Entschädigung, befinde er sich in einer schwierigen Lage. Insbesondere könne der Verbraucher nur sehr schwer beurteilen, ob durch die voraussichtliche Entwicklung der finanziellen Situation des Versicherers sowie dessen Versicherungsbedingungen – welche dieser größtenteils auch noch vorgebe – eine ausreichende Garantie für die Entschädigung des Verbrauchers bestehe.[82] Vor dem Hintergrund vorstehender Erwägungen gelangt der Gerichtshof zur Rechtfertigung der Beschränkung.

Die Ausführungen des EuGH können dahingehend gedeutet werden, dass der Verbraucher trotz einer Lektüre der Versicherungsbedingungen, also trotz eingehender Informationen über den konkreten Versicherungsvertrag, nicht oder nur sehr eingeschränkt abzuschätzen vermag, inwieweit das Risiko auch tatsächlich abgedeckt wird.[83] Dies konfligiert mit dem aus der Warenverkehrsfreiheit bekannten Leitbild eines Verbrauchers, der im Falle umfassender Information selbst für seinen Schutz sorgen kann. Das Informationsmodell scheint mithin in diesem Fall an seine Grenzen zu gelangen. Man könnte – in Anlehnung an die situative Schutzbedürftigkeit etwa im Falle des Haustürgeschäfts – von einer bereichsspezifischen Schutzbedürftigkeit sprechen.

In einer Entscheidung in einem Parallelverfahren gegen Irland[84] werden diese Ausführungen um eine interessante Facette ergänzt und letztlich verdeutlicht. In dem zu Grunde liegenden Fall ging es um eine ganz bestimmte Art von Versicherungen, nämlich um solche, die nur von Großunternehmen oder Unterneh-

---

80 EuGH v. 4.12.1986 – Rs. 205/84 *Kommission/Deutschland*, Slg. 1986, 3755 – Versicherungsaufsichtsgesellschaft.

81 EuGH v. 4.12.1986 – Rs. 205/84 *Kommission/Deutschland*, Slg. 1986, 3755 Rn. 30 – Versicherungsaufsichtsgesellschaft.

82 EuGH v. 4.12.1986 – Rs. 205/84 *Kommission/Deutschland*, Slg. 1986, 3755 Rn. 30 – Versicherungsaufsichtsgesellschaft.

83 Mit dieser Lesart *Zwicker*, Das europäische Verbraucherleitbild bei Finanzdienstleistungen (2004), S. 77.

84 EuGH v. 4.12.1986 – Rs. 206/84 *Kommission/Irland*, Slg. 1986, 3817.

mensgruppen abgeschlossen wurden. Die im Urteil „Versicherungsaufsichtsgesellschaft“ angeführten Verbraucherschutzaspekte können nach Ansicht des Gerichtshofs in dieser Konstellation nicht in gleicher Weise gelten: Derartige Akteure seien nämlich in der Lage, „die ihnen angebotenen Versicherungspolicen zu beurteilen und über sie zu verhandeln“.[85] Damit wird eben jener Unterschied bezeichnet, der zum Verbraucher als Einzelperson besteht: Dieser verfügt scheinbar nur über eine beschränkte Auffassungsgabe und ist darüber hinaus angesichts einer außerordentlich schwach ausgeprägten Verhandlungsposition einem strukturellen Machtungleichgewicht ausgesetzt. Während der erstgenannte Aspekt bereits Erwähnung fand und eine Abweichung vom Dogma des „Schutzes durch (bloße) Information“ markiert, ist der letztgenannte Aspekt durchaus neu. Denn das Leitbild eines informierten, aufmerksamen und verständigen Verbrauchers äußert sich zu den Fähigkeiten und Kenntnissen des Referenzverbrauchers. Die Frage nach einem strukturellen Machtungleichgewicht liegt indessen auf einer anderen Ebene. So kann sich eben jener mündige Verbraucher gleichzeitig in einer strukturell bedingten schwachen Verhandlungsposition befinden. Auch dabei handelt es sich aber um einen Umstand, der für ein Verbraucherleitbild wesentlich ist. Soll das Verbraucherleitbild – um ein Beispiel zu nennen – etwa eine Antwort auf die Frage generieren, ob der Verbraucher durch bloße Informationspflichten hinreichend geschützt ist, so ist der Hinweis auf die Informiertheit, Aufmerksamkeit und Verständigkeit des Verbrauchers ein notwendiger, aber kein hinreichender für das Informationsmodell streitender Befund. Ist der Verbraucher trotz seiner „Mündigkeit“ dem Vertragspartner ausgeliefert, kann die Information ihn nicht in ausreichendem Maße schützen.

Ebenfalls im Zusammenhang mit Finanzdienstleistungen zu nennen ist das Urteil *Alpine Investments*[86]. In dem Vorabentscheidungsverfahren stellte sich die Frage der Zulässigkeit eines nationalen Verbots des „cold calling“. Damit ist das seinerzeit geltende Verbot gemeint, in anderen Mitgliedstaaten ansässigen Personen ohne Aufforderung auf telefonischem Wege Dienstleistungen im Zusammenhang mit Kapitalanlagen in Warenterminverträgen anzubieten. Nach einer Qualifikation dieser Regelung als Beschränkung der Dienstleistungsfreiheit stellt der EuGH fest, sie diene dem Schutz von Privatpersonen, die durch den unerwarteten Anruf überrascht würden und „nicht in der Lage [seien], sich über die Risiken [...] der ihr vorgeschlagenen Transaktionen [...] zu informieren oder die Qualität und den Preis der Dienstleistungen des Anrufers mit den Angeboten der Konkurrenten zu vergleichen. Da der Warenterminmarkt äußerst spekulativ und

85 EuGH v. 4.12.1986 – Rs. 206/84 *Kommission/Irland*, Slg. 1986, 3817 Rn. 22.
86 EuGH v. 10.5.1995 – Rs. C-384/93 *Alpine Investments BV*, Slg. 1995, I-1141.

für wenig erfahrene Kapitalanleger schwer durchschaubar" sei, erscheine das Verbot des „cold calling" erforderlich.[87] Auch in diesen Ausführungen begegnet man demnach der Vorstellung von einer situativen Schutzbedürftigkeit des Verbrauchers im Hinblick auf das Überraschungsmoment des Anrufs und einer Überforderung hinsichtlich der komplexen Vorgänge im Rahmen des Warenterminmarktes.[88]

Demnach erkennt auch das Primärrecht Beschränkungen der Grundfreiheiten aus Gründen des Verbraucherschutzes an, wenn sie einem gesteigerten Schutz der Verbraucher in solchen Situationen dienen, in denen sie in besonderer Weise schutzbedürftig sind, oder wenn es sich um besonders sensible Dienstleistungsbereiche handelt bzw. wenn die Beschränkungen strukturelle Machtungleichgewichte auszugleichen bestrebt sind. Diese Aspekte sind in ein Verbraucherleitbild zu integrieren.

c) Glücksspiele und Sportwetten

Im Kontext der Dienstleistungs- und Niederlassungsfreiheit soll zuletzt ein Blick auf den Bereich der Reglementierung des Glücksspiels und der Sportwetten geworfen werden. Dabei mag freilich bereits erläuterungsbedürftig erscheinen, dass bzw. inwiefern in diesem Zusammenhang überhaupt Aspekte des Verbraucherschutzes berührt sind. Das BVerfG hat in seiner Entscheidung zum staatlichen Sportwettenmonopol mehrere (legitime) Ziele der entsprechenden Regelungen aufgeführt: Hauptzweck sei die Bekämpfung der Spiel- und Wettsucht, desweiteren der Verbraucherschutz, insbesondere zur Verhinderung irreführender Werbung, sowie die Abwehr von Gefahren aus der mit Wetten verbundenen Folge- und Begleitkriminalität.[89] Die Bekämpfung der Spiel- und Wettsucht stellt das BVerfG in den Kontext einer etwaigen staatlichen Schutzpflicht aus Art. 2 Abs. 2 S. 1 GG und verweist auf internationale Studien zu krankhaftem Suchtverhalten.[90] Die Bekämpfung der Spiel- und Wettsucht versteht das BVerfG folglich als einen Unterfall des Gesundheitsschutzes. Diese Einordnung lässt sich indessen in der Rechtsprechung des EuGH nicht nachweisen. So tauchen in den für den Bereich von Glücksspiel und Wette grundlegenden Entscheidungen *Schindler, Läärä* und *Betfair* Erwägungen zum Gesundheitsschutz als solchem an keiner Stelle auf, sondern der Zweck der Regelungen wird im Schutz der Verbraucher und der So-

---

87 EuGH v. 10.5.1995 – Rs. C-384/93 *Alpine Investments BV*, Slg. 1995, I-1141 Rn. 46.
88 In eben dieser Deutung monographisch *Zwicker* (Fn. 83), S. 79.
89 BVerfGE 115, 276, 304 ff. – Sportwetten.
90 BVerfGE 115, 276, 304 f.

zialordnung gesehen; und diese Aspekte sind es, die sich dann auch durch die Verhältnismäßigkeitsprüfung ziehen.[91] In dem Urteil *HIT* aus dem Jahr 2012 stellt das Gericht im Rahmen der Prüfung der Rechtfertigung einer Beschränkung der Dienstleistungsfreiheit – wie auch schon in den vorangegangenen Urteilen – nicht auf die geschriebenen Schranken des Art. 62 iVm 52 AEUV ab, in denen unter anderem der Gesundheitsschutz verankert ist, sondern führt vielmehr aus, „dass Beschränkungen der Glücksspieltätigkeiten durch zwingende Gründe des Allgemeininteresses wie den Verbraucherschutz, die Betrugsvorbeugung und die Vermeidung von Anreizen für die Bürger zu übermäßigen Ausgaben für das Spielen gerechtfertigt sein können“[92]. Dass der Gerichtshof indessen die Unterscheidung zwischen dem Gesundheits- und dem Verbraucherschutz sehr wohl kennt, wird insbesondere in einer Vielzahl zur Warenverkehrsfreiheit ergangener Entscheidungen offenbar.[93] Wenn der EuGH sich schließlich in der Entscheidung *Ladbrokes* dem vorlegenden nationalen Gericht in der Auffassung anschließt, die mitgliedstaatliche Regelung bezwecke „den Verbraucherschutz durch Eindämmung der Spielsucht und die Betrugsbekämpfung“[94], dann ist schlussendlich dargetan, dass es bei mitgliedstaatlichen Regelungen, welche Spiel und Wette betreffen, nach Ansicht des EuGH zentral um Aspekte des Verbraucherschutzes geht.[95]

Wenn der Gerichtshof damit aber anerkennt, dass die Mitgliedstaaten die Verbraucher vor der Spiel- und Wettsucht schützen dürfen, so sagt er damit implizit aus, dass der Verbraucher – als Referenzverbraucher – überhaupt süchtig sein kann. Dieser Befund ist insofern interessant, als auch in den Konstellationen von Glücksspiel und Wette das Informationsmodell durchaus zur Anwendung gelangen könnte. So kämen – als Alternative zu den strengeren Regelungen der

---

91 EuGH v. 24. 3. 1994 – Rs. C-275/92 *Schindler*, Slg. 1994, I-1039 Rn. 58; EuGH v. 21. 9. 1999 – Rs. C-124/97 *Läärä*, Slg. 1999, I-6067 Rn. 33; EuGH v. 3. 6. 2010 – Rs. C-203/08 *Betfair*, Slg. 2010, I-4695.

92 EuGH v. 12. 7. 2012 – Rs. C-176/11 *HIT*, NVwZ 2012, 1165 Rn. 21 mit Verweis auf EuGH v. 8. 9. 2010 – Rs. C-46/08 *Carmen Media Group*, Slg. 2010, I-8149 Rn. 55 und die dort angeführte Rechtsprechung.

93 Siehe exemplarisch etwa EuGH v. 12. 3. 1987 – Rs. 178/84 *Kommission/Deutschland*, Slg. 1987, 1227 Rn. 30 einerseits und Rn. 46 andererseits – deutsches Reinheitsgebot für Bier.

94 EuGH v. 3. 6. 2010 – Rs. C-258/08 *Ladbrokes*, Slg. 2010, I-4757 Rn. 23.

95 Davon gehen zum Beispiel auch die jüngst ergangenen Schlussanträge der GA *Sharpston* v. 14. 11. 2013 in der Rs. C-390/12 *R. Pfleger* ECLI : EU : C : 2012 : 747 aus, wenn dort (Rn. 53) formuliert wird, Beschränkungen der Dienstleistungsfreiheit im Bereich des Glücksspiels könnten nach der Rechtsprechung des Gerichtshofs gerechtfertigt sein, „wenn sie auf die Sicherstellung des Verbraucherschutzes, einschließlich des Schutzes der Spieler vor Spielsucht und der Verbrechensprävention, abzielen.“

Mitgliedstaaten – Informationspflichten im Hinblick auf die Gefahren von Glücksspiel und Wette einschließlich der finanziellen und sozialen Folgen in Betracht, etwa in Form des Hinweises „Glücksspiel kann süchtig machen". Ein entsprechender Hinweis wäre als milderes Mittel einzustufen, wenn die bloße Information über die Gefahren den Verbraucher in ausreichendem Maße schützen würde. Wenn der EuGH gleichwohl mitgliedstaatliche Regelungen für grundfreiheitenkonform erklärt und das Informationsparadigma vorliegend nicht in Ansatz bringt, dann mag dies auf zweierlei Weise zu deuten sein: Entweder der Gerichtshof zeigt sich offen für eine partielle Abweichung vom Leitbild eines mündigen Verbrauchers, weil der Verbraucher suchtbedingt typischerweise unaufmerksam oder jedenfalls unverständig ist, oder aber – und zu dieser Deutung tendiert die Untersuchung – der EuGH gibt implizit zu erkennen, dass ein informierter, aufmerksamer und verständiger Verbraucher seiner Vorstellung nach zugleich spiel- oder wettsüchtig sein kann. Die Sucht eines (auch mündigen) Verbrauchers ließe sich – legt man vorstehende Deutungsvariante zu Grunde – durch bloße Informationen über die Sucht schwerlich hemmen. In jedem Falle ist die Anerkenntnis einer möglichen Sucht des Verbrauchers in das Verbraucherleitbild des EuGH zu integrieren.

Da ein derart beschriebener Verbraucher mündig und zugleich süchtig zu sein vermag, kann eben auch nicht von einer partiellen Abweichung vom Leitbild eines informierten, aufmerksamen und verständigen Verbrauchers gesprochen werden. Die Frage einer Sucht im Sinne eines unkontrollierten und nur schwer kontrollierbaren Zwangs liegt auf einer anderen Ebene als die Frage nach dem Kenntnisstand des Verbrauchers, seiner Wahrnehmung und der Fähigkeit zum kritischen Umgang mit Information. Eine solche Ergänzung des Leitbildes eines mündigen Verbrauchers um dessen mögliche Suchtanfälligkeit ist keiner bestimmten bislang aufgeführten Kategorie eindeutig zuordenbar. Man könnte Glücksspiel- und Wettsüchtige als besonders schutzwürdige Gruppe bezeichnen, freilich lediglich soweit es um Glücksspiel und Wette geht. Dergleichen kann in dem Angebot von Glücksspiel und Wette eine besonders sensible Dienstleistung gesehen werden, bei deren Inanspruchnahme der Verbraucher in besonderer Weise schutzbedürftig ist, und zwar im Sinne eines bereichsspezifischen Schutzes. Festzuhalten bleibt jedenfalls, dass der Gerichtshof mitgliedstaatliche Regelungen billigt, die dem Schutz des Verbrauchers vor Glücksspiel- und Wettsucht dienen, und diese Suchtanfälligkeit in das Leitbild eines mündigen Verbrauchers zu integrieren ist.

d) Resümee: Vorgaben für ein Verbraucherleitbild aus der Dienstleistungs- und der Niederlassungsfreiheit

Bezugnehmend auf die Frage nach etwaigen Vorgaben für ein Verbraucherleitbild aus den Grundfreiheiten ist auch der Unionsrechtsprechung zur Dienstleistungs- und der Niederlassungsfreiheit das Informationsparadigma, also der Vorrang der Information des Verbrauchers vor solchen Maßnahmen, welche die Grundfreiheiten stärker beeinträchtigen, keineswegs fremd,[96] es prägt die Rechtsprechung aber nicht durchgängig. Der Gerichtshof zeigt sich vielmehr offen für die Anerkennung von Schutzmaßnahmen zu Gunsten eines Verbrauchers, der im Hinblick auf bestimmte Dienstleistungen in besonderer Weise schutzwürdig ist, sich in besonderen Situationen befindet, einem Machtungleichgewicht ausgesetzt ist[97] und seine Süchte mitunter nicht beherrschen kann.[98]

3. Zusammenfassung und Deutung der Rechtsprechung des EuGH zu Verbraucherleitbild und Grundfreiheiten

Angesichts der Vielfalt der geschilderten Konstellationen erscheint es nicht leicht, der Rechtsprechung des EuGH zu den Grundfreiheiten Vorgaben für ein Verbraucherleitbild zu entnehmen. Insbesondere im Bereich der Warenverkehrsfreiheit hat sich gezeigt, dass die Rechtsprechung dem Grunde nach von einem „normal informierten und angemessen aufmerksamen und verständigen Durchschnittsverbraucher" ausgeht. Versucht man die Gemeinsamkeiten der dargestellten Fälle aufzudecken, die insbesondere die Lebensmittelregulierung betrafen, so handelt es sich *grosso modo* um Konstellationen, in denen der Wert des erworbenen Gutes vergleichsweise gering ist, es zu einer raschen Abwicklung des Vertrages kommt und die gekauften Waren innerhalb recht kurzer Zeit aufgebraucht sind. In diesen Fällen ist der Verbraucher auch keinem Machtungleichgewicht ausgesetzt. Sobald aber die finanziellen Folgen eines Vertragsschlusses gravierender sind oder jedenfalls sein können, die vertraglichen Vereinbarungen komplexer und die vertragliche Verbindung zeitlich dauerhafter, ist das zuvor genannte Leitbild zu modifizieren. Entsprechende Modifizierungen erfährt es ebenso, wenn der Verbraucher situativ besonders schutzbedürftig ist, einer besonders schutzbedürftigen Personengruppe angehört oder sofern er gewissen

96 Siehe I. 2. a).
97 Siehe zu all dem I. 2. b).
98 Siehe I. 2. c).

Suchtanfälligkeiten ausgesetzt ist. Die Unionsgerichtsbarkeit zeigt sich in solchen Konstellationen – insbesondere im Bereich „sensibler Dienstleistungen" – offen für strengere mitgliedstaatliche Ansätze.

II. Vorgaben für ein Verbraucherleitbild aus der EU-Grundrechtecharta

Die Grundrechtecharta hat mit Inkrafttreten des Vertrages von Lissabon am 1. Dezember 2009 Rechtsverbindlichkeit erlangt; nach Art. 6 Abs. 1 EUV teilt sie den Rang der Verträge, also des EUV und des AEUV. Nach Art. 51 Abs. 1 GRCh gilt sie für die Organe, Einrichtungen und sonstigen Stellen der Union, und darüber hinaus auch für die Mitgliedstaaten bei der Durchführung des Rechts der Union. Gleichwohl richtet die Charta sich primär an die Europäische Union, während die Grundfreiheiten sich primär an die Mitgliedstaaten richten.[99]

1. Art. 38 GRCh als Rechtfertigungsgrund für Eingriffe in die unternehmerische Freiheit aus Art. 16 GRCh

Unterliegt die gesamte Hoheitsgewalt der Union einer Bindung an die EU-Grundrechte,[100] muss die Union sich auch und insbesondere bei der Schaffung von Sekundärrechtsakten an der Grundrechtecharta messen lassen. Verbraucherschützende Regelungen, die von der Union erlassen werden, stellen ganz regelmäßig Eingriffe in die unternehmerische Freiheit aus Art. 16 GRCh dar. Freilich können solche Eingriffe gerechtfertigt werden, und zwar unter anderem durch Charta-Grundsätze.[101] Für den vorliegenden Kontext ist Art. 38 GRCh dabei von besonderer Bedeutung. Demzufolge stellt die Politik der Union ein hohes Verbraucherschutzniveau sicher. Es handelt sich bei Art. 38 GRCh um einen solchen Grundsatz i.S.v. Art. 52 Abs. 5 GRCh.[102] Art. 38 GRCh kann daher ein

---

99 Ehlers-*Ehlers* (Fn. 56), § 14 Rn. 47 sowie § 7 Rn. 48.

100 *Jarass*, Charta der Grundrechte der Europäischen Union (2. Aufl. 2013), Art. 51 Rn. 5.

101 *Jarass* (Fn. 100), Art. 52 Rn. 31.

102 Ausführlich zur Natur von Art. 38 GR-Charta Heselhaus/Nowak-*Cremer*, Handbuch der Europäischen Grundrechte (2006), § 62 – Grundrechtsdimensionen des Verbraucherschutzes, Rn. 9 ff.; *Sagmeister*, Die Grundsatznormen in der Europäischen Grundrechtecharta (2010), S. 377.

Rechtfertigungsgrund für Eingriffe in die unternehmerische Freiheit aus Art. 16 GRCh sein.[103]

Diesbezüglich ist allerdings unmittelbar einleuchtend, dass die Rechtfertigung eines derartigen Eingriffs auch nur insoweit in Betracht kommt, als Art. 38 GRCh den Eingriff zu tragen vermag, mit anderen Worten: Geht man davon aus, dass auch dieser Norm das Leitbild eines informierten, aufmerksamen und verständigen Durchschnittsverbrauchers zu Grunde liegt, wären Maßnahmen der Union, die diesem Leitbild nicht folgen, nicht rechtfertigungsfähig und mithin nichtig (oder zumindest in besonderer Weise begründungsbedürftig). Betrachtet man einzelne Sekundärrechtsakte der Union, so wird darin aber mitunter tatsächlich ein Leitbild sichtbar, das von einem informierten, aufmerksamen und verständigen Verbraucher abweicht. Als Beispiel kann die Nutrition & Health Claims-Verordnung[104] genannt werden. Eine Fülle von Autoren sieht in der Verordnung eine Abkehr vom Leitbild eines mündigen Verbrauchers.[105] Unterstellt man einmal, dieser Vorwurf sei zutreffend – ist die Verordnung also nichtig, weil sie einem Leitbild folgt, das Art. 38 GRCh widerspricht?

2. Schrifttum

Die Frage nach einem Leitbild, das der Norm zu Grunde liegt, wird im Schrifttum kaum behandelt.[106] *Frenz* vermutet hinter Art. 38 GRCh tendenziell eher einen schutzbedürftigen und flüchtigen Verbraucher. Dafür sprächen der „Schutzcharakter" der Norm und die „Beschränkung auf natürliche Personen, die für private Zwecke handeln". Diese seien oftmals „unaufmerksam und flüchtig".[107] Überzeugen kann das nicht: Schutz kann grds. auch durch bloße Information gewährleistet werden und mithin unter Anlegung des Leitbilds eines mündigen Verbrauchers; der Verweis auf den (wohl empirischen) Befund, Privatpersonen

---

103 Heselhaus/Nowak-*Cremer*, (Fn. 102), § 62 Rn. 6.

104 Verordnung (EG) Nr. 1924/2006 des Europäischen Parlaments und des Rates vom 20. Dezember 2006 über nährwert- und gesundheitsbezogene Angaben über Lebensmittel, ABl. 2006 L 404/9 ff., zuletzt geändert durch Art. 1 VO (EU) 1047/2012 vom 08. 11. 2012, ABl. 2012 L 310/36.

105 *Buchner/Rehberg*, Wann ist der Verbraucher ein „mündiger Verbraucher"?, GRUR Int 2007, 394 listen die unterschiedlichen Vorwürfe auf, denen die Verordnung ausgesetzt ist: So ist etwa die Rede von „Überreglementierung", „Überwachungsbürokratie", „Vorzensur", „Verbraucherentmündigung"; siehe zu den Nachweisen und restlichem Vorbringen ebd., S. 294, 395.

106 Zu dieser Frage äußern sich etwa Vedder/Heintschel von Heinegg-*Folz*, Europäisches Unionsrecht (2012), Art. 38 GRCharta, Calliess/Ruffert-*Krebber*, Matthias (Fn. 7), Art. 38 GR-Charta und Schwarze-*Berg*, EU-Kommentar (3. Aufl. 2012), Art. 38 GRCharta überhaupt nicht.

107 *Frenz*, Handbuch Europarecht, Band 4 – Europäische Grundrechte (2009), Rn. 4403.

seien häufig unaufmerksam und flüchtig, kann ein normatives Leitbild, das ja hier in Rede steht, jedenfalls nicht ohne Weiteres erschüttern. Andere Stimmen in der Literatur[108] halten die denkbaren Fälle für so unterschiedlich, dass es ein bestimmtes Verbraucherleitbild nicht geben könne, so dass die Gesetzgebung und die konkretisierende Rechtsprechung über einen Spielraum verfügten.

3. Unionsgerichtsbarkeit

Die Rechtsprechung hat sich nur in sehr wenigen Fällen mit Verbraucherschutzaspekten als Rechtfertigungsgründen für Eingriffe in EU-Grundrechte beschäftigt. Vor Inkrafttreten der GRCh wurden europäische Rechtsakte freilich auch schon an den Grundrechten als „allgemeinen Grundsätzen des Gemeinschaftsrechts" i.S.d. damaligen Art. 6 Abs. 2 EUV gemessen. Dabei war unter anderem die Berufsfreiheit als Grundrecht anerkannt.[109]

a) Rechtssache *Keller:* „durchgegorener Wein"

In der Entscheidung *Keller*[110] aus dem Jahr 1986 führte ein deutscher Winzer die europäische Berufsfreiheit gegen die Gültigkeit einer Verordnung an, welche eine abschließende Liste von möglichen Bezeichnungen bzw. Beschreibungen für Tafelwein enthielt. Der Winzer wollte seinen Wein auf dem Etikett als „durchgegoren" bezeichnen; diese Bezeichnung war in der Liste indes nicht aufgeführt. Vielmehr kam von den in der Liste aufgeführten Bezeichnung ausschließlich „trocken" für den in Rede stehenden Wein in Betracht. Herr Keller argumentierte, diese Bezeichnung stelle auf den Restzuckergehalt ab, finde aber Verwendung bei einer großen Anzahl an Weinen. Wenn er die Bezeichnung „trocken" mit dem Ausdruck „durchgegoren" verbinde, sei die Beschreibung des Weines für den Verbraucher viel eindeutiger und spezifischer.[111] Der Gerichtshof schließt sich

---

108 *Rengeling/Szczekalla*, Grundrechte in der Europäischen Union (2004), Rn. 1065; Mayer-*Riedel*, Charta der Grundrechte der Europäischen Union (3. Aufl. 2011) sowie Tettinger/Stern-*Pielow*, Kölner Gemeinschaftskommentar zur Europäischen Grundrechte-Charta (2006), Art. 38 Rn. 13.

109 Monographisch zum europäischen Grundrecht der Berufsfreiheit vor Inkrafttreten des Vertrags von Lissabon etwa *Wunderlich*, Das Grundrecht der Berufsfreiheit im Europäischen Gemeinschaftsrecht (2000).

110 EuGH v. 8. 10. 1986 – Rs. 234/85 *Keller*, Slg. 1986, 2897.

111 EuGH v. 8. 10. 1986 – Rs. 234/85 *Keller*, Slg. 1986, 2897 Rn. 11.

dieser Argumentation nicht an und bringt zweierlei vor: Zum einen sei der Ausdruck „durchgegoren“ lediglich in Deutschland gebräuchlich; es gebe keine unmittelbare Entsprechung in anderen Mitgliedstaaten. Zum anderen entspreche der Ausdruck „durchgegoren“ nicht der Wirklichkeit, weil es keinen „vollkommen gegorenen“ Wein gebe.[112]

Diese Ausführungen sind jedenfalls unter Zugrundelegung des Leitbilds eines mündigen Verbrauchers durchaus überraschend. Auch wenn der Referenzverbraucher kein „europäischer Verbraucher“ ist, so wird doch in anderen Judikaten des EuGH vom Verbraucher gefordert, er müsse sich an die Entwicklungen des Binnenmarktes anpassen und in gewisser Weise hinzulernen. Wenn Herr Keller die Bereitschaft zeigte, seinen Wein als „trocken“ zu bezeichnen, ihn aber darüber hinaus auch noch als „durchgegoren“ zu beschreiben gedachte, dann liegt darin im Hinblick auf den Informationsgehalt für den mündigen Verbraucher jedenfalls kein Nachteil im Vergleich zur ausschließlichen Bezeichnung als „trocken“: Wer das Wort „durchgegoren“ versteht, hat eine präzisere Angabe, wer den Ausdruck nicht versteht, der weiß immerhin, was er auch ansonsten wissen würde, nämlich dass der Wein jedenfalls „trocken“ ist. Zweifelhaft ist auch die Auslegung des Ausdrucks „durchgegoren“ als „vollkommen gegoren“. Wer normal informiert, angemessen aufmerksam und verständig ist, der ist in der Lage, den wahren Aussagegehalt der Bezeichnung zu erfassen – dass *nahezu* kein Restzucker mehr im Wein enthalten ist. Insofern scheint das Bild, das der EuGH in vorstehender Entscheidung vom Verbraucher skizziert, nicht jenem mündigen Verbraucher zu entsprechen, den er insbesondere im Kontext der Warenverkehrsfreiheit selbst so häufig zeichnet.

b) Rechtssache Winzersekt: „Methode Champenoise“

In ähnlicher Weise ist die Entscheidung „Winzersekt“[113] aus dem Jahr 1994 zu deuten. Darin wandte sich eine Winzergenossenschaft aus Deutschland gegen eine Verordnung, die ihr verbot, ihre Weine als „mit dem Champagnerverfahren“ hergestellt zu bezeichnen. In der Sache entsprach die Aussage aber den Tatsachen. Der Sinn des Verbots bestand darin, Ursprungsbezeichnungen und geographischen Herkunftsangaben von Wein zu schützen. So sollten Hersteller für ihr „eigenes Erzeugnis keinen Nutzen aus dem Ansehen eines ähnlichen Erzeugnisses ziehen [können], das die Hersteller aus einem anderen Gebiet begründet ha-

112 EuGH v. 8.10.1986 – Rs. 234/85 *Keller*, Slg. 1986, 2897 Rn. 16f.
113 EuGH v. 13.12.1994 – Rs. C-306/93 *SMW Winzersekt*, Slg. 1994, I-5555.

ben."[114] Damit wird freilich unterstellt, der Verbraucher könne nicht zwischen einem Wein aus der Champagne und einem nach dem Champagnerverfahren hergestellten Wein unterscheiden. Selbst ein absolut weinunkundiger, aber verständiger Verbraucher wäre indessen in der Lage, mit rein sprachlichen Erwägungen den Unterschied zwischen der Herkunft und der Methode der Herstellung aufzudecken. Das Leitbild eines normal informierten, angemessen aufmerksamen und verständigen Verbrauchers sucht man hier also ebenso vergebens. Allerdings blieben die Judikate zum Verbraucherschutz als Rechtfertigungsgrund für Eingriffe in europäische Grundrechte unter der Ägide des alten Art. 6 Abs. 2 EUV letztlich vereinzelt.

c) Rechtsprechung zu Roaming-Gebühren und europäischen Fluggastrechten

Hinsichtlich der am 1. Dezember 2009 in Kraft getretenen Grundrechtecharta hat sich der Gerichtshof bereits dahingehend geäußert, dass der Verbraucherschutz „negative wirtschaftliche Folgen selbst beträchtlichen Ausmaßes für bestimmte Wirtschaftsteilnehmer rechtfertigen" könne.[115] Die zu Grunde liegenden Konstellationen betrafen einerseits die Regulierung von Roaming-Gebühren,[116] anderseits die Festschreibung europäischer Fluggastrechte.[117] Die Begrenzung von Roaming-Gebühren wurde mit einem Schutz der Verbraucher vor überhöhten Entgelten gerechtfertigt,[118] die Verpflichtung zu Ausgleichzahlungen für Fluggäste im Falle der Annullierung oder Verzögerung eines Fluges mit dem Ausgleich von „Ärgernissen und großen Unannehmlichkeiten in Verbindung mit dem Luftverkehr"[119]. Dabei geht es ersichtlich nicht um den mündigen Verbraucher, sondern um jenen,

---

114 EuGH v. 13.12.1994 – Rs. C-306/93 *SMW Winzersekt*, Slg. 1994, I-5555 Rn. 25.

115 In diesem Sinne etwa EuGH v. 8.6.2010 – Rs. C-58/08 *Vodafone u.a.*, Slg. 2010, I-4999 Rn. 53; EuGH v. 23.10.2012 – Rs. C-581/10 und C-629/10 *Nelson*, EuZW 2012, 906 Rn. 81; EuGH v. 31.1.2013, Rs. C-12/11 *McDonagh*, EuZW 2013, 223 Rn. 48.

116 Verordnung (EG) Nr. 717/2007 des Europäischen Parlaments und des Rates vom 27.6.2007 über das Roaming in öffentlichen Mobilfunknetzen in der Gemeinschaft und zur Änderung der Richtlinie 2002/21/EG, Abl. 2002 L 171/32, mittlerweile abgelöst durch Verordnung (EU) Nr. 531/2012 des Europäischen Parlaments und des Rates vom 13.6.2012 über das Roaming in öffentlichen Mobilfunknetzen in der Union, Abl. 2006 L 172/10.

117 Verordnung (EG) Nr. 261/2004 des Europäischen Parlaments und des Rates vom 11.2.2004 über eine gemeinsame Regelung für Ausgleichs- und Unterstützungsleistungen für Fluggäste im Fall der Nichtbeförderung und bei Annullierung oder großer Verspätung von Flügen und zur Aufhebung der Verordnung (EWG) Nr. 295/91, Abl. 2004 L 46/1.

118 EuGH v. 8.6.2010 – Rs. C-58/08 *Vodafone u.a.*, Slg. 2010, I-4999 Rn. 69.

119 EuGH v. 23.10.2012 – Rs. C-581/10 und C-629/10 *Nelson*, EuZW 2012, 906 Rn. 72.

der einem strukturellen Machtungleichgewicht ausgesetzt ist und mit dem Vertragspartner jeweils nicht individuell verhandeln kann, sondern vielmehr – nach dessen Belieben – seiner Vertragsgestaltung ausgesetzt ist. In all diesen Fällen hat der Gerichtshof die Sekundärrechtsakte für vereinbar mit den Grundrechten der Grundrechtecharta erklärt. Er erkennt also einen Verbraucher, der einem strukturellen Machtungleichgewicht ausgeliefert ist, im Zusammenhang mit der Unionsrechtssetzung an.

4. Fazit und Würdigung

Vor dem Hintergrund der soeben dargestellten, freilich recht dürftigen Rechtsprechung des Gerichtshofs im Zusammenhang mit europäischen Grundrechten wird etwa von *Schroeder* ausgeführt, vom Leitbild eines mündigen Verbrauchers könne keine Rede sein, soweit die Union den Verbraucherschutzsektor reguliere.[120] Letztlich ist dies durchaus plausibel: Das vom Gerichtshof im Kontext der Grundfreiheiten (zumeist) zu Grunde gelegte Leitbild eines mündigen Verbrauchers zielt vor allem darauf, den Binnenmarkt zu öffnen und zu sichern. Mit dieser Stoßrichtung ist es zuvörderst darauf gerichtet, nationale Märkte abschottende Regelungen der Mitgliedstaaten abzuwehren, typischerweise zur Abwehr mitgliedstaatlichen Protektionismus. Demgegenüber steht der Unionsgesetzgeber nicht in dem Verdacht, den Binnenmarkt zu Gunsten bestimmter nationaler Märkte und Interessen beschränken zu wollen. Vor diesem Hintergrund liegt die Vermutung nahe, dass der Gerichtshof die Frage nach der Zulässigkeit eines im Kontext wirtschaftlicher Regulierung zu Grunde gelegten Verbraucherleitbilds (auch) von der Herkunft der in Rede stehenden Wirtschaftsregulierung abhängig macht, namentlich davon, ob eine Maßnahme mitgliedstaatlicher oder unionaler Provenienz zu beurteilen ist.

Nach all dem ist zu konstatieren, dass sich das Leitbild eines mündigen Verbrauchers im Kontext der Grundrechtecharta nicht nachweisen lässt. Daraus folgt freilich nicht, dass der Unionsgesetzgeber dieses Leitbild bei seiner Rechtssetzung nicht zu Grunde legen dürfte. Die Chartagrundrechte gewähren dem Unionsgesetzgeber vielmehr weite Spielräume bei der Modellierung eines Verbraucherleitbilds und mithin bei der Gestaltung des unionalen Verbraucherschutzrechts.

---

120 Streinz-*W. Schroeder* (Fn. 8), Art. 36 AEUV Rn. 119.

Jules Stuyck, Leuven

§ 6 Consumer Concepts in EU Secondary Law

I. Introduction

It is often said that EU consumer law is based on an image of the average consumer who is well-informed and circumspect.[1] That image corresponds to what has been called the "information model" or "information paradigm", the assumption that the consumer interest is primarily served by sufficient and adequate information to be provided by businesses. Both the belief in "all you need is information" and the focus on the average consumer have been criticised in literature.[2]

In this paper I do not want to go into that discussion,[3] but rather examine what kind of consumer image, or rather images, appear under EU secondary consumer law, as interpreted by the European Courts. The picture is much more diversified than one would expect: the vulnerable consumer (in the Unfair Commercial Practices Directive, UCPD[4]), the hasty consumer (in the case law on the Trade Mark Directive, TMD[5]), children (in the Audiovisual Media Services Directive, AMSD[6]), the consumer with a lower level of knowledge than the business

---

1 Since the landmark case ECJ 16.7.1998 – C-210/96 *Gut Springenheide and Tusky/Oberkreisdirektor des Kreises Steinfurt*, E.C.R. 1998, I-4657, para. 31.

2 See i.a. *Howells/Wilhelmsson,* EC Consumer Law: Has it Come of Age?, E. L. Rev. 28 (2003), 370 et seq.

3 On the necessity to take more targeted measures to protect vulnerable consumers, see *Micklitz,* The Expulsion of the Concept of Protection from the Consumer Law and the Return of Social Elements in Civil Law: A Bittersweet Polemic, J. Consum Policy 35 (2012), 283; and *Waddington,* Vulnerable and Confused: The Protection of "Vulnerable" Consumer under EU Law, E. L. Rev. 38 (2013), 757 et seq.

4 Directive 2005/29/EC of 11.5.2005 of the European Parliament and of the Council concerning unfair business-to-consumer commercial practices in the internal market, O.J. 2005 L 149/22.

5 Directive 2008/95/EC of 22.10.2008 of the European Parliament and of the Council concerning misleading and comparative advertising (codified version), O.J. 2008 L 299/25 (replaces Council Directive 89/104/EEC).

6 Directive 2010/13/EU of 10.3.2010 of the European Parliament and of the Council on the coordination of certain provisions laid down by law, regulation or administrative action in Member States concerning the provision of audiovisual media services (Audiovisual Media Services

(Unfair Contract Terms Directive, UCTD[7]), the ignorant consumer (in the Markets in Financial Instruments Directive, MiFID[8]), the buyer of certain specific services irrespective of whether he acts for professional purposes or not (Package Travel Directive,[9] PTD; Passenger Rights Regulations), the negligent consumer in the Payment Services Directive, PSD[10]; etc.

II. Lawyers Take Stock of the Insights of Behavioural Sciences

An aspect of a more differentiated consumer image is that while he[11] may be well-informed and circumspect, he nevertheless needs protection because of his lack of bargaining power, as the Court of Justice has stressed in its abundant case law on the Unfair Contract Terms Directive (on this case law see further in this contribution).[12]

The different consumer concepts used in secondary EU law may raise concerns about consistency of the law. However I will try to show that the existence

---

Directive), O.J. 2010 L 95/1 (which replaces the "Television Without Frontiers" Council Directive 89/552/EEC).

7 Council Directive 93/13/EEC of 5.4.1993 on unfair terms in consumer contracts, O.J. 1993 L 95/29.

8 Directive 2004/39/EC of 21.4.2004 of the European Parliament and of the Council on markets in financial instruments, O.J. 2004 L 145/1.

9 Council Directive 90/314/EEC of 13.6.1990 on package travel, package holidays and package tours, O.J. 1990 L 158/59.

10 Directive 2007/64/EC of 13.11.2007 of the European Parliament and of the Council on payment services in the internal market, O.J. 2007 L 319/1.

11 I know that the consumer is not always a "he", and indeed perhaps even more frequently a "she". However I can easily resist he temptation of being politically correct by either using alternatively "he" or "she", or as some authors do, in a move of affirmative action, by using systematically "she" only. I will use "he", thereby designating indiscriminately men and women (and children), as grammar has learned us.

12 *Unberath/Johnston*, The Double-Headed Approach of the ECJ Concerning Consumer Protection, CMLR 44 (2007), 1237, 1281, have argued that the Court of Justice has developed a two-pronged approach towards consumer protection, a reasonably circumspect and well-informed consumer in its case law on free movement and a consumer in need for protection in its case law on positive harmonisation. Since the present paper focuses on secondary Union law I will not enter into that discussion. Suffice it to remember that just like primary law, secondary law, in particular the UCPD, endorses the concept of the well-informed and circumspect consumer, and we will see that this concept is also underlying some other directives (trade mark directive etc.).

of the different concepts can largely be justified by the different situations in which consumers find themselves.

In this regard it can be observed that lawyers and policy makers realise more and more that the traditional assumptions they make, or at least used to make, about consumer conduct, which is the basis for regulatory intervention (information and transparency duties, rights of withdrawal, regulation of contract terms, the prohibition of misleading advertising and unfair commercial practices, etc.) may be wrong. They have started to take cognizance of the findings of law and economics and more importantly behavioural economics and psychology. Already in 2007 *Incardona* and *Poncibó*[13] referred, with regard of the discussion about the unfair commercial practices directive, to the "cognitive revolution". In 2008 *Sunstein* and *Thaler* published a book that became a best seller. Its title: *Nudge*.[14] The authors advocate what they call "libertarian paternalism", in which the state is allowed to nudge, rather than to compel, people to make decisions that serve their own long-term interests. One of the implications of nudging is that firms ought to offer contracts that are sufficiently simple to be read and understood by human customers. This however may be wishful thinking. Many lawyers will by now have read *Daniel Kahnemann's* authoritative and beautiful book "Thinking Fast and Slow".[15] Every human, also in his capacity of a consumer, has two systems of thinking that influence his decision making: "system 1" that operates quickly, with little or no effort and no sense of voluntary control, and "system 2" that allocates attention to the effortful mental activities that demand it. Behavioural economics,[16] psychology[17] and even neuroscience[18] have an increasing impact on the legal debate about consumer protection.

The belief in the *homo oeconomicus* wavers. Even if the consumer is able to understand the information, he may not care to read it. Surely it is often more rational not to spend time in reading the information. It may just be a waste of time. And as rationalists say: time is money. More importantly there is the un-

---

13 *Incardona/Poncibó*, The Average Consumer, the unfair commercial practices directive and the cognitive revolution, Journal of Consumer Policy 30 (2007), 21 et seq.
14 *Sunstein/Thaler, Nudge* (2008).
15 *Kahnemann*, Thinking Fast and Slow (2011), p. 413.
16 See already: *Jolls/Sunstein/Thaler*, A Behavioural Approach to Law and Economics, Stan. L. Rev. 50 (1998), 1471 et seq. Critically: *Wright/Ginsburg*, Behavioural Law and Economics: Its Origin, Fatal Flaws and Implication for Liberty, Northwestern University Law Review 106 (2012), 1033.
17 I.a. the work of *Kahnemann* (n. 15).
18 See *Sibony*, Comments on Case C-122/10, *Konsumentombudsmannen v. Ving Sverige*, in: Terryn/Straetmans/Colaert, (eds.) Landmark Cases of EU Consumer Law (2013), pp. 493 et seq., referring to *Lehrer*, How we decide (2010).

deniable fact that non rational motives may also play a role in purchasing decisions (over optimism, framing effects, availability heuristics, etc. ...). [19] And even the rational consumer is not necessarily a pure profit maximising creature. He might be concerned about the effects of buying certain goods on the environment, labour conditions in third world countries etc.

If the belief in the rational consumer wavers, the belief in the law is still firm. If the law fails, its enforcement is blamed to be inappropriate.

Shouldn't we be less optimistic about what the law can do? *Omri Ben-Shahar* has argued in favour of consumer protection (in the contractual field) without law.[20] He is not actually defending the absence of law but argues in favour of voluntary accommodations and one-way contracts. *Ben-Shahar* pleads for additional devices, independent of the traditional competition and disclosure rules. The author argues that contract enforcement is not the best way to protect consumers. In the absence of contractual remedies other mechanisms would emerge and offer a better protection to consumers (knowing that the existing remedies for consumers in case of violation of the contract by the business are often purely theoretical). For some transactions, like the purchase of computers and home appliances payment would only occur after a trial period in which the good is for rent and for others, e. g. subscription to electronic communications services, a 'no contract required policy' with consumers being able to cancel anytime [21] could be followed.[22] This is not the place to discuss *Ben Shahar's* ideas, but if his suggestions are followed the consumer image might become less important.

Even mainstream lawyers, who maintain a firm belief in the force of the law will nowadays generally recognise that legal rules aiming at regulating conduct in the market, e. g. of businesses vis-à-vis consumers, have to be designed not merely on the basis of what the society sees as just but also on assumptions about people's (consumer's) conduct that correspond to the findings of behavioural sciences and that are, where possible, corroborated by empirical data.

19 See *Ramsay*, Consumer Law and Policy: Text and Materials on Regulating Consumer Markets (2007), pp. 72, 73.

20 *Ben-Shahar*, One-Way Contracts: Consumer Protection without Law, ERCL 6 (2010), 221 et seq.

21 It can be observed that this is actually the approach of the EU legislature in Directive 2009/136/EC of 25.11.2009 of the European Parliament and of the Council amending Directive 2002/22/EC on universal service and users' rights relating to electronic communications networks and services, Directive 2002/58/EC concerning the processing of personal data and the protection of privacy in the electronic communications sector and regulation (EC) No 2006/2004 on cooperation between national authorities responsible for the enforcement of consumer protection laws (EU Cookie Directive), O.J. 2009 L 337/11.

22 *Ben-Shahar*, ERCL 6 (2010) 221, 237.

EU secondary legislation in the field of consumer protection has not yet been consciously drafted taking into account the results of behavioural sciences, although the existence of different consumer concepts in directives dealing with different consumption issues suggest that this legislation is influenced by these results. More importantly: these results can play an important role in the application of the rules in individual cases.

In this article I will confine myself in trying to describe the different consumer images/concepts in secondary EU law and their implications and address the question of the necessity of more coherence.

III. Consumer Concepts in EU Secondary Law

1. Introduction

Although the consumer is generally defined in more or less the same way in the different consumer law directives and regulations, the consumer image behind it may differ. In addition some directives do not apply to consumers only but to all clients, such as users of travel services or passengers.

2. Market law

The horizontal instruments of EU market law such as the Unfair Commercial Practices Directive and the Misleading and Comparative Advertising Directive (MCAD)[23] are based on the image of the average circumspect and well-informed consumer. The UCPD also refers to some categories of vulnerable consumers, so does the sector specific Audiovisual Media Services Directive through specific provisions to protect minors.

The Trade Mark Directive and the Trade Mark Regulation (TMR)[24] also deal with the way in which businesses try to influence consumer choice. Unsurprisingly the case law of the Court of Justice (CJEU) and the General Court interpreting the TMD basically use the same consumer image as the one that the CJEU developed in its case law on free movement. The Court of Justice has confirmed

23 Directive 2006/114/EC of 12.12.2006 of the European Parliament and of the Council concerning misleading and comparative advertising (codified version), O.J. 2006 L 376/27.

24 Council Regulation (EC) No. 40/94 of 20.12.1993 on the Community Trade Mark, O.J. 1994 L 11/1, as amended, and eventually codified by Council Regulation (EC) No. 207/2009 on the Community Trade Mark, O.J. 2009 L 78/1.

that the average consumer of the UCPD is the average consumer of the Court's internal market case law, the average consumer, who is reasonably well-informed and reasonably observant and circumspect, taking into account social, cultural and linguistic factors. [25] The UCPD contains a provision on some categories of vulnerable consumers as well.

A closer look at the case law reveals that the consumer image is less abstract than is sometimes believed.

a) Unfair Commercial Practices Directive

Under the general clause of Article 5(2) UCPD a business-to-consumer commercial practice is unfair where it is contrary to the requirements of professional diligence and if in addition to that it materially distorts or is likely to materially distort the economic behaviour with regard to the product of the average consumer *whom it reaches or to whom it is addressed*, or of the average member of the group when a commercial practice is directed to a particular group of consumers. Art. 5(3) adds that commercial practices which are likely to materially distort the economic behaviour only of a clearly identifiable group of consumers who are particularly vulnerable to the practice or the underlying product because of their mental or physical infirmity, age or credulity in a way which the trader could reasonably be expected to foresee, shall be assessed from the perspective of the *average member of that group.*

Article 5(2) refers to the average consumer reached or addressed by the commercial practice, meaning that the average consumer that should be taken into account to appraise the unfair character of the practices is never the average consumer in general or *in abstraco,* but rather the targeted consumer *in concreto,* who may well belong to a specific category of consumers who are generally not well-informed and circumspect. And Article 5(3) exemplifies this criterion by referring to merely examples of vulnerable consumers. [26]One can indeed imagine other categories of vulnerable consumers. Since the rule in Article 5 (3) flows from the principle inherent in Article 5(2), i.e. that the average consumer to be considered is the average of the category of consumers that is targeted, Art. 5(3) should, in my view, not be interpreted as containing an exhaustive list of vulnerable consumers that deserve an enhanced protection, but rather as

---

25 ECJ 12.5.2011 – Case C-122/10 *Ving Sverige*, E.C.R. 2011, I-3903.

26 See *Stuyck*, The Notion of the Empowered and Informed Consumer in Consumer Policy and How to Protect the Vulnerable Under Such a Regime, in: Howells et al. (eds.), The Yearbook of Consumer Law 2007 (2007), pp. 167 et seq.

examples of such categories, and as a confirmation of the very rule that there is no abstract average consumer, but only an average of a concrete group of targeted consumers. Admittedly it may often be difficult to define the concrete category of targeted consumers and very often all consumers will be targeted (in which case the average consumer is indeed the average of all consumers) but this does not change the fact that the UCPD instructs the judge or the authority responsible for the application of the national rules that implement it, to appraise the commercial practice by looking at its effect on the average member of the targeted group, who is not necessarily well-informed and circumspect.

Wilhelmsson has rightly observed that Article 5(3) UCPD only concerns vulnerable groups that are clearly identifiable. "Situational vulnerability", he says, falls outside the scope of this provisions.[27] More recently *Paul Harrison* and *Kathryn Chalmers*[28] have insisted that while consumer vulnerability is often described in terms of demographics such as age, disability, gender, race/ethnicity or limited literacy, and level of education (and this is also the case in the UCPD), recent research suggests that there is no empirical proof that biophysical characteristics of individuals should be the sole basis on which to define consumer vulnerability. In fact consumers might be vulnerable due to transient stages of short-term and less concrete states such as grief-related vulnerability, stress, ego-depletion or fatigue.

Finally it should be mentioned that point 28 of the black list of the UCPD, i.e. the list of commercial practices which are in all circumstances considered unfair refers to the following practice, "*including in an advertisement a direct exhortation to children to buy advertised products or persuade their parents or other adults to buy advertised products for them. This provision is without prejudice to Article 16 of Directive 89/552/EEC on television broadcasting.*" The later directive has been replaced by the Audiovisual Media Services Directive. The relevant provision of that Directive will be discussed hereafter.

b) Misleading and Comparative Advertising Directive

The MCAD is only relevant here in that it contains provisions on comparative advertising both in B2B and B2C relations. The provisions on misleading advertis-

27 *Wilhelmsson*, The Informed Consumer v. the Vulnerable Consumer in European Unfair Commercial Practices Law – A Comment, in: Howells et al. (eds.), The Yearbook of Consumer Law 2007 (2007), p. 218.

28 *Harrison/Chalmers*, A different view of consumer vulnerability, in: Deakin University worldly (http://www.deakin.edu.au).

ing only apply to B2B relations. It can also be reminded here that the Court of Justice has constantly ruled that only those national rules that exclusively aim at protecting businesses are not caught by the full harmonisation of Directive 2005/29.[29] This implies that a practice that falls under national provisions that aim at the protection of consumers (albeit they also aim at protecting competitors) can only be appraised on the basis of the criteria of the UCPD. This raises the intriguing question as to whether the misleading character of comparative advertising vis-à-vis consumers has to be appraised solely under the UCPD or whether the case law of the CJEU on the provisions that are now integrated into the MCAD still holds in this respect.

The MCAD authorises comparative advertising under certain conditions, one of which being that it is not misleading. On this requirement (see Article 3a(1)(a) MCAD), there is case law of the CJEU on price comparisons by retailers. Building on previous judgments the Court ruled in *Lidl v SNC Vierzon*[30] that this requirement is to be interpreted as meaning that an advertisement in which a retailer compares a certain number of products of its assortment with that of a competitor may be misleading, in particular if:

- it is found, in the light of all the relevant circumstances of the particular case, in particular the information contained in or omitted from the advertisement, that the decision to buy on the part of a *significant number of consumers* to whom the advertisement is addressed may be made in the mistaken belief that the selection of goods made by the advertiser is representative of the general level of his prices as compared with those charged by his competitor and that such consumers will therefore make savings of the kind claimed by the advertisement by regularly buying their everyday consumer goods from the advertiser rather than the competitor, or in the mistaken belief that all of the advertiser's products are cheaper than those of his competitor, or
- it is found that, for the purposes of a comparison based solely on price, food products were selected which, nevertheless, have different features capable of significantly affecting the average consumer's choice, without such differences being apparent from the advertising concerned.

Here the Court refers to a significant number of consumers to whom the advertisement is addressed. It is submitted that the term "a significant number" does

29 ECJ 14.1.2010 – Case C-304/08 *Plus Warenhandelsgesellschaft*, E.C.R. 2010, I-217 para. 39; see also Case C-288/10 *Wamo*, E.C.R. 2011, I-5835; and Case C-126/11 *Inno*, E.C.R. 2011, I-204.
30 ECJ 18.11.2010 – Case C-159/09 *Lidl*, E.C.R. 2010, I-11761 para. 56.

not differ from the average consumer. It even sheds an interesting light on the notion of "average consumer". Indeed an average consumer does not exist *in abstracto*, but there may be a large group, a significant number of consumers from the targeted group (for the sake of argument well-informed and circumspect consumers, although as will be seen hereafter concerning trade marks this image is not necessarily always followed by the EU courts in case of convenience goods) that can serve as a benchmark.

c) The Trade Mark Directive and the Trade Mark Regulation

The Trade Mark Directive and the Trade Mark Regulation, which are not consumer protection instruments, but do deal with influencing consumer behaviour, have given rise to a lot of case law on when a trade mark is confusingly similar and hence is likely to induce the consumer to buy a good he would not have bought otherwise. The relevant rules of the Regulation are the same as those of the Directive.

The Trade Mark Directive and the Trademark Regulation both grant protection to the trademark owner against signs that are likely to create confusion with his registered trade mark. With respect to the TMD the Court of Justice has consistently held that the likelihood of confusion lies in the risk that the public might believe that the goods or services in question come from the same undertaking or, as the case may be, from economically-linked undertakings.[31] According to the same case-law, the likelihood of confusion on the part of the public must be assessed globally, taking into account all factors relevant to the circumstances of the case.

In other words the appraisal is *in concreto*[32] suggesting again that the targeted public, and not the abstract consumer, shall be the benchmark.

In its case law on the Trade Mark Directive the Court of Justice has underlined the necessity to take into account the perception of marks in the mind

31 ECJ 29.9.1998 – Case C-39/97 *Canon Kabushiki Kaisha/Metro-Goldwyn-Mayer,* E.C.R. 1998, I-5507 para. 29; ECJ 22.6.1999 – Case C-342/97 *Lloyd Schuhfabrik Meyer,* E.C.R. 1999, I-3819 para. 17.

32 ECJ 11.11.1997 – Case C-251/95 *SABEL/Puma, Rudolf Dassler Sport,* E.C.R. 1997, I-619 para. 22; ECJ 29.9.1998 – Case C-39/97 *Canon/Metro-Goldwyn-Mayer,* E.C.R. 1998, I-5507 para. 16; and ECJ 22.6.1999 – Case C-342/97 *Lloyd Schuhfabrik Meyer,* E.C.R. 1999, I-3819 para. 18.

of the average consumer of the type of goods or services in question.[33] Referring to *Gut Springenheide* the Court further ruled that the average consumer is deemed to be reasonably well-informed and reasonably observant and circumspect. [34] But the Court also recognised that the average consumer's level of attention is likely to vary according to the category of goods or services in question.[35]

A rather recent judgment of the General Court on the Trademark Regulation, *Koipe Corporacion v Office for Harmonisation in the Internal Market (Trade Marks and Designs) (OHIM),*[36] that has been confirmed by the Court of Justice,[37] albeit without any ruling of the Court of Justice on the issue that will be mentioned, is interesting in that it takes into account the nature of the good, which, in this case is a convenience good that consumers often buy (and do that in self-service) and considered therefore that the average consumer is not circumspect but makes impulsive purchases without taking note of all the information. The case concerned a figurative trade mark used for olive oil. The figurative trade mark of a competitor was rather similar, but there were also obvious differences between the two signs.

The General Court considered:[38]

> (...), as the Board of Appeal acknowledges in the contested decision, account should be taken of the fact that olive oil is most commonly purchased in supermarkets or establishments where goods bearing different trademarks are arranged on shelves. In this type of point-of-sale, as the applicant submits, the consumer loses little time between his successive purchases, which are made in different parts of the shop, and does not ask orally for the various goods that he is looking for, but goes to the shelves where those products are located with the consequence that phonetic differences between the marks at issue are irrelevant for the purposes of distinguishing the goods. In those circumstances, *the consumer is guided more by an impression than by a direct comparison* of the various marks and *often does not read all the information* on each olive oil container. In most cases, he merely takes a bottle whose label provides him with the visual impact of the brand he is looking for. In those circumstances, it is the figurative element of the marks at issue which acquires greater importance, contrary what was held in the contested decision, which increases the likelihood of confusion between the two marks at issue.

33 ECJ 11.11.1997 – Case C-251/95 *SABEL/Puma, Rudolf Dassler Sport*, E.C.R. 1997, I-619 para. 23.

34 ECJ 22.6.1999 – Case C-342/97 *Lloyd Schuhfabrik Meyer*, E.C.R. 1999, I-3819 para. 25.

35 ECJ 22.6.1999 – Case C-342/97 *Lloyd Schuhfabrik Meyer*, E.C.R. 1999, I-3819 para. 26.

36 CFI 12.9.2007 – Case T-363/04 *Koipe Corporación/OHIM*, E.C.R. 2007, II-3355.

37 ECJ 3.9.2009 – Case C-498/07 P, *Aceites del Sur-Coosur SA/Koipe Corporación SL*, E.C.R. 2009, I-7371.

38 CFI 12.9.2007 – Case T-363/04 *Koipe Corporación/OHIM*, E.C.R. 2007, II-3355 paras. 109 sq. (emphases added).

> It should be noted in support of this, that *where the marks at issue are examined at the distance and the speed at which the consumer in a supermarket selects the goods* he is looking for, the differences between the signs at issue are more difficult to distinguish and the similarities are more apparent, since the average consumer perceives the mark as a whole and does not proceed to analyse its various details.

This may seem to be an isolated case, but it confirms a more general common sense principle that the likelihood of confusion or deception vis-à-vis consumers should be appraised *in concreto*, taking into account how the average targeted consumer is likely to behave in the situation he make a transactional decision. That may be the hasty housewife[39] buying a convenience good in a supermarket and who therefore does not read the information and buys on the basis of a vague impression.

But *Koipe* is not exceptional in that in their case law on trademarks the European Courts often look at the category of goods (in *Koipe* though the Court also considered the distribution channel). [40]

Puttemans[41] interestingly refers to OHIM's Manual concerning opposition according to which a high level of attention is usually connected with expensive and infrequent purchases (cars, diamond, financial and real-estate services), with potentially hazardous purchases (firelight, saws..) and with purchases where their brand is important to the consumer (tobacco). A low level of attention can be associated with "habitual buying behaviour" (e.g. basic foodstuffs). She also draws the attention to the case law and the Manual concerning pharmaceutical products and medical devices.

Puttemans criticizes the criterion of the average consumer's degree of attention which she calls artificial and which, she submits, produces perverse effects. She submits that the degree of attention may de facto vary according to many other factors: sales practices and points of sale (cf. *Koipe*), as well as health, fatigue, age, level of education and motivation etc.[42]

---

39 The housewife may of course and will very often be a man. I use housewife here, as I use the masculine for the consumer (see n. 11), because that corresponds to traditional vocabulary. And I believe that there is no compelling reason to abandon it, unless one is anxious to be politically correct, which I am not.

40 *Puttemans*, Comments on *Koipe*, in: Terryn/Straetmans/Colaert, (eds.) Landmark Cases of EU Consumer Law (2013), pp. 33.

41 *Puttemans* (n. 40), p. 29.

42 *Puttemans* (n. 40), p. 32.

3. General contract law: Unfair Contract Terms , Consumer Sales and Off-Premises Sales

Today the three main directives of the consumer *acquis* in the field of consumer contract law are the Unfair Contract Terms Directive (UCTD), the Consumer Sales Directive[43] and Consumer Rights Directive (CRD)[44]. The latter contains provisions on pre-contractual information for all consumer contracts, pre-contractual information and the consumer's right of withdrawal for distant and off-premises contracts, delivery and passing of risks in consumer sales contracts and some ancillary rights of consumer.

a) Unfair Contract Terms

The UCTD has given rise to a series of judgments. In its first preliminary ruling, *Océano Grupo,*[45] the Court of Justice stressed that the system introduced by the Directive is based on the idea that the consumer is in a weak position vis-à-vis the seller or supplier, as regards both his bargaining power and his level of knowledge. This leads to the consumer agreeing to terms drawn up in advance by the seller or supplier without being able to influence the content of those terms.[46] The Court added that in order to guarantee the protection intended by the Directive the imbalance which exists between the consumer and business may be corrected only by positive action unconnected with the actual parties to the contract. [47]Thus the national court has to examine, if need be, of its

---

43 Directive 1999/44/EC of 25.5.1999 of the European Parliament and of the Council on certain aspects of the sale of consumer goods and associated guarantees, O.J. 1999 L 171/12.

44 Directive 2011/83 of 25.10.2011 of the European Parliament and of the Council on consumer rights, O.J. 2011 L 304/64.

45 Joined Cases ECJ 27.6.2000 – C-240/98 and C-244/98 *Océano Grupo Editorial and Salvat Editores,* E.C.R. 2000, I-4941; see annotation *Stuyck,* CMLR 38 (2001), 719 et seq.

46 Joined Cases ECJ 27.6.2000 – C-240/98 and C-244/98 *Océano Grupo Editorial and Salvat Editores,* E.C.R. 2000, I-4941 para. 25; repeated e.g. in ECJ 26.10.2006 – Case C-168/05 *Mostaza Claro,* E.C.R. 2006, I-10421 para. 25; ECJ 6.10.2009 – Case C-40/08 *Asturcom Telecomunicaciones,* E.C.R. 2009, I-9579 para. 29; ECJ 4.6.2009 – Case C-243/08 *Pannon GSM,* E.C.R. 2009, I-4713 para. 22 (on *Asturcom* and *Pannon,* see the annotation by *Stuyck,* in CMLR 47 (2010), 879 et seq.); ECJ 9.11.2010 – Case C-137/08 (Grand Chamber) *VB Pénzügyi Lízing,* E.C.R. 2010, I-10847 para. 46.

47 ECJ 9.11.2010 – Case C-137/08 (Grand Chamber) *VB Pénzügyi Lízing,* E.C.R. 2010, I-10847 para. 46.

own motion, the unfair character of a non-negotiated term in a business to consumer contract. [48]

In *Ferenc Schneider,* [49] the Grand Chamber of the Court has clarified some questions that had arisen about the precise scope of the national judge's obligation to rule of his own motion about the unfair character of the term. The Court explained: the national court *must* ascertain whether a contractual term which is the subject of the dispute before it falls within the scope of the UCTD. If it does, the court must assess the term, if necessary, of its own motion, in the light of the requirements of consumer protection laid down by that directive.[50]

The Court of Justice adopted the same approach with regard to procedural rules that can deprive the consumer of sufficient protection because there is a significant risk that he will not make that procedural steps (within the period prescribed for that purpose), either because of the rapidity of the enforcement proceedings in question, or because he is unaware of or does not appreciate the extent of his rights.[51]

b) Consumer Sales Directive

The case law on consumer sales is less abundant, but shows the same concern for the weak position of consumers, notably with regard to the exercise of the rights that the relevant directive offers him. A good example is the recent case *Soledad Duarte Hueros c Autociba* [52]. The Consumer Sales Directive allows the consumer in case of a lack of conformity of a consumer good to claim either rescission of the contract or a price reduction when repair or replacement is impossible or has failed. Under the Spanish procedural system, a consumer who brings proceedings seeking only rescission of the contract is definitively deprived of the possibility of benefitting from the right to seek an appropriate reduction in the price in the event that the court dealing with the dispute were to find that, in fact, the lack of conformity of those goods is minor. As a practical consequence, the consumer in the present case had no remedy whatsoever. According to the Court of Justice there is a significant risk that the consumer will not put forward

48 See the cases quoted above, n. 46.
49 ECJ 9.11.2010 – Case C-137/08 (Grand Chamber) *VB Pénzügyi Lízing*, E.C.R. 2010, I-10847 para. 46.
50 See also ECJ 4.6.2009 – Case C-243/08 *Pannon GSM*, E.C.R. 2009, I-4713.
51 ECJ 14.6.2012 – Case C-618/10 *Banco Español de Crédito*, (not yet reported) para. 54; ECJ 14.3.2013 – Case C-415/11 *Aziz*, (not yet reported) para. 58.
52 ECJ 3.10.2013 – Case C-32/12 *Duarte Hueros*, (not yet reported).

an alternative claim which would seek, moreover, relief inferior to that sought in the principal claim, either on account of the particularly rigid procedural requirement that the alternative claim be presented at the same time as the principal claim or because the consumer is unaware of, or does not appreciate, the extent of his rights. Hence, EU law precludes a provision like that of Spanish law that does not allow the courts to grant of their own motion an appropriate price reduction. It is noteworthy that in this regard the CJUE refers, by analogy, to its *Aziz*-judgment[53] which concerns the UCTD.

c) Off-premises Sales

It is with relation to off-premises sales that the CJEU recognised for the first time the need of protection of a particular category of vulnerable consumers. In *Buet*[54] the Court found that it was permissible for the national legislature to consider that giving consumers a right of cancellation is not a sufficient protection and that is necessary to ban canvassing at private dwellings. While the off-premises directive at the time (just like the present Consumer Rights Directive) only provides for a right of withdrawal in case of off-premises sales, a French law banned the sale of educational material at the doorstep in order to protect the non educated consumers who are particularly vulnerable when confronted with unscrupulous salesmen who try to sell them educational material (such as foreign language courses).

In this judgment the Court combines situational and social vulnerability.

d) The Consumer Rights Directive

The Consumer Rights Directive which has reformed the consumer *acquis* in relation to distant sales and off-premises sales and has introduced some new provisions (general duty of pre-contractual information, some new provisions on consumer sales and a few punctual provisions of consumer protection) does not contain specific provisions on the benchmark consumer, but recital 34 stresses that in providing pre-contractual information,

> the trader should take into account the specific needs of consumers who are particularly vulnerable because of their mental, physical or psychological infirmity, age or credulity

53 ECJ 14.3.2013 – Case C-415/11 *Aziz*, (not yet reported) para. 58.
54 ECJ 16.5.1989 – Case C-382/87 *Buet and Others/Ministère public*, E.C.R. 1989, 1235.

> in a way which the trader could reasonably be expected to foresee. However, taking into account such specific needs should not lead to different levels of consumer protection.

The categories of vulnerable consumers mentioned are those of the Unfair Commercial Practices Directive (see above 2.a)). This shows a certain convergence in the consumer image of market law and contract law.

4. Sector legislation

Some of the sector directives show how secondary Union law is taking into account the existence of special categories of vulnerable consumers (children, the "energy poor", the – large number – of financially illiterate, the disabled) while other instruments (travel, transport, telecommunications) aim at protecting customers irrespective of whether they are consumers or not.

a) Television

The Audiovisual Media Services Directive contains provisions concerning the protection of minors, including the following provision in its Article 9 on "commercial communications" (advertising):

> (g) audiovisual commercial communications shall not cause physical or moral detriment to minors. Therefore they shall not directly exhort minors to buy or hire a product or service by exploiting their inexperience or credulity, directly encourage them to persuade their parents or others to purchase the goods or services being advertised, exploit the special trust minors place in parents, teachers or other persons, or unreasonably show minors in dangerous situations.

b) Energy and Telecommunication

As *Lisa Waddington* rightly observes[55] the Electricity and Gas market Directives[56] do contain a more general and flexible approach to vulnerable consumers. Mem-

---

55 *Waddington* (n. 3), pp.757 et seq.; see also *Micklitz* (n. 3), p. 283.

56 Directive 2009/72/EC of 13.7.2009 of the European Parliament and of the Council concerning common rules for the internal market in electricity and repealing Directive 2003/54/EC, O.J. 2009 L 211/55; Directive 2009/73/EC of 13.7.2009 of the European Parliament and of the

ber States have to take measures to protect vulnerable consumers and to address "energy poverty". They leave it to Member State to take appropriate measures. She also refers to the Universal Services in Electronic Communications Directive[57] which includes horizontal measures regarding e-accessibility to, affordability and choice of, e-communications for disabled end-users.

Energy poverty has obviously to be tackled at the national level. EU law does not itself address the problem.

c) Transportation

In the area of transport EU legislation contains specific instruments on disabled passengers' rights.[58]

d) Financial Services

In the area of financial services several directives contain an obligation on the service provider to take into account the specific circumstances in which a contract/service is proposed and the person to whom it is offered. Thus Article 5(6) of the Consumer Credit Directive (CCD)[59] provides that Member States shall ensure that creditors and, where applicable, credit intermediaries provide adequate explanations to the consumer, in order to place the consumer in a position enabling him to assess whether the proposed credit agreement is adapted to his needs and to his financial situation, where appropriate by explaining the pre-contractual information to be provided, the essential characteristics of the products proposed and the specific effects they may have on the consumer, including

Council concerning common rules for the internal market in natural gas and repealing Directive 2003/55/EC, O.J. 2009 L 211/94.

57 Directive 2002/22/EC of 7. 3. 2002 of the European Parliament and of the Council on universal services and users' rights relating to electronic communications networks and services, O.J. 2002 L 108/51.

58 See e. g. Regulation (EC) No. 1107/2006 of 5. 7. 2006 of the European Parliament and of the Council concerning the rights of disabled persons and persons with reduced mobility when travelling by air, O.J. 2006 L 204/1; cf. the information to be provided in an appropriate form for the blind and the partially-sighted, mentioned by *Waddington* (n. 3), p. 779; Article 56a Directive 2001/83/EC of 6. 11. 2001 of the European Parliament and of the Council on the Community code relating to medical products for human use, as amended, O.J. (2006) L 311/67.

59 Directive 2008/48/EC of 6. 11. 2001 of the European Parliament and of the Council on credit agreements for consumers, O.J. 2008 L 133/66.

the consequences of default in payment by the consumer. Member States may adapt the manner by which, and the extent to which, such assistance is given, as well as by whom it is given, *to the particular circumstances of the situation in which the credit agreement is offered, the person to whom it is offered* and the type of credit offered.[60]

In the area of investment services, the Markets in Financial Instruments Directive does not only distinguish professional and non-professional ("retail") clients with an enhanced protection for the latter category,[61] but also imposes an obligation on service providers to know their customers so as to be able to appraise whether a transaction is suitable for the client.[62]

Finally an interesting consumer image can be found in the Payment Services Directive. Article 61 PSD provides that the payer (e.g. a card holder) shall bear the losses relating to any unauthorised payment transactions, up to a maximum of EUR 150, resulting from the use of a lost or stolen payment instrument or, if the payer has failed to keep the personalised security features safe, from the misappropriation of a payment instrument. The payer shall only bear all the losses relating to any unauthorised payment transactions if he incurred them by acting fraudulently or by failing to fulfil one or more of his obligations under Article 56[63] with intent or gross negligence. This reflects the recognition by the EU legislature of the fact that the average consumer is negligent and not circumspect.

IV. Is More Coherence Needed?

The basic consumer image in EU law is that of the well-informed and circumspect consumer. That image corresponds to what has been called the "informa-

---

60 On vulnerable consumers in consumer credit, see *Domurath,* The Case of Vulnerability as the Normative Standard in European Credit and Mortgage Law, euvr Journal of European Consumer and Market Law 2 (2013), 124.

61 *Kruithof,* A Differentiated Approach to Client Protection: The Example of MiFID, in: Grundmann/Atamer (eds.), Financial Services, Financial Crisis and General European Contract Law (2011), pp. 105 et seq.

62 See *Colaert/van Dyck,* Chapter 6 – Financial Services, in: *Micklitz/Stuyck/Terryn* (eds.), Cases, Materials and Text on Consumer law (2010), pp. 421 et seq.

63 These obligations are: to use the payment instrument in accordance with the terms governing the issue and use of the payment instrument (in particular to take all reasonable steps to keep its personalised security features safe) and to notify the payment service provider, or the entity specified by the latter, without undue delay on becoming aware of loss, theft or misappropriation of the payment instrument or of its unauthorised use.

tion paradigm", the assumption that the consumer interest is primarily served by sufficient and adequate information to be provided by businesses.

An examination of EU secondary law has revealed a variety of consumer images. The Unfair Commercial Practices Directive, the Consumer Credit Directive, the energy directives, the Universal Services in Telecommunications Directive, transportation regulations etc. refer to the vulnerable consumer, or rather certain categories of vulnerable consumers. They do not put into question the concept of the average well-informed consumer. They simply recognize the existence of specific categories of vulnerable consumers for whom increased protection is required, and hence confirm the existence of an average consumer who indeed is well-informed and circumspect.

In its case law on EU contract law directives however, in particular the Unfair Contract Terms Directive, the Court of Justice has recognized that the consumer is *in general* the weaker party. This leads *i.a.* to the obligation for the national judge to examine of his own motion the unfairness of a contract clause. The notion of the weaker party is in essence a relational one, it is a question of vulnerability compared to the position of the trader, in respect of information and bargaining power. Moreover the weak consumer in unfair contract terms law is not the consumer who is ignorant about the product, but rather about his rights and the meaning of contract terms he has not been able to negotiate. Hence the image of a weak consumer in unfair contract terms law is not necessarily in contradiction with the image of a well-informed consumer in market law.

In secondary law in the field of market law, such as the Unfair Commercial Practices Directive, the Misleading and Comparative Advertising Directive and the Trade Mark Directive, the Court of Justice maintains the basic concept of the well-informed and circumspect consumer that it developed in the area of free movement. But at the same time that case law shows that there is no abstract average consumer. In appraising the confusion between trademarks OHIM and the General Court take into account different levels of attention of the average consumer depending on a certain number of factors, such as the frequency of the purchase and their price. It is true that other factors may play a role (fatigue, health, income, age etc.), but again the exercise consists in defining as concrete as possible the attention of the average consumer of the goods in question.

The test under the Unfair Commercial Practices Directive is also not purely abstract. The judge has to appraise whether the average member of the targeted group of consumer is misled. This may be a group of vulnerable consumers or of consumers who are not particularly well-informed and circumspect.

Both under trademark and commercial practices law the average consumer is basically the reasonably well-informed and circumspect consumer. But for the application of the notion of confusing trademarks under the Trade Mark Directive the general Court has even recognised that the consumer who buys convenience goods in a supermarket will be rather easily confused between figurative trademarks because he is a hasty consumer who does not pay a lot of attention to the information which is readily available.

The question is whether these concepts are ultimately so different, and if so whether that matters and if not whether more coherence is necessary and possible?

The question is the more pressing since rules on commercial conduct (market law) on the one hand and rules of contractual protection, especially in the field of unfair contract terms on the other have to cope with the same reality: the formation of the contract in a situation where the consumer may not have sufficient information and will generally not have any bargaining power. In addition the Court of Justice has decided that the inclusion of an unfair contract term can constitute an unfair commercial practice.[64] Nevertheless it is submitted that more coherence at the legislative level is not an objective to be pursued. In this regard this paper has tried to show that the "well-informed consumer" in market law and the ignorant consumer of unfair contract terms (and contract) law are not contradictory: the lack of information to which these two notions refer is not the same (product information versus information about the law and rights).

Moreover – has already been said – the concept of the well-informed consumer that is underlying legislation in the field of commercial practices, advertising and trademarks, is not an abstract one, but a concrete one (the average of the targeted group, the significant number of consumers, ...) and the legislation leaves room for the protection of vulnerable consumers.

Finally EU legislation increasingly takes account of the fact that the consumer of specific services may not be circumspect (payment services) or generally well-informed (financial services) or he may not take the time to absorb information (the hasty consumer in trademark law).

This all leads to the following general finding. The basic image of the well-informed and circumspect consumer is in some instances supplemented by specific categories of vulnerable consumers (without putting into question the basic model) and in others it is modulated by more nuanced consumer images: the hasty consumer, the negligent consumer, the quasi illiterate ...

There is no compelling reason to harmonise these consumer images. Some are creations of case law, some of legislation, but they all reflect the reality of

---

64 ECJ 15.3.2012 – Case C-453/10 *Pereničová and Perenič*, (not yet reported).

a consumer who behaves differently according to the circumstances, such as the circumstances in which he receives a message or buys and the nature of the goods. The evolution in the image(s) of the consumer is also a result of the growing influence of behavioural sciences. The evolution should not be stopped in its infancy.

V. General Conclusion

This brief examination of a certain number of (mainly consumer protection) instruments of secondary EU market law has shown an image of the average consumer who is well-informed and circumspect. There is however no abstract average consumer. The targeted consumer is defined in relation to the targeted group of consumers and in trademark law account is taken of the nature of the goods, their price, the frequency of the purchases etc.

By contrast, in the field of EU contract law (in particular unfair contract terms) the case law of the Court of Justice is based on an image of a non-well-informed consumer: the consumer is the weaker party both as regards information and bargaining power, but the information deficit is (mainly) related to his rights.

A certain number of EU secondary law instruments, including in the field of market law the UCPD, contain provisions for a specific protection of certain categories of vulnerable consumers.

The case law on market law, where the well-informed and circumspect consumer is the benchmark, and sector rules in the field of market law however show signs of the recognition that the average consumer is not only a consumer who understands and digests information, but a consumer whose rationality is bounded: the consumer who does not process the information given because he is hasty (case law on trade mark law), who is quasi illiterate (investment services) or who is negligent (the payment card holder).

The consumer images, or the differentiation of the basic consumer image, will probably further develop. Behavioural sciences can help law makers to apply realistic criteria. The law in the books will always have to work with a general consumer image: the average consumer. However in the application of the rules the judge can take the circumstances of the case into account, just like he has to determine whether a given contract term is unfair in the circumstances of the case. In doing so he can learn from the findings of behavioural sciences.

VI. Summary

This paper examines the consumer images in secondary EU law.

The benchmark consumer in EU secondary market law, such as unfair commercial practices and trademark law, is the well-informed and circumspect consumer. In EU secondary contract law, especially in the field of unfair contract terms, the consumer is the weaker party. Other instruments of secondary Union law contain a variety of consumer images.

This paper examines the consumer images appearing in (the case law on) these instruments and argues that the diversity is less pronounced than it is sometimes believed, that there is a move to convergence and that the reality of consumer behaviour, i.a. on the basis of the findings behavioural sciences, can be taken into account by the judge applying the rules, while the benchmark consumer in the law in the books is necessarily rather general.

Andrea Henneken/Daniel Köhler/Maren Radtke, Bochum

§ 6a Diskussionsbericht zu §§ 5–6

Klinck eröffnete die zweite Diskussionsrunde und erteilte *De Cristofaro* das Wort. Dieser stellte zunächst fest, dass im europäischen Recht dem Verbraucherbegriff unterschiedliche Funktionen zukämen. Im Vertragsrecht werde ein anderes Verbraucherleitbild zugrunde gelegt als im Markenrecht oder im Bereich des unlauteren Wettbewerbs. Im Vertragsrecht habe es einige wichtige Urteile des Gerichtshofes der Europäischen Union (EuGH) gegeben, die sich mit dem von Amts wegen zu gewährenden Verbraucherschutz beschäftigt hätten. Dort komme zum Ausdruck, dass im Bereich des Verbrauchsgüterkaufs von einem flüchtigen Verbraucher ausgegangen werde. Zuerst führte *De Cristofaro* das Urteil in der Rechtssache C-32/12 vom 3. Oktober 2013 an, in welchem es auf Grund eines spanischen Vorabentscheidungsersuchens um die Auslegung der Verbrauchsgüterkaufrichtlinie[1] gegangen sei. In dieser Entscheidung habe eine Spanierin bei einem spanischen Autohändler ein mangelhaftes Fahrzeug gekauft. Dieses habe die Verbraucherin von diesem ersetzt verlangt, da vorherige Reparaturversuche gescheitert seien. Nach Weigerung des Unternehmers habe die Verbraucherin Klage auf Auflösung des Kaufvertrags und Rückzahlung des Kaufpreises vor einem spanischen Gericht erhoben. Das Gericht habe die Anträge wegen der Geringfügigkeit der Vertragsverletzung abgelehnt. Obwohl der Verbraucherin ein Minderungsrecht zugestanden hätte, habe ihr Rechtsanwalt einen entsprechenden Antrag nicht gestellt. Eine Berücksichtigung des Minderungsrechts von Amts wegen sei aufgrund der spanischen Verfahrensregeln (Grundsatz der Kongruenz von Anträgen der Partei und der gerichtlichen Entscheidung) nicht möglich gewesen. Auch eine Geltendmachung in einem späteren Verfahren wäre unzulässig gewesen, da nach spanischem Recht die Rechtskraft eines Urteils auch diejenigen Ansprüche erfasse, die in einem früheren Verfahren hätten geltend gemacht werden können. *De Cristofaro* stellte fest, dass der Anwalt der Verbraucherin demnach einen nicht unerheblichen Fehler gemacht habe. Das spanische Gericht habe daraufhin dem EuGH die Frage vorgelegt, ob das nationale Gericht auch dann von Amts wegen dem Verbraucher eine Minderungsrecht zusprechen müsse, wenn ein solches bestünde, aber im Prozess nicht geltend gemacht worden sei und die Auflösung des Vertrages aufgrund der Geringfügigkeit des Mangels gescheitert sei. Diese Frage sei vom EuGH bejaht worden. Die spanische Verfahrensvorschrift,

---

1 Richtlinie 1999/44/EG des Europäischen Parlaments und des Rates vom 25. Mai 1999 zu bestimmten Aspekten des Verbrauchsgüterkaufs und der Garantien für Verbrauchsgüter

die dem Verbraucher endgültig die Möglichkeit nehme, in den Genuss des Minderungsrechts zu kommen, sei eine Beeinträchtigung der Effektivität des Verbraucherschutzes und deshalb unvereinbar mit der Verbrauchsgüterkaufrichtlinie. *De Cristofaro* betonte, dass den Richter nach dieser Entscheidung des EuGH die „Pflicht“ träfe, von Amts wegen ein solches Minderungsrecht zu berücksichtigen. Er merkte an, dass dies eine Verletzung der fundamentalen Prinzipien des spanischen, wie im übrigen auch des deutschen Zivilprozessrechts, sei. Bezogen auf das Verbraucherleitbild habe das Urteil nichts mit einem mündigen Verbraucher zu tun. *De Cristofaro* wies darauf hin, dass es am 17. Dezember 2009 noch ein weiteres wichtiges Urteil infolge eines spanischen Vorabentscheidungsersuchens gegeben habe. In der Rechtssache C-227/08 sei es um die Auslegung der Haustürwiderrufsrichtlinie[2] gegangen. Eine Verbraucherin habe im Rahmen eines Haustürgeschäfts Waren bestellt und erhalten, diese allerdings nicht bezahlt. Daraufhin sei sie vom Unternehmer verklagt worden. Im Verfahren habe sich herausgestellt, dass die Verbraucherin nicht ordnungsgemäß über ihr Widerrufsrecht belehrt worden sei. Nach spanischem Recht führe ein solcher Verstoß auf Antrag des Verbrauchers zur Nichtigkeit des Vertrags. Da die Verbraucherin aber in keiner Instanz einen entsprechenden Antrag gestellt habe und im spanischen Zivilprozessrecht der Dispositionsgrundsatz („de justicia rogada“) gelte, hätte das Gericht den bestehenden Nichtigkeitseinwand eigentlich nicht berücksichtigen dürfen. Daher habe das spanische Gericht an den EuGH die Frage gerichtet, ob ein nationales Gericht auch von Amts wegen die Nichtigkeit eines Vertrages, der in den Anwendungsbereich der Haustürwiderrufsrichtlinie falle, feststellen dürfe, wenn ein Verstoß gegen die Belehrungspflichten vorliege, dieser aber vom Verbraucher nicht geltend gemacht worden sei. Der EuGH habe dies bejaht und ausgeführt, dass bei einer nicht ordnungsgemäßen Belehrung des Verbrauchers über sein Widerrufsrecht ein Verstoß gegen Art. 4 der Haustürwiderrufsrichtlinie vorliege, so dass es dem nationalen Gericht obliege „geeignete Maßnahmen zum Schutz des Verbrauchers“ zu treffen. Die vom vorlegenden Gericht – aufgrund des (nicht geltend gemachten) Verstoßes gegen die Belehrungspflichten – ins Auge gefasste Maßnahme der Nichtigkeitsfeststellung des Vertrages von Amts wegen stelle eine solche geeignete Maßnahme dar. Abschließend stellte *De Cristafaro* fest, dass der EuGH auch mit diesem Urteil zum Ausdruck gebracht habe, dass er hinsichtlich des Verbraucherleitbilds im Verbrauchsgüterkauf nicht von einem mündigen Verbraucher ausgehe.

2 Richtlinie 85/577/EWG des Rates vom 20. Dezember 1985 betreffend den Verbraucherschutz im Falle von außerhalb von Geschäftsräumen geschlossenen Verträgen

Stuyck stimmte *De Cristofaro* dahingehend zu, dass zwei verschiedene Verbraucherleitbilder existieren würden und ergänzte, dass der EuGH ebenso bei der Auslegung der Klauselrichtlinie[3] entschieden habe. Der nationale Richter müsse auch hier den Verbraucherschutz von Amts wegen gewährleisten.

Dagegen wandte *De Cristofaro* ein, dass der Verbraucher im Prozess anwaltlich vertreten sei. Insbesondere in der erstgenannten EuGH-Entscheidung habe der Rechtsanwalt den Fehler begangen.

Stuyck entgegnete, der Verbraucher werde nicht immer durch einen Anwalt vertreten. Zudem könne die anwaltliche Vertretung für die Interpretation des Unionsrechts keine Rolle spielen. Der EuGH beantworte in einem Vorabentscheidungsverfahren die an ihn gerichtete Rechtsfrage unabhängig vom konkreten Sachverhalt.

Ergänzend wies *Riesenhuber* darauf hin, dass der EuGH in acht von zehn Entscheidungen betreffend die Auslegung der Klauselrichtlinie die Nichtigkeit der Klausel zugunsten des Verbrauchers von Amts wegen angenommen habe. Darüber hinaus sei zwischen materiellen Rechten, wie Widerrufs- sowie Gewährleistungsrechten, und deren prozessualer Durchsetzbarkeit zu differenzieren. Der EuGH berücksichtige verbraucherschützende Rechte unabhängig davon, ob sie vom Verbraucher geltend gemacht würden. Er berücksichtige sie sogar dann, wenn der Verbraucher das spezifische Recht überhaupt nicht geltend machen wollte. Dies habe nichts mit einem mündigen Verbraucher zu tun.

Cremer pflichtete bei, es bedürfe einer Trennung von Verbraucherschutz bzw. Verbraucherleitbild und der Möglichkeit zur Durchsetzung entsprechender Ansprüche. Allerdings würden sich bei EuGH-Entscheidungen betreffend das Verwaltungsrecht Divergenzen bei der prozessualen Durchsetzung zeigen. Er stellte zur Diskussion, ob sich diese Divergenzen auch im Bereich des Verbrauchsgüterkauf wiederfänden.

Einen neuen Aspekt brachte *Rehberg* ein, indem er zu bedenken gab, dass das Informationsmodell bei der SE (Societas Europea) nicht durchgehalten werde, denn bei dieser sei ein hohes Stammkapital erforderlich. Bei allen anderen Kapitalgesellschaften sei dies irrelevant, da der Verbraucher bei entsprechenden Informationen wisse, worauf er sich einlasse. Generell bezweifelte *Rehberg*, dass das Vorhandensein von mehr als einem Verbraucherleitbild für die rechtliche Würdigung hilfreich sei.

---

3 Richtlinie 93/13/EWG des Rates vom 5. April 1993 über mißbräuchliche Klauseln in Verbraucherverträgen

Diesen Aspekt aufgreifend ging *Riesenhuber* auf die Auslegung der ersten Publizitätsrichtlinie[4] ein. Diesbezüglich habe der EuGH am 12. November 1974 in der Rechtssache 32/74 entschieden, dass die Vertretungsbefugnis einer GmbH im Handelsregister zu veröffentlichen sei, obwohl sie sich schon aus dem Gesetz ergebe. Diese Entscheidung erscheine widersprüchlich im Vergleich mit anderen Entscheidungen des EuGH. Bei einer Limited bestünde auf Seiten des Verbrauchers Klarheit, dass eine Limited nicht die Kapitalausstattung einer GmbH oder Aktiengesellschaft aufweise. Womöglich knüpfe dies an die Unterscheidung der Adressaten bei den Grundfreiheiten an, welche *Cremer* in seinem Vortrag angedeutet habe. *Riesenhuber* war der Meinung, dass die Grundfreiheiten durchaus an die Union selbst gerichtet seien. Allerdings mache es einen Unterschied, ob die Union selbst handele und einen einheitlichen Maßstab für den gesamten Binnenmarkt setze oder ob die Mitgliedstaaten selbst getrennte Regelungen hätten. Dies führe zu unterschiedlichen Bewertungen.

Nach Auffassung von *Cremer* könne man darüber streiten, ob die Grundfreiheiten für die Union überhaupt oder nur eingeschränkt gelten würden. Jedenfalls könnten sie die Union nicht ebenso wie Mitgliedsstaaten binden. Da bei der Schaffung der Verträge eine solche Bindungswirkung nicht beabsichtigt gewesen sei, könnten für die Union, wenn überhaupt, die „Grundsätze der Grundfreiheiten" gelten.

Prof. Dr. Renate *Schaub*, LL.M. (Ruhr-Universität Bochum) sah das Verbraucherleitbild als „Ideal" an, welches man versuche umzusetzen. Sie bezweifelte allerdings, dass ein solches unionsweit praktizierbar sei. Im Marken- und Wettbewerbsrecht würden sich die Richter manchmal auf Umfragen stützen, häufiger aber auf ihre eigene Eigenschaft als Verbraucher. Ein solches induktives Verbraucherleitbild könne aber keine Rechtsquelle darstellen. Des Weiteren gebe es diverse Verbraucherleitbilder auf nationaler und europäischer Ebene. Als Beispiel führte *Schaub* das Steiff-Urteil[5] des Gerichts der Europäischen Union (EuG) an. Während man in Deutschland die Anbringung eines Knopfes mit Fähnchen im mittleren Bereich des Ohrs eines Stofftiers als Marke anerkenne, habe das EuG eine Anmeldung als Gemeinschaftsmarke abgelehnt. *Schaub* betonte das Problem der großen Anzahl von Verbraucherleitbildern innerhalb der Union und fragte sich, ob ein Konsens überhaupt möglich sei.

---

4 Erste Richtlinie 68/151/EWG des Rates vom 9. März 1968 zur Koordinierung der Schutzbestimmungen, die in den Mitgliedstaaten den Gesellschaften im Sinne des Artikels 58 Absatz 2 des Vertrages im Interesse der Gesellschafter sowie Dritter vorgeschrieben sind, um diese Bestimmungen gleichwertig zu gestalten

5 Rechtssache T-433/12 vom 16.01.2014 und Rechtssache T-434/12 vom 16.01.2014

Anschließend wandte sich *Cremer* erneut an *Riesenhuber* und ergänzte seine bisherigen Ausführungen dahingehend, dass der Richter seinen Entscheidungen stets ein Verbraucherleitbild zugrunde legen müsse.

Riesenhuber wies darauf hin, dass ein Verbraucherleitbild nicht zwingend notwendig sei, da es dem EuGH nur auf das Ergebnis ankäme. Das Verbraucherleitbild sei ein Symbol, welches bei der Rechtsanwendung helfen könne. Dazu sei jedoch erforderlich, dass das Verbraucherleitbild in allen Mitgliedsstaaten einheitlich ausfalle. Diesbezüglich bestehe allerdings ein Harmonisierungsmangel, der daraus resultiere, dass die Richter aus den Mitgliedstaaten die entsprechenden Fragen dem EuGH nicht vorlegen würden. Dabei handele es sich allerdings nicht um eine rechtliche, sondern um eine praktische Frage. Gleichzeitig merkte *Riesenhuber* an, dass es in unterschiedlichen Bereichen verschiedene Verbraucherleitbilder gebe. Die Abweichungen nach oben oder nach unten beim Verbraucherleitbild bewertete er als oftmals sachlich gut begründet und führte als Beispiel den Bereich des Markenrechts an. Dort lege man das Bild eines flüchtigen Verbrauchers zugrunde, welches mit der gegenläufigen Wertung des besonderen Schutzes des geistigen Eigentums an der Marke in Zusammenhang stehe.

Klinck bedankte sich bei den Vortragenden sowie den Diskussionsteilnehmern und beendete die Diskussion.

3. Teil: **Rechtsvergleichende Grundlagen**

Giovanni De Cristofaro, Ferrara

§ 7 Das Verbraucherleitbild im italienischen Recht

I. Vorbemerkung

Bevor ich auf das Tagungsthema aus der nationalen Perspektive der italienischen Rechtsentwicklung eingehe, möchte ich zunächst kurz die Etappen der Entwicklung des italienischen Verbraucherrechts aufzeigen. Dabei werde ich das Vertragsrecht und das Wettbewerbsrecht voneinander unterscheiden, da sich die Problematik des Verbraucherleitbilds in Italien (ebenso wie in anderen europäischen Ländern sowie auf EU-Ebene) in diesen beiden Bereichen auf unterschiedliche Art und Weise stellt und dementsprechend unterschiedlich von Rechtsprechung und Lehre angegangen worden ist, so dass von einer wirklichen Vereinheitlichung und Koordinierung noch keine Rede sein kann.

Die Einführung von ausschließlich auf den Schutz des Verbrauchers abzielenden Sonderregelungen erfolgte ab den neunziger Jahren des vergangenen Jahrhunderts sowohl im italienischen Vertrags- als auch Wettbewerbsrecht allein deshalb, weil Richtlinien der EG (und schließlich der EU) in unsere Rechtsordnung umgesetzt werden mussten. Aus eigener Initiative wurde der italienische Gesetzgeber nie tätig, und zwar selbst dann nicht, als in den siebziger Jahren in einigen europäischen Ländern die ersten Gesetze zum Schutz des Verbrauchers im Vertrags- und Wettbewerbsrecht erlassen und entsprechende Aufforderungen seitens der italienischen Lehre immer lauter wurden. Demzufolge besteht das heutige italienische Verbraucherrecht nahezu ausschließlich aus Bestimmungen europäischen Ursprungs.

II. Die Entwicklung des Verbraucherrechts in Italien: das Vertragsrecht

Wenn man einmal von dem 2005 eingefügten Art. 1469-*bis* absieht, auf den ich sogleich noch eingehen werde, entbehrte und entbehrt das italienische Zivilgesetzbuch (der *Codice civile*) aus dem Jahr 1942 auch heute noch einer Vorschrift, die darauf ausgerichtet ist, den „Verbraucher“ als Vertragspartner zu schützen bzw. die ausschließlich auf Verträge anwendbar ist, die zwischen Verbrauchern und Unternehmern abgeschlossen werden.

Die Vorschriften des allgemeinen Schuld- und Vertragsrechts finden nämlich grundsätzlich auf sämtliche Verträge Anwendung, d. h. sowohl unabhängig von der Rechtsnatur der Vertragspartner (natürliche oder juristische Personen) als auch von der „privaten" oder „beruflichen" Natur des durch die Parteien verfolgten Zwecks.

Es gibt lediglich eine kleine Gruppe von Vorschriften, deren Anwendbarkeit ausnahmsweise Beschränkungen subjektiver Natur unterliegt, doch dabei handelt es sich um Regelungen, deren Anwendbarkeit voraussetzt, dass eine der Parteien (oder sogar beide Parteien) ein Unternehmer ist, der den Vertrag im Rahmen seiner wirtschaftlichen Tätigkeit abschließt.

Die Existenz solcher Vorschriften ist auf die Tatsache zurückzuführen, dass Italien – anders als Deutschland, Frankreich, Österreich, Spanien und andere europäische Länder – über ein einziges und einheitliches Privatgesetzbuch, den *Codice civile* aus dem Jahr 1942, verfügt. Nach der Aufhebung des Handelsgesetzbuchs wurden die Bestimmungen über Unternehmen und Gesellschaften in das fünfte Buch des italienischen Zivilgesetzbuchs eingefügt und die Unterscheidung zwischen „bürgerlichen Verträgen" (zivilrechtlichen Verträgen) und „Handelsverträgen" (handelsrechtlichen Verträgen) zugunsten eines einzigen und gemeinsamen Schuld- und Vertragsrechts (einschließlich der Regelung der einzelnen Vertragstypen) aufgehoben: die alten, Handelsgeschäfte betreffenden Sonderregeln wurden teils beseitigt, teils als Sonderregeln für Unternehmensgeschäfte (im neuen Zivilgesetzbuch) aufrechterhalten und teils in allgemeine Regeln des Schuld- und Vertragsrechts verwandelt, die auf sämtliche Verträge Anwendung finden.

Auch die wenigen Regelungen zu den Allgemeinen Geschäftsbedingungen, die in den Art. 1341, 1342 und 1370 *Codice civile* enthalten sind, finden nach wie vor auf jeden standardisierten Vertrag Anwendung, unabhängig von der Natur der Vertragspartner und des von ihnen verfolgten Zwecks, d. h. sowohl auf AGB, die in *B-to-B*-Verträgen Verwendung finden, als auch auf solche, von denen im Rahmen von *B-to-C*-Verträgen Gebrauch gemacht wird.

Die ersten im Bereich des Vertragsrechts zum Schutz des Verbrauchers eingefügten Bestimmungen fanden in die italienische Rechtsordnung im Jahr 1992 in Umsetzung der Richtlinie zu außerhalb von Geschäftsräumen geschlossenen Verträgen (1985/577/EWG) Eingang.[1]

---

1 *D. legisl.* Nr. 50 v. 15. 1. 1992. Dazu siehe u. a. den rechtsvergleichenden Beitrag von *Gabrielli*, Die Umsetzung der Richtlinie 85/577/EWG über Haustürgeschäfte in Deutschland und Italien, in: Canaris/Zaccaria (Hrsg.), Die Umsetzung von zivilrechtlichen Richtlinien der Europäischen Gemeinschaft in Italien und Deutschland (2002), S. 39 ff.; *Meßling*, Die Lösung rechtsge-

In den darauffolgenden Jahren wurden diese Regelungen nach und nach Bestimmungen ergänzt, die die weiteren, zeitlich nachfolgenden europäischen Richtlinien zum Verbraucherschutz umsetzten: diese Regelungen, die ursprünglich über mehrere jeglicher Koordinierung entbehrende Gesetzestexte verteilt waren, wurden schließlich im Jahr 2005 im *Codice del consumo*/Verbrauchergesetzbuch zusammengefasst.[2]

Das Verbrauchergesetzbuch enthält heute insbesondere die Umsetzungsvorschriften folgender Richtlinien: 93/13/EWG über missbräuchliche Klauseln in Verbraucherverträgen (Art. 33 ff.); 2011/83/EU über die Rechte der Verbraucher (Art. 45 ff.); 2002/65/EG über den Fernabsatz von Finanzdienstleistungen an Verbraucher (Art. 67 ff.); 2008/122/EG über den Schutz der Verbraucher im Hinblick auf bestimmte Aspekte von Teilzeitnutzungsverträgen, Verträgen über langfristige Urlaubsprodukte sowie Wiederverkaufs- und Tauschverträgen (Art. 69 ff.); 85/374/EWG über die Haftung für fehlerhafte Produkte (Art. 114 ff.); 99/44/EG zu bestimmten Aspekten des Verbrauchsgüterkaufs und der Garantien für Verbrauchsgüter (Art. 128 ff.); 2009/22/EG über Unterlassungsklagen zum Schutz der Verbraucherinteressen (Art. 139 – 140).

Die Umsetzungsvorschriften der Richtlinie 2008/48/EG über Verbraucherkreditverträge finden sich hingegen im „*Testo unico delle disposizioni in materia bancaria e creditizia*" (Einheitstext zum Bank- und Kreditrecht)[3], und sind in einem Abschnitt des der Regelung von Bankverträgen gewidmeten Titels enthalten.[4] Die Umsetzungsvorschriften der Richtlinie 90/314/EWG über Pauschalreisen haben schließlich in Art. 32 ff. des *Codice del turismo* (Tourismusgesetzbuch) Eingang gefunden[5], der nach dem Modell des französischen *Code du tourisme* sowohl öffentlich-rechtliche als auch privatrechtliche Vorschriften enthält.

---

schäftlicher Bindungen im deutschen und italienischen Privatrecht (2003); allgemeiner siehe *Rott*, Die Umsetzung der Haustürwiderrufsrichtlinie in den Mitgliedstaaten (2000).

2 *D. legisl.* Nr. 206 v. 6. 9. 2005. Dieses Gesetzesdekret ist seitdem mehrmals geändert und ergänzt worden (zuletzt durch das *decreto legislativo* Nr. 21 vom 21. 2. 2014, das in Italien die Richtlinie 2001/83/EU umgesetzt hat). Für eine kurze Darstellung siehe *Omodei-Salé*, Der neue italienische Codice del consumo: Echte Kodifikation oder reine Kompilation?, ZeuP 2007, S. 785 ff. und *Pasa/Weitenberg*, Der italienische Codice del consumo – verbesserter Verbraucherschutz durch neue Kodifikation? Erste Anmerkungen zum italienischen Verbrauchergesetzbuch vom 23. 10. 2005, VuR 2005, S. 446 ff. Für eine tiegreifende und aktualisierte Kommentierung siehe *De Cristofaro/Zaccaria*, Commentario breve al diritto dei consumatori (2. Aufl. 2013) (besprochen von *Kindler*, GRUR Int. 2014, S. 415).

3 *D. legisl.* Nr. 385 v. 1. 9. 1993.

4 Siehe Art. 121 ff. des Einheitstextes zum Bank- und Kreditrecht: dazu *De Cristofaro/Zaccaria* (Fn. 2), S. 1689 ff.

5 *D. legisl.* Nr. 79 v. 23. 5. 2011: dazu *De Cristofaro/Zaccaria* (Fn. 2), S. 1419 ff.

Bei der Umsetzung dieser Richtlinien hat sich der Gesetzgeber stets auf eine 1:1-Umsetzung beschränkt und im Rahmen der nationalen Regelungen die von den umgesetzten Richtlinien vorgesehenen subjektiven und objektiven Anwendbarkeitsgrenzen beibehalten; zudem geht es nahezu keine Vorschrift über das hinaus, was dem nationalen Gesetzgeber durch die EG-Vorschriften ausdrücklich auferlegt wird.

Dementsprechend besteht das italienische Verbrauchervertragsrecht (worunter man die Gesamtheit der Sonderbestimmungen versteht, die ausschließlich auf zwischen Verbrauchern und Unternehmern geschlossene Verträge Anwendung finden) einzig und allein aus Regelungen, die auf der Umsetzung europäischer Richtlinien beruhen. Daher stellt sich das Problem des Verbraucherleitbilds im italienischen Vertragsrecht ausschließlich im Hinblick auf die Auslegung und Anwendung von Bestimmungen, die EU-Richtlinien umsetzen und ist daher stark durch den europäischen Ursprung solcher Bestimmungen beeinflusst.

Die fraglichen Bestimmungen finden sich also allesamt im Verbrauchergesetzbuch oder in anderen Sondergesetzen und damit außerhalb des italienischen Zivilgesetzbuchs wieder.

Der Umstand, dass die Sonderbestimmungen über „Verbraucherverträge" in das Verbrauchergesetzbuch Eingang gefunden haben, bedeutet natürlich nicht, dass diese Verträge einzig und allein durch dieses Sondergesetzbuch geregelt werden. Nach wie vor sind die Verbraucherverträge auch den Bestimmungen des Zivilgesetzbuchs unterworfen, die (nach Art. 38 Verbrauchergesetzbuch) allerdings nur dann Anwendung finden, „soweit das Verbrauchergesetzbuch keine entsprechende Regelung enthält" (d.h. sie finden nur ergänzend Anwendung, wenn letzteres Lücken aufweist) und sofern ihre Inhalte mit den im Verbrauchergesetzbuch enthaltenen „Spezial"regelungen vereinbar sind. Im Falle eines Widerspruchs zwischen einer Bestimmung des Verbrauchergesetzbuchs und des Zivilgesetzbuchs gebührt in jedem Fall den Regelungen des Verbrauchergesetzbuchs Vorrang, und zwar unabhängig davon, ob sie für den Verbraucher mehr oder weniger günstig sind; besteht hingegen ein Widerspruch zwischen einer Regelung des Zivilgesetzbuchs und der Bestimmung eines anderen Sondergesetzes (beispielsweise des genannten Einheitstextes zum Bankrecht), hat die für den Verbraucher günstigere Regelung Vorrang. Diese Kriterien zur Koordinierung von legislativen Maßnahmen finden im Hinblick auf Verbraucherverträge ausdrücklich in Art. 1469 italienisches Zivilgesetzbuch Erwähnung.

Da das italienische Zivilprozessrecht für zivilrechtliche, Verbraucherverträge betreffende Rechtsstreitigkeiten – die der Zuständigkeit der ordentlichen Zivilgerichte unterliegen – keine Sonderregelungen kennt (anderes gilt nur für die Frage der örtlichen Zuständigkeit), trifft man im Vergleich zu Deutschland und Österreich in der hiesigen Rechtsprechung aufgrund der bekannten gravierenden

Schwierigkeiten und der Langsamkeit unseres Justizsystems auf nur sehr wenige Entscheidungen der Instanzgerichte und des Kassationshofs.

III. Die Entwicklung des Verbraucherrechts in Italien: das Wettbewerbsrecht

Was nun das Wettbewerbsrecht betrifft, so hat sich das italienische Recht in diesem Bereich sehr stark an dem französischen Modell orientiert.[6] Die Handlungen unlauteren Wettbewerbs, die in den Art. 2598 ff. *Codice civile* geregelt sind, werden wie ein Sonderfall der außervertraglichen Haftung behandelt und mit entsprechenden Rechtsfolgen versehen. Schadensersatz- und Unterlassungsansprüche, die dem unlauter handelnden Unternehmer gegenüber vor den ordentlichen Gerichten geltend gemacht werden können, gelangen daher allein zugunsten der Mitbewerber und der diese vertretenden Berufsvereinigungen zur Entstehung. Den Kunden, an die der Unternehmer unlautere kommerzielle Kommunikationen richtet, steht dem wettbewerbswidrig handelnden Unternehmer gegenüber unmittelbar keinerlei Rechtsmittel zu. Ihr Schutz ist nur eventueller Natur, da er lediglich auf indirekte und mittelbare Art und Weise durch die Geltendmachung von Schutzinstrumenten, die den Mitbewerbern zur Verfügung stehen, gewährleistet wird.

Die genannten Regelungen des Zivilgesetzbuchs wurden durch die Vorschriften, die in der italienischen Rechtsordnung die Richtlinie zur irreführenden und vergleichenden Werbung und die Richtlinie 2005/29/EG über unlautere Geschäftspraktiken umgesetzt haben, keinerlei Änderungen unterzogen.[7] Denn diese haben ausschließlich die *Antitrust-Authority* (*Autorità garante della concorrenza e del mercato*) dafür zuständig erklärt, eventuelle Verletzungen des Verbots, gegenüber Verbrauchern unlautere geschäftliche Handlungen vorzunehmen – oder des Verbots, gegenüber Unternehmern von irreführender Werbung oder uner-

---

6 Dazu siehe: Harte-Bavendamm/Henning-Bodewig (Hrsg.)-Henning-Bodewig, Gesetz gegen den unlauteren Wettbewerb, UWG (3. Aufl. 2013), Einleitung, F., Rn. 300 ff.; Henning-Bodewig (Hrsg.)-Auteri, International Handbook on Unfair Competition (2013), S. 314 ff.; Bastian, Länderbericht Italien, in: Schmidt-Kessel/Schubmehl (Hrsg.), Lauterkeitsrecht in Europa (2011), S. 355 ff.

7 Die Umsetzungsvorschriften der Richtlinie 2006/114/EG über irreführende Werbung und vergleichende Werbung sind heute in dem *decreto legislativo* Nr. 145 vom 2.8.2007 enthalten, zusammen mit einigen allgemeinen, die Werbung betreffenden Regeln. Die Umsetzungsvorschriften der Richtlinie 2005/29/EG über unlautere Geschäftspraktiken von Unternehmern gegenüber Verbrauchern im Binnenmarkt finden sich dagegen in Art. 18 ff. des italienischen Verbrauchergesetzbuchs.

laubter vergleichender Werbung Gebrauch zu machen – festzustellen und entsprechende Unterlassungs- und Sanktionsmaßnahmen[8] zu erlassen (siehe Art. 27 Verbrauchergesetzbuch). Die diesbezüglichen Entscheidungen der *Antitrust-Authority* können vor den Verwaltungsgerichten (d. h. dem *Tribunale Amministrativo Regionale* in Rom und in zweiter Instanz vor dem *Consiglio di Stato*) und nicht vor den ordentlichen Gerichten angefochten werden.

Das italienische Lauterkeitsrecht besteht somit aus zwei unabhängigen, nicht miteinander koordinierten Regelungsgruppen. Auf der einen Seite finden sich die klassischen, allgemeinen privatrechtlichen Vorschriften über unlautere Wettbewerbshandlungen, die in das Zivilgesetzbuch Eingang gefunden haben und deren Anwendung der Zuständigkeit der ordentlichen Gerichte unterliegt. Auf der anderen Seite die neueren verwaltungsrechtlichen Bestimmungen, die die Richtlinien 2005/29/EG und 2006/114/EG umsetzen, deren Anwendung der ausschließlichen Zuständigkeit der *Antitrust-Authority* (und im Fall der Anfechtung den Verwaltungsgerichten) unterliegt.

Erwähnenswert ist in diesem Zusammenhang noch, dass Art. 66 des Verbrauchergesetzbuchs (zuletzt geändert durch das *decreto legislativo* Nr. 14 vom 21. Februar 2014, das in Italien die Richtlinie 2011/83/EU umgesetzt hat) heute vorsieht, dass auf die Verletzungen der durch die neuen Vorschriften über Fernabsatz- und Haustürgeschäfte vorgesehenen unternehmerischen Verhaltenspflichten (insbesondere vorvertragliche Informationspflichten und diejenigen Pflichten, die mit der Ausübung des Widerrufsrechts des Verbrauchers in Zusammenhang stehen) Art. 27 des Verbrauchergesetzbuchs Anwendung findet: Das bedeutet, dass ab Juni 2014 die Unternehmer, die entsprechende Verletzungen begehen, durch die *Antitrust-Authority* mit denselben verwaltungsrechtlichen Geldbußen (und innerhalb desselben Verfahrens) sanktioniert werden können, die für die Verletzung des Verbots unlauterer Geschäftspraktiken verhängt werden.

Die Verfahren vor der *Autorità garante della concorrenza e del mercato* – die auf Anzeige jedweder interessierten Person hin oder auch von Amts wegen eingeleitet werden können – bringen keine Kosten für die Privatpersonen mit sich (die notwendige Anzeige zur Einleitung des Verfahrens kann ganz einfach durch das Ausfüllen eines Online-Formulars gestellt werden!) und sind wesentlich schneller und effizienter als diejenigen vor den ordentlichen Gerichten. Zudem sind auch die Verfahren vor den Verwaltungsgerichten (beziehungsweise dem *Tribunale Amministrativo Regionale* in Rom und dem *Consiglio di Stato*) wesentlich schneller als die Verfahren, die der Zuständigkeit der Berufungsgerichte oder dem Kassati-

---

8 Die verwaltungsgrechtlichen Geldbußen können, wenn es um unlautere geschäftliche Handlungen gegenüber Verbrauchern geht, den Betrag von 5.000.000 Euro erreichen.

onshof unterliegen. Man kann daher sagen, dass sich in den letzten Jahren in Italien im Rahmen der Auslegung und Anwendung des Verbraucherrechts eine Art „Verwaltungsverrechtlichung" den Weg gebahnt hat: wie bereits dargelegt, gibt es nur äußerst wenige Entscheidungen der ordentlichen Gerichte (nicht mehr als drei oder vier Urteile des Kassationshofs pro Jahr), während die *Antitrust-Authority* jährlich Hunderte von Entscheidungen trifft und Dutzende von Urteilen der Verwaltungsgerichte ergehen.

Im Rahmen dieser Entscheidungen und Urteile wird die Thematik des Verbraucherleitbilds häufiger und eingehender angegangen als dies im Rahmen der ordentlichen Gerichtsbarkeit der Fall ist. Und zwar nicht nur, wie es zu erwarten wäre, aus der typischen Perspektive des Wettbewerbsrechts, sondern auch speziell aus der dem Vertragsrecht eigenen Perspektive.

So hat z. B. die *Autorità garante della concorrenza e del mercato* folgende Verhalten von Unternehmern als unlautere Geschäftspraktiken qualifiziert und sanktioniert: die Verwendung allgemeiner Geschäftsbedingungen, die unwirksam sind, weil sie einen missbräuchlichen Inhalt (im Sinne der Richtlinie 93/13/EWG) aufweisen oder von halbzwingenden Vorschriften zum Nachteil des Verbrauchers abweichen; die Verletzung von vorvertraglichen Informationspflichten oder anderen Verhaltenspflichten, die im Rahmen der Regelungen zu Fernabsatzverträgen, außerhalb von Geschäftsräumen abgeschlossenen Verträgen, *Timesharing*-Verträgen und Verbraucherkreditverträgen vorgeschrieben sind; die Vermittlung falscher oder lückenhafter Informationen über die Rechtsbehelfe, die dem Verbraucher zustehen, dem eine nichtvertragsgemäße Ware geliefert wird; die ungerechtfertigte Verweigerung, das Notwendige zu tun, um den durch den Verbraucher rechtmäßig geltend gemachten Ansprüchen nachzukommen.

Schließlich ist noch darauf hinzuweisen, dass dem *Codice di autodisciplina della comunicazione commerciale* (Verhaltenskodex für die kommerzielle Kommunikation)[9] in der italienischen Wirtschaft eine äußerst wichtige Bedeutung zukommt. Es handelt sich dabei um einen privaten Verhaltenskodex, dem sich die wichtigsten im Bereich Marketing, Werbung und Kommunikation tätigen Unternehmensvereinigungen unterworfen haben. Dieser Kodex wurde durch das *Istituto di autodisciplina pubblicitaria* (Institut für Werbeverhalten) geschaffen: Es handelt sich dabei um eine als juristische Person anerkannte Vereinigung, der die Aufgabe übertragen ist, eben diesen Kodex auszulegen, anzuwenden und zu

---

9 Dieser Verhaltenskodex gelangte im Jahr 1966 zur Entstehung und wurde im Laufe der Zeit mehrmals geändert und aktualisiert. Zurzeit gilt die 58. Fassung vom 27. 3. 2014, abrufbar unter http://www.iap.it/il-diritto/codice-e-regolamenti/il-codice. Siehe dazu die eingehende Kommentierung in *Ubertazzi* (Hrsg.), Commentario breve alle leggi su proprietà intellettuale e concorrenza (5. Aufl. 2012), S. 2139 ff.

aktualisieren. Auch wenn die Entscheidungen des judikativen Organs des Instituts (der sogenannte *Giurì*, der insbesondere die Benutzung und Verbreitung irreführender Werbung verbieten kann) nicht rechtlich verbindlich sind, so finden sie doch stets durch die Unternehmen Beachtung.

IV. Das Vertragsrecht: Die Lehre

Wirft man speziell einen Blick auf die Verbraucherverträge betreffenden privatrechtlichen Bestimmungen, so stellt man fest, dass in der italienischen Lehre weit weniger tiefgründige Diskussionen hinsichtlich der Individualisierung und Rechtfertigung eines Verbraucherleitbilds stattgefunden haben, als dies beispielsweise in Deutschland der Fall war.

Zu bedenken gilt in diesem Zusammenhang allerdings, dass der Thematik des Verbraucherleitbilds im Vertragsrecht eine andere Rolle und eine geringere Bedeutung zukommt, als dies im Bereich des Lauterkeitsrechts und der unlauteren Geschäftspraktiken der Fall ist.

Das Problem, das sich (im Bereich von *B-to-C*-Geschäften) im Rahmen eines Falles unlauterer Geschäftspraktiken stellt, ist zwar kompliziert, grundsätzlich aber immer dasselbe: es geht um die Frage, ob eine bestimmte, dem Verbraucher gegenüber vorgenommene Geschäftspraktik lauter oder unlauter ist, und ob die verantwortlichen Unternehmer demzufolge zur Unterlassung, zur Zahlung einer Geldbuße und/oder zum Schadensersatz verurteilt werden können. Damit diese zentrale Problematik geklärt werden kann, ist eine genaue Identifizierung des Verbraucherleitbilds häufig von entscheidender Bedeutung und wird deshalb sowohl in der Lehre als auch in der Rechtsprechung heftig diskutiert.

Im Vertragsrecht hingegen spielt die Definition des Verbraucherleitbilds auf theoretischer Ebene zweifelsfrei eine wichtige Rolle, und zwar zum einen, um eine angemessene Rechtfertigung für die zahlreichen Abweichungen vom allgemeinen bürgerlichen Recht, die die Bestimmungen über Verbraucherverträge vorsehen, ausarbeiten zu können; zum anderen, um die Ausarbeitung einer Gesamtsystematik des Vertragsrechts zu ermöglichen. In praktischer Hinsicht kommt ihr hingegen eine viel geringere Bedeutung zu.

Im Rahmen der Festlegung der Voraussetzungen, die die Anwendbarkeit der privatrechtlichen Sondervorschriften des Verbrauchervertragsrechts bedingen, haben das EU-Recht und die nationalen Rechte einen rein objektiven Ansatz ausgearbeitet. Diese finden unabhängig von den tatsächlichen subjektiven Eigenschaften (Niveau der Allgemeinbildung, wirtschaftliche Schwäche, kritischer Geist usw.) sowohl des Einzelnen, der einen Vertrag zu nicht-unternehmerischen/

beruflichen Zwecken schließt, als auch der (mehr oder weniger großen) Gruppe von Verbrauchern, der er angehört, Anwendung.

Ein hohes oder niedriges Niveau im Bereich der Allgemeinbildung, technischer, wirtschaftlicher und juristischer Kompetenzen, wirtschaftlicher Schwäche, Kritikfähigkeit oder psychologischer Schwäche des einzelnen Vertragspartners beeinflusst die Anwendbarkeit der genannten Sondervorschriften nicht; sie finden allein deshalb Anwendung, weil eine natürliche Person mit einem Unternehmer einen Vertrag über eine Ware oder eine Dienstleistung schließt, die nicht mit ihrer beruflichen oder gewerblichen Tätigkeit in Zusammenhang steht.

Eine in mehr oder weniger großem Umfang vorhandene (kulturelle, informative, wirtschaftliche, psychologische) Schwäche der einzelnen natürlichen Person, die mit einem Unternehmer einen Vertrag schließt, oder der Gruppe von Verbrauchern, an die der Unternehmer ein Angebot von Waren oder Dienstleistungen richtet, kann eigentlich nur bei der Auslegung und Anwendung einzelner Regeln Bedeutung erlangen, die in die Vorschriften über Verbraucherverträge Eingang gefunden haben.

So ist diese beispielsweise entscheidend, um festzustellen:

- ob die einseitig durch den Unternehmer vorformulierten Vertragsklauseln *klar und verständlich abgefasst* sind (gemäß Art. 5 der Richtlinie 93/13/EWG);
- ob der Verbraucher – bevor er den Willen äußert, einen Fernabsatzvertrag oder einen Vertrag außerhalb von Geschäftsräumen abschließen zu wollen – durch den Unternehmer *in klarer und verständlicher Weise* über die in Art. 5 der Richtlinie 2011/83/EU vorgesehenen Elemente informiert wurde;
- ob die – zulasten des Kreditgebers gemäß Art. 5 Abs. 6 der Richtlinie 2008/48/EG über Verbraucherkreditverträge bestehende – Pflicht erfüllt worden ist, dem Verbraucher *angemessene Erläuterungen* zukommen zu lassen, damit dieser in die Lage versetzt wird, zu beurteilen, ob der Vertrag seinen Bedürfnissen und seiner finanziellen Situation gerecht wird;
- ob der Verbraucher zum Zeitpunkt des Abschlusses eines Kaufvertrags die Vertragswidrigkeit des gekauften Verbrauchsguts kannte oder *vernünftigerweise kennen musste* (nach Art. 2 Abs. 3 der Verbrauchsgüterkaufrichtlinie);
- ob der Inhalt einer Garantie und die wesentlichen Angaben, die für die Inanspruchnahme der Garantie notwendig sind, in *einfachen und verständlichen Formulierungen* durch den Unternehmer wiedergegeben worden sind (nach Art. 6 Abs. 2 der Verbrauchsgüterkaufrichtlinie);
- ob der Unternehmer dem Verbraucher *rechtzeitig* bevor dieser den Willen geäußert hat, einen *Timesharing*-Vertrag schließen zu wollen, *korrekte und ausreichende Informationen auf deutliche und verständliche Weise* zur Verfügung gestellt hat (Art. 4 der Timesharingrichtlinie).

Im Hinblick auf derartige Fragen kann der genauen Bestimmung des Verbraucherleitbilds entscheidende Bedeutung zukommen. Die italienische Lehre tendiert in diesem Zusammenhang vorherrschend zu der Annahme, dass in diesen Fällen auf den Durchschnittsverbraucher abzustellen ist, worunter – der Rechtsprechung des Europäischen Gerichtshofs im Marken- und Werbebereich folgend – ein aufmerksamer, kritischer und bewusst handelnder Verbraucher zu verstehen ist: Der Grund hierfür liegt allem voran in der Notwendigkeit, ein insgesamt kohärentes System zu gewährleisten.

V. Das Vertragsrecht: Die Rechtsprechung

Dem Thema des Verbraucherleitbilds ist auch in der Rechtsprechung zum Vertragsrecht noch keine angemessene Bedeutung zugemessen worden.

Erwähnenswert ist in diesem Zusammenhang allerdings, dass es in der italienischen Rechtsprechung (wie auch in der Lehre) in den ersten Jahren nach dem Inkrafttreten der Umsetzungsbestimmungen der Richtlinie 93/13/EWG durchaus umstritten war, ob die in der nationalen Vorschrift enthaltene Definition von „Verbraucher" (die mit derjenigen der Richtlinie übereinstimmt) in wörtlichem und restriktivem Sinne oder aber in extensivem oder sogar ihrem Wortlaut entgegenstehenden Sinne zu verstehen sei, damit in den Anwendungsbereich der neuen Bestimmungen auch die durch Unternehmer mit juristischen Personen (*Profit* oder *non-Profit*) oder mit Freiberuflern oder einzelnen Unternehmern (insbesondere Handwerkern) abgeschlossenen vorformulierten Verträge miteinbezogen werden können. Diese Frage war von äußerst großer theoretischer und praktischer Bedeutung, da das italienische Zivilrecht bis heute noch kein allgemeines, mit den §§ 307 ff. BGB vergleichbares System der Inhaltskontrolle von allgemeinen Geschäftsbedingungen kennt, das auch auf *B-to-B*-Verträge anwendbar ist.

Nach einer ersten Auffassung – die sich lange Zeit an der von der französischen Rechtsprechung vorgenommenen Gleichstellung von *consommateur* und *non professionnel* orientierte – waren Unternehmer (natürliche oder juristische Personen) und Freiberufler immer auch dann als „Verbraucher" zu betrachten, wenn sie Standardverträge über Güter oder Dienstleistungen abschlossen, die auf einen mit ihrer beruflichen Tätigkeit in Zusammenhang stehenden Zweck ausgerichtet waren, deren Erwerb aber nicht direkter und unmittelbarer Gegenstand dieser Tätigkeit war.

Nach anderer Auffassung waren Unternehmer und Freiberufler auch dann als „Verbraucher" zu behandeln, wenn sie Standardverträge über Güter oder Dienstleistungen abschlossen, die auf einen mit ihrer beruflichen Tätigkeit in

Zusammenhang stehenden Zweck ausgerichtet waren, und sie sich zum Zeitpunkt des Vertragsschlusses in einer von wirtschaftlicher Schwäche und vertraglicher Unterlegenheit gekennzeichneten Lage befanden, die mit derjenigen vergleichbar war, in der sich normalerweise natürliche, nicht zu beruflichen Zwecken handelnde Personen befinden (also insbesondere Kleinunternehmer und Handwerker).

Auf diese Auffassungen wurde in zahlreichen erst- und zweitinstanzlichen Entscheidungen der ordentlichen Zivilgerichte zurückgegriffen. Zwei dieser Entscheidungen haben zur Verkündung des bekannten Urteils des EuGH vom 22. November 2001 (verbundene Rechtssachen Rs-541/99 – Cape Snc gegen Idealservice – und Rs-542/99 – Idealservice MN RE Sas gegen OMAI Srl) geführt. Es ist allgemein bekannt, dass der Europäische Gerichtshof festgestellt hat, der Begriff des Verbrauchers könne lediglich natürliche Personen umfassen, und eindeutig ausgeschlossen hat, dass sich eine juristische Person zu ihren Gunsten auf die Umsetzungsvorschriften der Richtlinie 93/13/EWG berufen kann.

Ein Teil der Instanzgerichte ist sogar zu dem Schluss gekommen, dass die rechtliche Ungleichbehandlung von natürlichen Personen, die nicht zu beruflichen Zwecken handeln und natürlichen und juristischen Personen, die zu beruflichen Zwecken handeln, mit dem in Art. 3 der italienischen Verfassung auferlegten Gleichheitsgrundsatz unvereinbar sei.

Der Verfassungsgerichtshof, dem diese Frage vorgelegt wurde, hat in einer wichtigen Entscheidung aus dem Jahr 2002[10] allerdings festgestellt, dass die unterschiedliche rechtliche Behandlung von durch Verbraucher (in engerem Sinne) abgeschlossenen Standardverträgen einerseits und durch juristische Personen und Unternehmen abgeschlossenen Standardverträgen andererseits nicht ungerechtfertigt und unverhältnismäßig sei. Nach Auffassung des italienischen Verfassungsgerichtshofs liegt der Grund dafür, dass die Umsetzungsbestimmungen der Richtlinie 93/13/EWG lediglich auf natürliche Personen anwendbar sind, die nicht zu beruflichen Zwecken handeln, in der Tatsache, dass diese Vorschriften gerade und ausschließlich „solche Subjekte schützen, die vermutlich nicht über die notwendigen Kompetenzen zur Aushandlung des Inhalts des Vertrags verfügen“. Es sei daher verhältnismäßig und kohärent, aus ihrem Anwendungsbereich all diejenigen Subjekte auszuschließen, die *normalerweise* und *vermutlich* über die notwendigen Kenntnisse verfügen, um auf gleicher Ebene die Inhalte der diesbezüglichen Verträge auszuhandeln: Das sei typischerweise der Fall, wenn Unternehmer und Freiberufler im Rahmen ihrer unternehmerischen oder beruflichen Tätigkeit handeln, beziehungsweise Verträge schließen.

---

10 Nr. 469 vom 22.11.2002.

Dieses Urteil wurde angesichts der Oberflächlichkeit seiner Begründung in der Lehre zu Recht heftig kritisiert: der alleinige Rechtfertigungsgrund der Sondervorschriften, die den Verbraucher vor den einseitig durch den Unternehmer vorformulierten missbräuchlichen Geschäftsbedingungen schützen, wird in der Tat in der Unangemessenheit der Gesamtheit an Kenntnissen und Informationen, die eine zu privaten Zwecken handelnde natürliche Person normalerweise besitzt, gesehen: nach Auffassung des Verfassungsgerichtshofs ist es genau (und allein) dieses Defizit an Kenntnissen und Informationen, das dem Verbraucher die Möglichkeit nimmt, die Inhalte des Vertrags mit dem Unternehmer auf gleicher Ebene auszuhandeln und ihn deshalb besonders schutzwürdig macht; da Unternehmer und Freiberufler dagegen in der Regel besser informiert sind, wenn sie im Rahmen der Ausübung ihrer wirtschaftlichen Tätigkeit Verträge schließen, sollten sie nach Ansicht des Verfassungsgerichtshofs *allein deshalb* in der Lage sein, die Inhalte solcher Verträge mit ausreichender Verhandlungsmacht auszuhandeln und deswegen gegenüber Verbrauchern weitaus weniger schutzwürdig sein.

Nach diesem Urteil des Verfassungsgerichtshofs und nach dem vom EuGH im Fall IdealService erlassenen Urteil ist der italienische Kassationshof in den folgenden, die genaue Abgrenzung des Begriffs „Verbrauchervertrag" betreffenden Entscheidungen hinsichtlich der Frage, ob die Bestimmungen über missbräuchliche Klauseln oder andere Schutzvorschriften zugunsten des Verbrauchers auf den ihm im Rahmen des Rechtsstreits vorgelegten Vertrag anzuwenden seien, immer einer ganz wörtlichen und restriktiven Auslegung gefolgt; er hat dabei stets den Versuch zurückgewiesen, den Begriff des Verbrauchers über die engen Grenzen hinaus auszudehnen, die die europäische Definition und die vom Europäischen Gerichtshof verfolgte restriktive Auslegung auszeichnen. In Anbetracht dieser beiden wichtigen Präzedenzfälle hielt es der Kassationshof nicht für angebracht, die Problematik des Verbraucherleitbilds weiter zu vertiefen.

VI. Irreführende Werbung, unlautere Geschäftspraktiken und unlauterer Wettbewerb vor der Umsetzung der Richtlinie 2005/29/EG

Im Rahmen der Anwendung der allgemeinen Bestimmungen des italienischen Zivilgesetzbuchs zum unlauteren Wettbewerb wurde und wird im Rahmen der ordentlichen Gerichtsbarkeit auf den Maßstab eines gut ausgebildeten und angemessen aufmerksamen und kritischen Verbrauchers abgestellt, der grundsätzlich dem heute vom EuGH beständig verwendeten Begriff des Durchschnittsverbrauchers entspricht. Häufig wurde das Verständigkeits- und Kritikfähigkeitsniveau des Durchschnittsadressaten einer Werbemaßnahme automatisch mit der Höhe des Preises oder mit dem Grad an technischer Komplexität und Funktionsfähigkeit des beworbenen Produkts in Verbindung gebracht: je höher der Preis bzw. der Grad an Komplexität, desto größer die Kompetenzen und die Sorgfalt, über die die Adressaten der Werbemaßnahme vermutlich verfügen. Heftig kritisiert wurde diese Auffassung durch die Lehre, die von jeher für eine Bezugnahme auf den Maßstab eines flüchtigen und schwachen Verbrauchers plädiert und in diesem Zusammenhang hervorhebt, dass es gerade diese Kategorie von Verbrauchern ist, die gegenüber irreführenden Werbemaßnahmen eines größeren Schutzes bedarf.

Im Rahmen der Auslegung und Anwendung der Umsetzungsbestimmungen der Richtlinie 84/450/EWG über irreführende Werbung hat die *Antitrust-Authority* (und die Verwaltungsgerichte im Falle einer Anfechtung der Entscheidungen dieser Behörde) insbesondere in Bezug auf solche kommerzielle Kommunikationen, die an ein allgemeines und undifferenziertes Publikum gerichtet sind, unter Hinweis auf die *ratio* des Verbraucherschutzes auf den Maßstab des flüchtigen und schwachen Verbrauchers zurückgegriffen. In der Folgezeit machte sie von einem allgemeineren Begriff des „Durchschnittsverbrauchers“ Gebrauch, worunter eine Person verstanden wird, die in dem speziellen Bereich, dem das beworbene Produkt angehört, als unerfahren anzusehen ist; hingegen hat sie eine äußerst enge Auffassung in all den Fällen vertreten, in denen aufgrund der Art der Bedürfnisse, deren Befriedigung die Ware oder die Dienstleistung dienen, besonders schwache Verbraucher in Betracht kommen (zum Beispiel im Bereich Krankheitsprävention durch Arzneimittel).

Der oben genannte *Codice di autodisciplina della comunicazione commerciale* (Verhaltenskodex für die kommerzielle Kommunikation) schreibt schließlich noch vor, dass die kommerzielle Kommunikation ehrlich, wahr und korrekt sein muss (Art. 1), und dass sie jegliche Erklärung oder Darstellung zu vermeiden hat, die dazu geeignet ist, bei den Verbrauchern einen Irrtum hervorzurufen (Art. 2 Abs. 1). Erwähnenswert erscheint in diesem Zusammenhang noch, dass dieser Verhaltenskodex bis 2007 keinerlei Hinweise hinsichtlich des Maßstabs enthielt, der im Rahmen der Frage nach dem Vorliegen einer irreführenden Werbemaßnahme Anwendung finden sollte. Angesichts fehlender ausdrücklicher Angaben hat der *Giurì di autodisciplina* stets die Auffassung vertreten, dass die Frage nach dem Vorliegen einer irreführenden Werbung am Maßstab des „flüchtigen und schwachen Verbrauchers“ zu messen sei und diesen Maßstab immer dann mit großer Strenge angewandt, wenn die Werbebotschaften an Personen gerichtet waren, die sich aus körperlichen und/oder kulturellen Gründen in einer Lage psychologischer Schwäche befanden, die sie besonders schutzbedürftig machte.

VII. Irreführende Werbung, unlautere Geschäftspraktiken und unlauterer Wettbewerb nach Umsetzung der Richtlinie 2005/29/EG

Infolge der Umsetzung der Richtlinie 2005/29/EG wurde das von der *Antitrust-Authority*, den Verwaltungsgerichten und ordentlichen Gerichten im Bereich der unlauteren Geschäftspraktiken und des unlauteren Wettbewerbs angewandte Verbraucherleitbild grundsätzlich vereinheitlicht.

Die *Antitrust-Authority* hat unter Rückgriff auf den Erwägungsgrund Nr. 18 der Richtlinie 2005/29/EG das Konzept des Durchschnittsverbrauchers im Sinne eines durchschnittlich kritischen, informierten und bewussten Verbrauchers ausgelegt und endgültig das Modell des flüchtigen und schwachen Verbrauchers aufgegeben: dieser Auffassung folgen die Verwaltungsgerichte vollumfänglich.[11]

Grundsätzlich ist diesem Ergebnis zuzustimmen.

Sowohl die allgemeinen Bestimmungen des italienischen Zivilgesetzbuchs zum unlauteren Wettbewerb als auch die Umsetzungsbestimmungen der Richtlinien 2005/29/EG und 2006/114/EG bezwecken meiner Meinung nach sowohl den Schutz der Mitbewerber des Unternehmers, der seine eigenen Produkte mit Werbebotschaften und kommerziellen Kommunikationen bewirbt, als auch den Schutz derjenigen Subjekte, an die solche Werbebotschaften und Kommunikationen gerichtet sind. Um die Rationalität und Kohärenz des Systems zu garantieren, ist es daher unvermeidlich, dass zum Zwecke der Bewertung der Redlichkeit und Lauterkeit der Geschäftspraktiken des Unternehmers immer von demselben Verbraucherleitbild Gebrauch gemacht wird: sowohl bei der Anwendung der Bestimmungen des italienischen Zivilgesetzbuchs zum unlauteren Wettbewerb als auch bei der Anwendung der Vorschriften des Verbrauchergesetzbuchs über unlautere Geschäftspraktiken.

Es ist allerdings darauf hinzuweisen, dass angesichts einer in der Lehre noch fehlenden angemessenen theoretisch-dogmatischen Vertiefung die *Antitrust-Authority* und die Verwaltungsgerichte – anders als die ordentlichen Gerichte – einerseits ausdrücklich erklären, dem vom EuGH festgelegten Verbraucherleitbild

---

11 *Cons. Stato*, sez. VI, 23. 2. 2012, Nr. 1008; siehe auch *Cons. Stato*, sez. VI, 20. 6. 2011, Nr. 3897.

zu folgen, sie dieses Modell andererseits aber je nach den spezifischen Besonderheiten des jeweiligen Falls auf eine sehr differenzierte und beliebige Art und Weise konkretisieren; dies macht es äußerst schwierig, auf der Grundlage der vorhandenen Rechtsprechung die tatsächlichen Inhalte des Begriffs des durchschnittlich „kritischen und mündigen" Verbrauchers herauszuarbeiten.

Zuletzt ist noch darauf hinzuweisen, dass der Verhaltenskodex für die kommerzielle Kommunikation nach der Umsetzung der Richtlinie 2005/29/EG über unlautere Geschäftspraktiken im Jahr 2008 wichtigen Änderungen unterzogen wurde: Art. 2 wurde mit einem neuen Absatz versehen, der folgenden Wortlaut hat: „Um zu beurteilen, ob eine kommerzielle Kommunikation irreführend ist, muss als Maßstab der Durchschnittsverbraucher der Bezugsgruppe verwendet werden". Diese Änderung, die deshalb vorgenommen worden ist, um den Verhaltenskodex an Art. 5 der Richtlinie 2005/29/EG (und an Art. 20 des Verbrauchergesetzbuchs) anzugleichen, hat zu einer radikalen Änderung der vom *Giurì di autodisciplina* angewandten Bewertungsmaßstäbe geführt: heute nimmt dieser Bezug auf den Durchschnittsverbraucher, verstanden als kritischer, bewusster und mündiger Verbraucher, in voller Übereinstimmung mit der Auslegungspraxis des EuGH.

James Devenney, Exeter

§ 8 Conceptualising Consumers in the Law of England and Wales

I. Introduction

Conceptions of consumers, vulnerability[1] and indeed consumption permeate through Consumer Law discourse.[2] The focus of this paper is on conceptions of consumers in the Law of England and Wales; although it will also explore conceptions of vulnerability as well as the link with the objective, or objectives, of Consumer Law. Across the Law of England and Wales a variety of definitions of a 'consumer' are adopted; and, whilst consumers are not a homogenous group and policy considerations may vary depending on context,[3] those definitions, perhaps for understandable pragmatic reasons, tend to be rather simplistic.[4] This paper explores some of those definitions, and also considers the definition in the recent Consumer Rights Act 2015, an Act which:

> ...sets out a framework that consolidates in one place key consumer rights covering contracts for goods, services, digital content and the law relating to unfair terms in consumer contracts. In addition, the Act introduces easier routes for consumers and small and medium sized enterprises ("SMEs") to challenge anti-competitive behaviour through the Competition Appeal Tribunal ("CAT"). The Act also consolidates enforcers' powers as listed in Schedule 5 to investigate potential breaches of consumer law and clarifies that certain enforcers (Trading Standards) can operate across local authority boundaries. It will also give

---

1 See, generally, *Kenny/Devenney/Fox-O'Mahony*, Conceptualising Unconscionability in Europe: in the Kaleidoscope of Private and Public Law, in: Kenny/Devenney/Fox-O'Mahony (eds.), Unconscionability in European Private Financial Transactions: Protecting the Vulnerable (2010).
2 See *Scott/Black*, Cranston's Consumers and the Law (3rd edn. 2000), pp. 1 – 4: "Consumer law and consumer regulation are ostensibly aimed at providing consumers with protection from, and rights against, producers and suppliers of goods and services. But how necessary are those measures? To what extent are consumers disadvantaged? And how should we see the consumer, and, more fundamentally, consumption itself?...The problems that consumers face in the market are not the same for all consumers and can fall most heavily on vulnerable consumers...".
3 *Ibid.*
4 See *Oughton/Lowry*, Consumer Law (1997), p. 1: "However, for the purposes of consumer protection law, the term 'consumer' [often] has a narrower meaning which is based on the capacity in which the consumer and the supplier of the goods of services supplied have acted...[and] statutes which purport to protect consumer interests contain relevant, but limited definitions".

> the civil courts and public enforcers greater flexibility to take the most appropriate action for consumers when dealing with breaches or potential breaches of consumer law.[5]

Yet these definitions are only part of the story and this paper seeks to go beyond these definitions and explore, by using unfair terms legislation as a case study, how relevant actors, such as the judiciary, conceptualise and apply these often limited definitions. More specifically it seeks to explore the link between the application of such definitions and conceptions of vulnerability; and also the responses to such conceptions in particular environments.

II. Examples of Definitions of Consumers and Consumer Transactions in the Law of England and Wales

Various definitions of 'consumers' and 'consumer transactions' are used in the Law of England and Wales. Some definitions focus on the *capacity in which the putative consumer acts*. Thus, for example, under the Timeshare, Holiday Products, Resale and Exchange Contracts Regulations 2010 "'consumer' means an individual who is not acting for the purposes of a trade, business, craft or profession".[6] Other definitions focus more *on the capacity in which the other party to the contract acts*. Thus, for example, the Consumers, Estate Agents and Redress Act 2007 states:

> "Consumer" means–
> (a) a person who purchases, uses or receives, in Great Britain, goods or services which are supplied in the course of a business carried on by the person supplying or seeking to supply them, or
> (b) a person who purchases, uses or receives postal services in Northern Ireland.[7]

By contrast other definitions, such as under the Consumer Insurance (Disclosure and Representations) Act 2012, define a particular consumer transaction by reference to the *capacity in which both parties to the transaction acted:*

> "consumer insurance contract" means a contract of insurance between–
> (a) an individual who enters into the contract wholly or mainly for purposes unrelated to

5 *Consumer Rights Act: Explanatory Notes* at para. 3.
6 Regulation 11.
7 Section 3.

> the individual's trade, business or profession, and
> (b) a person who carries on the business of insurance and who becomes a party to the contract by way of that business (whether or not in accordance with permission for the purposes of the Financial Services and Markets Act 2000);
> "consumer" means the individual who enters into a consumer insurance contract, or proposes to do so...[8]

Of course all three of these techniques require a judgement to be made on whether or not a particular party is, or is not, (mainly or wholly) acting in the course of a business etc; and, as we shall see below, there is evidence that perceptions and conceptions of vulnerability sometimes inform that judgement. A different approach was found in the Consumer Credit Act 1974, s.8 *until 5 April 2008.* Under that version of s.8 a "consumer credit agreement" was defined by reference to the amount of credit provided:

> (1) A personal credit agreement is an agreement between an individual ("the debtor") and any other person ("the creditor") by which the creditor provides the debtor with credit of any amount.
> (2) A consumer credit agreement is a personal credit agreement by which the creditor provides the debtor with credit not exceeding £25,000.

Thus, somewhat intriguingly, a loan for business purposes could come within this provision.[9]

III. The Influence of the EU

At this point it is also important to recall that Consumer Law in England and Wales has been significantly influenced by EU Law.[10] Yet it is also important to appreciate that EU Consumer Law and national consumer law do not *necessarily* share all of the same objectives:

> [EU] consumer law is based on a different understanding of the consumer and the role of consumer policy than national consumer law. [EU] consumer law sees the importance of the consumer in terms of promoting the integrity of the market: a market which depends on consumer confidence in cross-border transactions. National consumer law is based

8 Section 1. See also the Water Industry Act 1991, s.93: "'consumer', in relation to a supply of water provided by a water undertaker to any premises, means...a person who is for the time being the person on whom liability to pay charges to the undertaker in respect of that supply of water would fall".

9 See *Beale* (ed.), Chitty on Contracts (31st edn. 2012), at para 38–016.

10 See, for example, *Adams/MacQueen*, Atiyah's Sale of Goods (12th edn. 2010), xii.

> on other, more social, policy imperatives: whether redistributive, social justice or contract freedom-based. National policy-makers have not promoted consumer protection out of concern with the "integrity of the market" but have sought to distinguish between the weak and the strong. [EU] consumer policy is quite different and demarcation differs.[11]

On the other hand, it is now commonplace to find exhortations to 'consumer confidence' in Consumer Law policy in England and Wales.[12]

IV. The Unfair Contract Terms Act 1977 and the Unfair Terms in Consumer Contracts Regulations 1999

The manner in which the United Kingdom transposed the EC Council Directive on Unfair Terms in Consumer Contracts,[13] as a regime parallel to and sometimes overlapping with the Unfair Contract Terms Act 1977, has often been commented upon:

> 3. As the law currently stands, there are two major pieces of legislation dealing with unfair contract terms. The Unfair Contract Terms Act 1977 sets out the traditional UK approach, while the Unfair Terms in Consumer Contracts Regulations 1999 implement the 1993 EU Directive. The two laws contain inconsistent and overlapping provisions, using different language and concepts to produce similar but not identical effects. A law that affects ordinary people in their everyday lives had been made unnecessarily complicated and difficult.[14]

For present purposes we are most interested in the different definitions of 'consumers' or 'consumer transactions' adopted by those parallel regimes. Indeed there is even controversy surrounding the interpretation of those definitions within each regime! Although the Unfair Terms Act 1977 can be applicable out-

11 *Heiderhoff/Kenny*, The Commission's 2007 Green Paper on the Consumer Acquis: deliberate deliberation?, [2007] ELR 740 at 742.

12 See, for example, *Scott/Black*, Cranston's Consumers and the Law (3rd edn. 2000) pp. 1–4; Department of Business, Innovation and Skills, 'Enhancing Consumer Confidence Through Effective Enforcement – Consultation on onsolidating and modernising consumer law enforcement powers', (March 2012); and *Consumer Rights Act: Explanatory Notes.*

13 Council Directive 93/13/EEC.

14 Law Commission, *Unfair Terms in Contracts*, 2005, Law Com No 292, Scot Law Com, No 199, Cm 6464.

side of the consumer sphere, it contained important Consumer Law provisions[15] and has been said to play "a very important role in protecting *vulnerable consumers* from the effects of draconian contract terms".[16] The Unfair Contract Terms Act 1977 uses the term "deals as consumer" which is defined in s.12 of the Act:

> (1) A party to a contract "deals as consumer" in relation to another party if–
> (a) he neither makes the contract in the course of a business nor holds himself out as doing so; and
> (b) the other party does make the contract in the course of a business; and
> (c) in the case of a contract governed by the law of sale of goods or hire-purchase, or by section 7 of this Act, the goods passing under or in pursuance of the contract are of a type ordinarily supplied for private use or consumption.

Central to this definition is the phrase "in the course of a business" as, essentially, one party must not make the contract "in the course of a business" whereas the other party must make the contract "in the course of a business". In *R & B Customs Brokers v United Dominions Trust Ltd*[17] Dillon LJ was of the opinion that for these purposes a transaction would only be "in the course of a business" if it was either an integral part of the business or carried out with sufficient regularity.[18] In that particular case the plaintiff company purchased a car from the defendants (a finance company). The car was to be used, partly for business purposes and partly for personal purposes, by a director of the plaintiff company. Defects in the car were discovered and the question for the court was whether or not the defendants could rely on an exclusion clause in the contract and

---

15 *Appleby*, Contract Law (2001), p. 283: "It [largely] only deals with exemption [and limitation] clauses and does not impose a fairness test. It is not restricted to contract law but deals with liability for negligence and other forms of liability, such as that of occupiers of business premises. Although it was created largely as a measure of consumer protection, the 1977 Act, in several important areas, also deals with some exemptions where both parties are in business. A more accurately descriptive title would therefore be the Void and Unreasonable Exemptions Act".

16 *Granville Chemicals Ltd* v. *Davis Turner & Co Ltd* [2003] 2 Lloyd's Rep 356 at [31] *per* Tuckey LJ (emphasis added).

17 [1988] 1 WLR 321.

18 "[T]here are some transactions which are clearly integral parts of the businesses concerned, and these should be held to have been carried out in the course of those businesses; this would cover, apart from much else, the instance of a one-off adventure in the nature of trade, where the transaction itself would constitute a trade or business. There are other transactions, however, such as the purchase of the car in the present case, which are at highest only incidental to the carrying on of the relevant business; here a degree of regularity is required before it can be said that they are an integral part of the business carried on, and so entered into in the course of that business": [1988] 1 WLR 321 at 330.

this raised the question of whether or not the Unfair Contract Terms Act 1977, s.6 (2) prevented the defendants relying on the relevant clause and this in turn depended on whether the plaintiff company dealt as a consumer. The Court of Appeal held that the defendants could not rely on the exclusion clause in the contract – buying cars was neither an integral part of the plaintiff's business nor was it carried out with sufficient regularity; therefore the plaintiff company was a consumer for the purposes of the Unfair Contract Terms Act 1977, s.6(2).

A number of points can be made in relation to this judgment. First, neither phrase used in the judgment (integral or sufficient regularity) is without ambiguity. Secondly, the case demonstrates that a company can sometimes be a consumer for the purposes of the Unfair Contract Terms Act 1977. Thirdly, the phrase "in the course of a business" was interpreted differently by the Court of Appeal in *Stevenson v Rogers*[19] in the context of the Sale of Goods Act 1979.[20] In that case a fisherman sold his boat and the question for the court was whether or not the Sale of Goods Act 1979, s.14(2) implied a term into this contract which, in turn, depended on whether or not the sale was "in the course" of the fisherman's business. The Court of Appeal, acknowledging the different interpretation under the Unfair Contract Terms Act 1977,[21] held that the sale was "in the course of a business" and therefore the Sale of Goods Act 1979, s.14(2) applied.[22]

At one level, of course, different interpretations of the phrase "in the course of a business" under *different statutes* need not be problematic.[23] Yet, in the cur-

---

19 [1999] QB 1028.

20 Sale of Goods Act 1979, s.14(3) provides: "Where the seller sells goods in the *course of a business*, there is an implied term that the goods supplied under the contract are of satisfactory quality." (Emphasis added.).

21 "In the context of its statutory history, section 14(2), as amended by the Act of 1973 and re-enacted in the Act of 1979, is the primary provision in the overall scheme of increased protection for buyers which the Act of 1973 initiated. To apply the reasoning in the *R & B Customs* case [1988] 1 WLR 321 in the interests only of consistency, thereby undermining the wide protection for buyers which section 14(2) was intended to introduce, would in my view be an unacceptable example of the tail wagging the dog": [1999] QB 1028 at 1041 *per* Potter LJ.

22 *Brown*, Sales of goods in the course of a business (1999) 115 LQR 384 noted: "Undeniably, the position adopted in Stevenson is inflexible: a seller now sells goods in the course of a business where there is an isolated sale of goods which are not his principal stock-in-trade and other factors such as regularity of dealing or business proficiency are immaterial. That being said, no sympathy need to be wasted on the seller in Stevenson: it is reasonable to assume an expertise regarding fishing boats in a fisherman who has an established business as such and who, should he wish, can frame a suitable exclusion of liability vis-à-vis his business buyer".

23 In *Feldarol Foundry Plc* v. *Hermes Leasing (London) Ltd* [2004] EWCA Civ 747 at [18] Tuckey LJ stated: "...*R & B* is binding on us. It is a reported decision that has stood unchallenged for more than 15 years, during which time the relevant provisions in the 1977 Act have stood unrent context, the situation is more complicated and not only by the fact that the Sale of Goods Act 1979 and the Unfair Contract Terms Act 1977 are, to some extent at least, complimentary statutes. More specifically the additional remedies provided under s.48 A of the Sale of Goods Act 1979, only apply where "...(a) the buyer deals as consumer or, in Scotland, there is a consumer contract in which the buyer is a consumer, and..." and s.61 of the Sale of Goods Act 1979 defines 'deals as consumer' "in accordance with Part I of the Unfair Contract Terms Act 1977; and, for the purposes of this Act, it is for a seller claiming that the buyer does not deal as consumer to show that he does not". Presumably, therefore, the *R & B Customs Brokers v United Dominions Trust Ltd* case applies to this part of the Sale of Goods Act 1979!

Turning to the Unfair Terms in Consumer Contracts Regulations 1999[24] – which apply to "unfair terms in contracts concluded between a seller or a supplier and a consumer" – at times the courts of England and Wales have taken, what seems like, a quintessentially EU approach to interpreting the Regulations. For example, in *R (on the application of Khatun) v Newham LBC*[25] where the Court of Appeal essentially had to consider whether or not the Regulations were applicable to land transactions, Laws LJ concluded:

> There is plainly no general principle to support such a proposition. Quite the contrary: European legislation has to be read as a single corpus of law binding across the member states. And the proposition leads to absurdity. A licence of land, which transfers no estate, might be covered by the Directive (as the provision of a service), but a lease or tenancy would not. The sale of a fixture, which by English law is treated as part of the land, would be excluded, but the sale of an identical object – say a statue – which was not fixed to the land would be included. In our domestic law these distinctions have a long history and a present utility. In the context of a Europe-wide scheme of consumer protection, they could be nothing but an embarrassing eccentricity. As for the bite of the various materials I have cited, I consider that the OFT had the better of the argument. First, Mr Underwood's seemingly strong point on the language – that "goods and services" does not include land – is effectively demolished by the impact of the other language texts. "Biens" and its cognates in Italian, Spanish and Portuguese refer to immovables as readily as movables. This alone undercuts a good deal of what Mr Underwood had to say. But more than this: I think, with respect to Mr Underwood, that other aspects of his submissions on this part of the case place an implicit but illegitimate reliance on the large divide in the law of

amended. If harmonisation of the various provisions dealing with consumer protection is required, that is Parliament's job. If *R & B* is to be challenged, that cannot be done in this court".

24 An "unfair term" is defined in Regulation 5(1): "A contractual term which has not been individually negotiated shall be regarded as unfair if, contrary to the requirement of good faith, it causes a significant imbalance in the parties' rights and obligations arising under the contract, to the detriment of the consumer".

25 [2004] EWCA Civ 55.

> England between real and personal property. He submitted that the Directive should be interpreted as only applying to "contracts for goods and services as an English lawyer would understand those terms.

Yet, overall, the approach to the interpretation of the Regulations in England and Wales is a little uneven. This point can be illustrated by reference to the case law on the vexed question of whether or not the Regulations apply to non-professional surety transactions, which we shall discuss below.

A consumer is defined as "any natural person who ... is acting for purposes which are outside his trade, business or profession."[26] Thus, for these purposes, a consumer must be a *natural* person rather than a *legal* person. It is also interesting to reflect on how this definition has been approached in the courts. For example, in *Evans v Cherry Tree Finance Ltd*[27] "[t]he appeal...proceeded on the defendant's concession that if any of the purposes for which the claimant borrowed the money were outside his trade or business, he was a consumer as defined by the regulations."[28] A particularly interesting case is *Standard Bank London Ltd v Apostolakis.*[29] In that case the defendants (a lawyer and civil engineer) used their personal wealth to enter into a foreign exchange contract with a bank in Greece. One of the questions for the Court was whether or not they acted as "consumers" under UTCCR 1999. Longmore J. held that the defendants were consumers for the purposes of the UTCCR 1999:

> It is certainly not part of a person's trade as a civil engineer or a lawyer ... to enter into foreign exchange contracts. They were using the money in a way which they hoped would be profitable but merely to use money in a way which they hoped would be profitable is not enough ... to be engaging in trade.[30]

Interestingly, it seems that the Greek courts adopted a different view:

> 209 As Briggs and Rees point out in Civil Jurisdiction and Judgments, (2005) 4th Ed para 2.78, the Greek courts disagreed with the conclusion of Mr. Justice Longmore and considered the activity to be entrepreneurial, a view which Briggs and Rees tentatively endorse. For what it is worth, I would myself question the conclusion reached by Mr. Justice Longmore, but in any event I do not consider that his decision assists the defendants.[31]

---

26 Regulation 3.
27 [2008] EWCA Civ 331.
28 *Ibid.*, at [2].
29 [2002] CLC 933.
30 [2002] CLC 933 at 936.
31 *Maple Leaf Macro Volatility Master Fund* v. *Rouvroy* [2009] EWHC 257 (Comm) at [209] *per* Andrew Smith J.

V. The Role of Perceived Vulnerability?

As noted above,[32] in some cases a judgement needs to be made on whether or not a particular party is, or is not, "...acting for purposes which are outside his trade, business or profession." To what extent, if at all, might perceptions of the vulnerability, or otherwise, of the party in question impact on this judgement? Two cases provide some suggestion that this judgement may be affected by perceptions of vulnerability. First, in *Barclays Bank Plc v. Kufner*,[33] one of the cases on the question of whether or not the Regulations apply to non-professional surety transactions, Field J. stated:

> I must confess that I reach this conclusion without regret, for I cannot believe that the framers of the Regulations or the 1993 Directive intended that someone with the bargaining power of Mr Kufner and who procures the purchase of the component parts of a business at the cost of several millions of Euros should have the protection afforded by the legislation.[34]

Secondly in *Heifer International Inc v Christiansen*[35] Akenhead J. stated:

> I find that, applying the test of Regulation 5(2), the arbitration clause was not individually negotiated ... [but] ... do not accept that Heifer, through its Danish lawyers, satisfied the other part of the test namely that it was unable to influence the substance of the term or that the insertion of the condition was contrary to good faith or inherently unfair.[36]

Indeed conceptions of 'vulnerability' are not just relevant to the definition of "consumers"; such conceptions may also inform responses to vulnerabilities. Thus Professor Beale has stated:

> Having decided that a person is indeed a "consumer" for the purposes of the Regulations, the question arises as to the standard by which the consumer (and particular the consumer's understanding) is to be assessed, this being relevant in particular for the purposes of the requirement of "plain, intelligible language" and of the requirement of fairness. Various standards can be seen as reflected in the consumer acquis more generally: "confident" or sophisticated consumers; "average" consumers; and "vulnerable" consumers. Neither the 1993 Directive itself nor the jurisprudence of the European Court interpreting it take a overt position on this question, but the Court has adopted for the purpose of other legisla-

---

32 At p. 162.
33 [2008] EWHC 2319 (Comm).
34 At [31] *per* Field J.
35 [2007] EWHC 3015 (TCC).
36 At [304].

> tion the standard of the "average consumer" who is "reasonably well informed and reasonably observant and circumspect" and Advocate General Trstenjak has recently referred to this case law in the context of the procedural position of a consumer in relation to the assessment of the fairness of terms under the 1993 Directive. *This standard is not, however, a uniform one* and for this purpose it is useful to see how the Unfair Commercial Practices Directive of 2005 has interpreted the concept of "average consumer". The 2005 Directive creates a "general framework" for preventive measures of consumer protection and it is expressly stated as being "without prejudice to contract law", but its treatment of the standard of average consumer both reflects the Court's existing jurisprudence of this notion and may influence the shape of its future development.[37]

Furthermore, in *Director General of Fair Trading v. First National Bank Plc*[38] Lord Bingham stated: "Good faith in this context is not an artificial or technical concept; nor, since Lord Mansfield was its champion, is it a concept wholly unfamiliar to British lawyers. *It looks to good standards of commercial morality and practice.*"[39] The key point for present purposes is that a "good standards of commercial morality" enquiry is loaded with social, cultural and economic norms[40] and conceptions of vulnerability may also inform it.[41]

VI. Conceptualising Vulnerability: Non-Professional Suretyships as a Case Study

Developing this discussion, it is possible to use contracts of suretyship/guarantee to further illustrate these points. The context of such transactions is, of course, that a party to a contract (A) may seek a measure of security in relation to the other party's (B's) debt/performance of the contract by obtaining a guarantee from a third party (C). In essence, a contract of guarantee is a contract under which the guarantor (C) agrees to be answerable for the contractual default of B. Our focus will be on situations where the surety/guarantor acts in a non-professional capacity (e.g. a family member). At the outset, it is helpful to

37 *Beale* (n. 9), para. 15–033 (emphasis added).
38 [2002] UKHL 52.
39 At [17] (emphasis added).
40 See *Devenney/Kenny*, The private law dimension to the 'state of the Union': (D)CFR/CESL initiatives and the Europeanisation of private law, in: Devenney/Kenny (eds.), The Transformation of European Private Law: Harmonisation, Consolidation, Codification or Chaos? (2013), at 75–76.
41 See, generally, *Kenny/Devenney/Fox-O'Mahony* (n. 1).

identify a number of key features of contracts of guarantee. First, a guarantor undertakes *secondary liability.* In other words the guarantor's liability is dependent on the default of the principal debtor.[42] Secondly, a contract of guarantee is an *accessory contract*; in general terms a contract of guarantee is dependent on the existence of a principal obligation between the creditor and principal debtor.[43] This leads to the principle that the liability of the guarantor is *normally*[44] *co-extensive* with the liability of the principal debtor.[45] Thus if the liability of the principal debtor is reduced, the liability of the guarantor is normally reduced *pro tanto.* Moreover, if the principal obligation is void or unenforceable, there will usually be no liability on the part of the guarantor.[46] Thirdly, such contracts are polycontextual in nature; in other words such transactions transcend traditional legal boundaries. Thus surety transactions involve aspects of: specific suretyship law; Contract Law; Consumer Law; Insolvency Law; Family Law; Constitutional Law; and Property Law.

There has been a broad consciousness, in general terms, of the potential *vulnerability* of non-professional sureties.[47] In particular there is often proximity between the surety and the principal debtor (for example through familial relations); the proximity between the surety and the principal debtor may engender relational pressures; the surety is classically in a weak position as regards the creditor; the suretyship transaction is typically not to the (direct) financial advantage of the surety; the surety runs a risk (which is, perhaps, greatest where a business loan is guaranteed); and where the potential liability involved is not in proportion to the surety's income and assets, there may be an indefinite obligation rebounding on the surety following the principal debtor's bankruptcy.[48]

Thus in England and Wales, as in other EU Member States, there has been an attempt to increase non-professional surety protection.[49] In England and Wales, general contractual vitiating factors are the mainstay of the protection afforded

42 See *McKendrick*, Good on Commercial Law (4th edn. 2010) at p. 878. See also *Vossloh AG* v. *Alpha Trains (UK) Ltd* [2010] EWHC 2443 (Ch).

43 See *Sealy/Hooley*, Commercial Law (4th edn. 2008), at p. 1150.

44 *Ibid.*, although *cf. Moschi* v. *Lep Air Services Ltd* [1973] AC 331 at 349 *per* Lord Diplock.

45 See *Moschi* v. *Lep Air Services Ltd* [1973] AC 331.

46 See, for example, *Coutts & Co* v. *Browne-Lecky* [1947] KB 104.

47 *Parry*, 'The Position of Family Sureties within the Framework of Protection for Consumer Debtors in European Member States' (2005) 13 European Review of Private Law 357.

48 *Devenney/Fox-O'Mahony/Kenny*, 'Standing Surety in England and Wales: the Sphinx of Procedural Protection' (2008) Lloyd's Maritime and Commercial Law Quarterly 513 at 514.

49 See *Parry*, 'The Position of Family Sureties within the Framework of Protection for Consumer Debtors in European Member States' (2005) 13 European Review of Private Law 357.

to non-professional sureties.[50] In particular, it is clear that much of the protection afforded to non-professional sureties in England and Wales stems from the concept of undue influence.[51] Yet it is not easy to map the doctrine of undue influence for, as Lindley LJ famously noted in *Allcard* v *Skinner*,[52] '... no Court has ever attempted to define undue influence'.[53] Indeed, in recent years there has been much debate about the jurisprudential basis of the doctrine of undue influence.[54] Thus, Professors Birks and Chin argued that undue influence was essentially about the impairment of consent and that it was 'not necessary for the party claiming relief to point to fraud or unconscionable behaviour on the part of the other'.[55] Yet, whilst such a view has gained *some* support in the case law,[56] Birks and Chin's overall thesis is not unproblematic.[57] For example, it *may*

---

50 *Devenney/Fox-O'Mahony/Kenny*, 'Standing Surety in England and Wales: the Sphinx of Procedural Protection' (2008) Lloyd's Maritime and Commercial Law Quarterly 513 at 514.

51 *Ibid.*

52 (1887) 36 Ch D 145.

53 *Ibid.* at 183. Lindley LJ did, however, also note (at 181) that undue influence involved ' ... some unfair and improper conduct, some coercion from outside, some overreaching, some form of cheating and generally, though not always, some personal advantage obtained by a donee placed in some close and confidential relation to the donor'. See further *Bank of Scotland* v. *Bennett* [1997] 3 FCR 193 at 216 *per* James Mumby QC, sitting as a Deputy Judge of the High Court.

54 See, e.g., *Bigwood*, 'Undue Influence: "Impaired Consent" or "Wicked Exploitation"' (1996) 16 OJLS 503; *Capper*, 'Undue Influence and Unconscionability: A Rationalisation' (1998) 114 LQR 479; *Chen-Wishart*, 'The O'Brien Principle and Substantive Unfairness' [1997] CLJ 60; *Fehlberg, op. cit.* at pp. 24–25; *McMurtry*, 'Unconscionability and Undue Influence: An Interaction?' [2000] 64 Conv 573; *Oldham*, '"Neither Borrower Nor Lender Be" – the Life of O'Brien' (1995) Child and Family Law Quarterly 104, at 108–109; *O'Sullivan*, Undue Influence and Misrepresentation after O'Brien: Making Security Secure, in: Rose (ed.), Restitution and Banking Law (1998) at pp. 42–69; *Pawlowski/Brown*, Undue Influence and the Family Home (2001), pp. 7–17, 27–30 and 205–212; *Price*, 'Undue Influence: *finis litium*' (1999) 115 LQR 8; *Smith*, Atiyah's Introduction to the Law of Contract (6th edn. 2002) at pp. 288–291. This debate is reflected in the relevant case law: *Dunbar Bank plc* v *Nadeem* [1998] 3 All ER 376; *Credit Lyonnais Bank Nederland NV* v *Burch* [1997] 1 All ER 144; *Hammond* v *Osborn* [2002] EWCA Civ 885; *Portman Building Society* v *Dusangh* [2000] 2 All ER (Comm) 221 at 233 *per* Ward LJ; *Royal Bank of Scotland* v *Etridge (No 2)* [2001] EWCA Civ 1466; *Irvani* v *Irvani* [2000] 1 Lloyd's Rep 412; *Barclay's Bank plc* v *Goff* [2001] EWCA Civ 635.

55 *Birks/Chin*, On the Nature of Undue Influence, in: Beatson/Friedmann (eds), Good Faith and Fault in Contract Law (1995) at p. 61, although contrast *Birks*, 'Undue Influence as Wrongful Exploitation' (2004) 120 LQR 34.

56 See, for example, *Hammond* v. *Osborn* [2004] EWCA Civ 885; *Turkey* v. *Awadh* [2005] EWCA Civ 382; *Jennings* v. *Cairns* [2003] EWCA 1935.

57 See *Fox-O'Mahony/Devenney*, The Elderly, Their Homes and the Unconscionable Bargain Doctrine, in: Dixon (ed.), Modern Studies in Property Law – Volume 5 (2009).

adopt a pathological view of 'trust',[58] as well as taking an unduly restrictive, capacity driven, view of undue influence.[59] Furthermore, their view does not sit easily with the language employed by the House of Lords in *National Westminster Bank Plc* v *Morgan*,[60] *Barclays Bank Plc* v *O'Brien*[61] and *Royal Bank of Scotland* v *Etridge (No 2)*,[62] nor with more recent opinions of the Judicial Committee of the Privy Council,[63] all of which adopt an unconscionability-based approach to undue influence.[64]

Whatever the 'correct' jurisprudential basis of the doctrine of undue influence, it appears that notions of vulnerability flow through it:

> The principle is not confined to cases of abuse of trust and confidence. It also includes, for instance, cases where a *vulnerable* person has been exploited. Indeed, there is no single touchstone for determining whether the principle is applicable. Several expressions have been used in an endeavour to encapsulate the essence: trust and confidence, reliance, dependence or *vulnerability* on the one hand and ascendancy, domination or control on the other. None of these descriptions is perfect. None is all embracing. Each has its proper place.[65]

Yet there is also concern,[66] even at a judicial level, that? the inter-relationship between conceptions of 'vulnerability' and the doctrine of undue influence is not well understood:

> The striking feature of this appeal is that fundamental misconceptions [about the doctrine of undue influence] persist, even though the doctrine is over 200 years old and its basis and scope were examined by the House of Lords in depth...less than 3 years ago in the well known case of *Royal Bank of Scotland Plc v. Etridge* (No.2) [2002] 2 AC 773. *The continuing confusions matter. Aspects of the instant case demonstrate the need for a wider understand-*

---

58 See *Chen-Wishart*, Undue Influence: Beyond Impaired Consent and Wrongdoing towards a Relational Analysis, in: Burrows/Rodger (eds), Mapping the Law: Essays in Memory of Peter Birks (2006) at p. 208.
59 *Ibid.*
60 [1985] AC 686.
61 [1994] AC 180.
62 [2001] UKHL 44.
63 See *R* v. *Attorney-General for England and Wales* [2003] UKPC 22; *National Commercial Bank (Jamaica) Ltd* v. *Hew's Executors* [2003] UKPC 51. The late Professor Birks acknowledged the difficulties that these decisions created for his thesis: see *Birks* (n. 55).
64 See further *Devenney/Chandler*, 'Unconscionability and the Taxonomy of Undue Influence' [2007] JBL at 541–542.
65 *Royal Bank of Scotland* v. *Etridge (No 2)* [2001] UKHL 44 at [11] *per* Lord Nicholls (emphasis added).
66 See, generally, *Devenney/Chandler* (n. 64).

> *ing, both in and outside the legal profession, of the circumstances in which the court will intervene to protect the dependant and the vulnerable in dealings with their property.*[67]

The key point for present purposes is that the protection provided is impacted by conceptions of 'vulnerability' and, linking back to our earlier discussion, concepts of 'vulnerability' are shaped by differing social, cultural and economic norms. For example, as has been raised elsewhere,[68] to what extent are conceptions of 'vulnerable' elderly homeowners now shaped in England and Wales by the contemporary political idea that their homes are banks of capital to fund their retirement?

VII. Unintended Consequences

Nor can approaches to 'vulnerability' be detached from the relevant context. This point can be illustrated by reference to the case law in England and Wales[69] on the vexed question of (in effect) whether or not the Unfair Terms Directive applies to non-professional surety transactions.[70] From a formal perspective, a difficulty with applying the Unfair Terms in Consumer Contracts Regulations 1999 (the Regulations which seek to transpose the Unfair Terms Directive in England and Wales) to such transactions is that (assuming that the surety can be classified as a 'consumer' for the purposes of the Regulations) it is the non-professional surety who supplies the service; whereas the creditor, as beneficiary of the agreement, will usually be acting in the course of business.[71] Therefore this question is part of the much wider debate as to whether or not, for the purposes of the Regulations, the consumer must be the recipient of goods or services.[72]

Support for the view that the Regulations do apply to surety transactions can be found in the Opinion of the European Court of Justice in *Bayerische Hypotheken v. Dietzinger.*[73] In that case the European Court of Justice had to consider the

---

67 *Niersmans* v. *Pesticcio* [2004] EWCA Civ 372 at [2] *per* Mummery LJ (emphasis added).

68 *Fox-O'Mahony/Devenney* (n. 57).

69 See, generally, *Devenney*, 'Gordian knots in Europeanised private law: unfair terms, bank charges and political compromises' (2011) 62 NILQ 33.

70 See *McCormack*, Protection of Surety Guarantors in England – Prophylactics and Procedure, in: Colombi Ciacchi (ed.), Protection of Non-Professional Sureties in Europe: Formal and Substantive Disparity (2007) at pp. 172–173.

71 See also *O'Donovan/Phillips*, The Modern Contract of Guarantee (2003), p. 223.

72 *Beale* (n. 9) at para 15–034.

73 Case C-45/96, [1998] ECR I-1199.

applicability of Council Directive 85/577/EEC (on contracts negotiated away from business premises) to surety transactions. In a Judgment, which is not without controversy,[74] the European Court of Justice stated that:

> ...it is apparent from the wording of Article 1 of Directive 85/577 and from the ancillary nature of guarantees that the directive covers only a guarantee ancillary to a contract whereby, in the context of "doorstep selling", a consumer assumes obligations towards the trader with a view to obtaining goods or services from him. Furthermore, since the directive is designed to protect only consumers, a guarantee comes within the scope of the directive only where, in accordance with the first indent of Article 2, the guarantor has entered into a commitment for a purpose which can be regarded as unconnected with his trade or profession.[75]

In reaching this conclusion – which gives a glimpse of how the European Court of Justice might approach this issue in the context of the Directive[76] – the European Court of Justice noted that nothing in the Directive required "the person concluding the contract under which goods or services are to be supplied be the person to whom they are supplied"[77] and that surety agreements are merely ancillary to the main contract.[78] Returning to the case law in England and Wales, in *Barclays Bank Plc v. Kufner*[79] Field J., relying heavily on the Opinion of the European Court of Justice in *Bayerische Hypotheken v. Dietzinger*[80] – held that surety transactions are not excluded from the scope of the Regulations.[81] By contrast in *Bank of Scotland v. Singh*[82] *Judge* Kershaw QC, apparently operating closer to the actual wording of the Regulations, held that the Regulations did

74 See *Kenny*, 'Standing Surety in Europe: Common Core or Tower of Babel' (2007) Modern Law Review 175 at 180.

75 *Supra* at [20]. Although *cf. Berliner Kindl Brauerei AG* v. *Andreas Siepert* [2000] ECR 1–1741 at [25]-[26] where the European Court of Justice, in considering Council Directive 87/102/EEC for the approximation of the laws, regulations and administrative provisions of the Member States concerning consumer credit, noted: "...the scope of the Directive cannot be widened to cover contracts of guarantee solely on the ground that such agreements are ancillary to the principal agreement whose performance they underwrite, since there is no support for such an interpretation in the wording of the Directive...or in its scheme and aims".

76 See *Beale* (n. 9) at para 44–139.

77 *Supra* at [19].

78 *Supra* at [18].

79 [2008] EWHC 2319 (Comm).

80 Case C-45/96, [1998] ECR I-1199.

81 At [28].

82 (QBD, unreported, 17th June 2005).

not apply to surety transactions and his view has subsequently been described as "compelling"[83] and "convincing".[84]

This is not the place to rehearse that debate. For present purposes, we need to think about vulnerability in context and with wider implications in mind:

> The problem... raised by the present appeals is of comparatively recent origin. It arises out of the substantial growth in home ownership over the last 30 or 40 years... More than two-thirds of householders in the United Kingdom now own their own homes. *For most home-owning couples, their homes are their most valuable asset. They must surely be free, if they so wish, to use this asset as a means of raising money, whether for the purpose of the husband's business or for any other purpose. Bank finance is in fact by far the most important source of external capital for small businesses with fewer than ten employees. These businesses comprise about 95 per cent of all businesses in the country, responsible for nearly one-third of all employment...* If the freedom of home-owners to make economic use of their homes is not to be frustrated, a bank must be able to have confidence that a wife's signature of the necessary guarantee and charge will be as binding upon her as is the signature of anyone else on documents which he or she may sign. Otherwise banks will not be willing to lend money on the security of a jointly owned house or flat.[85]

The key point is that the application of the Regulations to surety transactions may significantly alter the balance of interests between the surety and the creditor.[86] More specifically, increasing the level of protection *vis-á-vis* sureties or increasing the duties incumbent upon financial institutions may result in suretyship transactions becoming less attractive to banks and triggering a narrowing in access to credit.

---

83 *Manches LLP* v. *Carl Freer* [2006] EWHC 991 at [25] *per* Judge Philip Price QC.

84 *Williamson* v. *Governor of the Bank of Scotland* [2006] EWHC 1289 at [46] *per* George Bompas QC, sitting as a Deputy Judge.

85 *Royal Bank of Scotland* v. *Etridge (No 2)* [2001] UKHL 44 at [34]-[35] *per* Lord Nicholls (emphasis added).

86 See *Andrews/Millett*, The Law of Guarantees (4th edn. 2005), who argued (at p. 85) that "... if the regulations are applied to bank guarantees, it will be seen that there is considerable scope for an interventionist judiciary to redress the balance between creditor and surety significantly".

VIII. The Reform of Consumer Law and the Consumer Rights Act 2015

In recent years there has been a lot of activity in the Consumer Law arena in the UK. One might point, for example, to the Law Commission's 2005 work on *Unfair Terms in Contracts:*[87]

> We do not wish to interfere with business contracts that are genuinely negotiated between the parties. However, there is a problem when one party imposes its standard terms on a vulnerable small business. The small business may not understand the term or its consequences; and even if it does understand the term it will often lack the bargaining strength to change it....*The draft Bill includes special protection for the smallest and most vulnerable businesses, commonly referred to as 'micro businesses'. We define these as businesses with nine or fewer staff*....Under our proposals, these very small businesses will be able to challenge any standard term of the contract that has not been altered through negotiation, and is not the main subject matter of the contract or the price.[88]

Other examples include: the Law Commission's 2009 work on *Consumer Remedies for Faulty Goods;*[89] the Law Commission's March 2012 report on *Consumer Redress for Aggressive and Misleading Practices;*[90] and the Law Commission's 2012 *Issues Paper Unfair Terms in Consumer Contracts: a New Approach?*[91] More recently one could point to the Law Commission's 2013 *Unfair Terms in Consumer Contracts: Advice to the Department for Business, Innovation and Skills:*[92]

> S.43 We recommend that the definition of a consumer should be consistent across the new consumer legislation being considered by BIS. The new definition is likely to be narrower than the definition of "dealing as a consumer" in UCTA, but the loss of protection for businesses will be negligible. A consistent definition will introduce much needed simplification.

Thereafter, on 23 January 2014, the Consumer Rights Bill 2014 – "A Bill to Amend the law relating to the rights of consumers and protection of their interests, to make provision about investigatory powers for enforcing the regulation of traders, to make provision about private actions in competition law, and for connect-

87 Law Com No 292.
88 [13]-[15] (emphasis added).
89 Law Com No 317.
90 Law Com No 332. See the Consumer Protection (Amendment) Regulations 2014.
91 July 2012.
92 March 2013.

ed purposes" – was introduced into Parliament. Under the subsequent Act a 'consumer' is defined in Section 2:

> 2 Key definitions
> These definitions apply in this Part (as well as the definitions in section 59).
> (1) "Trader" means a person acting for purposes relating to that person's trade, business, craft or profession, whether acting personally or through another person acting in the trader's name or on the trader's behalf.
> (2) "Consumer" means an individual acting for purposes that are wholly or mainly outside that individual's trade, business, craft or profession.[93]

Recalling *Standard Bank London Ltd v Apostolakis*,[94] it will be interesting to observe, if the Bill becomes Law, how this provision will be interpreted!

IX. Concluding Remarks

At various times, concerns have been raised about the coherence of definitions of consumers both within national law[95] and within EU Law.[96] Concerns have also been raised about the consistency between national law and EU Law definitions of consumers.[97] The temptation is, of course, to regard, often simplified, harmonised definitions as the solution.[98] Yet, even if harmonisation and/or de-contextualization are desirable, such a view is too simplistic. This paper has sought to demonstrate how conceptions of consumers – as well as conceptions of vulnerability – influence, colour and shape these definitions as well as responses to such conceptions in particular environments. More specifically, it has sought to demonstrate the role that social, economic and culture factors play both within jurisdictions and at a transnational level; a much more difficult challenge for any harmonisation agenda!

---

93 Note the BIS Select Committee Recommendations in *Consumer Rights Bill: Statement on Policy Reform and Responses to Pre-Legislative Scrutiny:* "We recommend that the Government considers the case for small businesses to be treated as consumers".
94 [2002] CLC 933.
95 See *Consumer Rights Act 2015: Explanatory Notes* at para. 36.
96 See, for example, Directive 2011/83/2011 on consumer rights.
97 See, generally, *Consumer Rights Act 2015: Explanatory Notes.*
98 *Weatherill*, 'The Consumer Rights Directive: How and why a quest for "coherence" has (largely) failed' (2012) 49 Common Market Law Review 1279.

Anthi Pelleni, Athen

§ 9 Verbraucherleitbilder im griechischen Recht

I. Einführung

1. Der Verbraucherschutz als Verpflichtung des Staates

Der erste systematische Versuch der Umsetzung des gemeinschaftsrechtlichen Verbraucherschutzrechts in Griechenland erfolgte 1991 durch das Rahmengesetz 1962/1991. Dieses Gesetz wurde 1994 durch das Rahmengesetz 2251/1994 ersetzt, das durch das Gesetz 3587/2007 einschneidende[1] Änderungen erfuhr. Tatsache ist, dass die griechische Gesetzgebung zum Verbraucherschutz ihre Existenz der Verpflichtung Griechenlands schuldet, das nationale Recht an die entsprechenden gemeinschaftsrechtlichen Richtlinien anzupassen und stellt daher, fast in seiner Gesamtheit, Gemeinschaftsrecht dar.[2]

Gemäß Artikel 1 § 1 des Gesetzes 2251/1994 stehen die Rechte und Interessen der Verbraucher unter dem Schutz des Staates. Dies bedeutet[3], erstens, dass der Staat verpflichtet ist, seine Gesellschaftspolitik zugunsten der Verbraucher auszugestalten und zweitens, dass der Staat die Verpflichtung hat, die wirksame Ausübung der Rechte der Verbraucher sicherzustellen. Konkret wird in Artikel 1 § 2 des Gesetzes 2251/1994 bestimmt, dass der Staat insbesondere zu sorgen hat für: a) die Gesundheit und die Sicherheit der Verbraucher, b) ihre wirtschaftlichen Interessen, c) ihre Organisation in Verbraucherverbänden, d) ihr Recht auf rechtliches Gehör in allen sie betreffenden Angelegenheiten und e) ihre Information und Fortbildung, insbesondere der verletzbaren Verbrauchergruppen, in Fragen, die den Markt, den Wettbewerb, den Umweltschutz und die der die Förderung des nachhaltigen Konsums betreffen. Die oben genannten Vorschriften sind wertvoll für die Auslegung, da sie die Verfassungsgrundsätze und den Zweck des Gesetzes konkretisieren.[4]

---

1 Alexandridou-*Alexandridou*, Verbraucherschutzrecht (2008), Einführung, Rn. 38 ff. (griechisch).

2 Alexandridou-*Alexandridou* (Fn. 1), Rn. 40; *Paparseniou*, Griechisches Verbrauchervertragsrecht (2008), S. 1.

3 Alexandridou-*Perakis* (Fn. 1), Art. 1 Rn. 1.

4 *Karakostas*, Consumer Protection Law (2012), S. 48.

2. Die gemeinschaftsrechtliche Verbraucherschutzpolitik

Die Verbraucherschutzpolitik[5] wurde als eigenständiges[6] Gemeinschaftsziel offiziell durch den Mastrichter Vertrag von 1992 anerkannt und später durch den Vertrag von Amsterdam von 1997, und wurde dann in Artikel 153 EGV verankert, der vorsah, dass die Gemeinschaft verpflichtet war, „zur Förderung der Interessen der Verbraucher einen Beitrag zum Schutze der Gesundheit, der Sicherheit und der wirtschaftlichen Interessen der Verbraucher sowie zur Förderung ihres Rechtes auf Information, Erziehung und Bildung von Vereinigungen zur Wahrung ihrer Interessen zu leisten“[7]. Infolgedessen wurde der Inhalt des Verbraucherschutzes, wie er in Artikel 153 EGV festgelegt war, durch den Vertrag von Lissabon, der am 13. Dezember 2007 (EU C 306/17.12.2007) unterzeichnet wurde und am 1. Dezember 2009 in Kraft trat, unverändert in Artikel 169 und 12 EUV übernommen, während generell der Verbraucherschutz als eigenständiges Gemeinschaftsziel nunmehr ausdrücklich in Artikel 4 § 2 lit. f EUV vorgesehen ist.

3. Der Verbraucherbegriff als Grundkriterium eines besonderen Schutzes

Der Verbraucherbegriff stellt selbstverständlich das Grundkriterium für die Gewährleistung eines besonderen Schutzes einer gegebenen Kategorie von Personen dar, die sich, was ihre finanzielle Situation und ihre Verhandlungsstärke betrifft, in einer nachteiligeren Lage befinden. Der Verbraucherbegriff in den einzelnen gemeinschaftsrechtlichen und nationalen Gesetzestexten ist aber nicht einheitlich. So umfasst nach einer Version, der auch der Großteil der gemeinschafts-

5 Hier ist anzumerken, dass die Römischen Verträge 1957, die Gründungsverträge der EWG, keine ausdrücklichen Bestimmungen zum Verbraucherschutz enthielt. In den siebziger Jahren begann sich aber der Wille zu einer eigenständigen Gemeinschaftspolitik auch in Verbraucherschutzfragen herauszubilden (*Dellios*, Schutz der Verbraucher und das System des Privatrechts I. Der Verbraucher als Subjekt des Rechtsschutzes (2005), S. 405 ff. (griechisch)).

6 Und nicht nur ein Mittel zur Realisierung des Binnenmarktes: *Pelleni*, Fragen der neuen Regelungen zu den Verbraucherkreditverträgen (2012), S. 27 ff. (griechisch).

7 Die Rechte des Verbrauchers hatte J.F. Kennedy 1962 in einer Proklamation an den Kongress ausgerufen, während auf Gemeinschaftsebene die Rechte des Verbrauchers erstmals in der Entschließung des Rates vom 14.4.1975 „betreffend ein Erstes Programm der Europäischen Wirtschaftsgemeinschaft für eine Politik zum Schutz und der Unterrichtung des Verbrauchers“, der weitere Entschließungen folgten, ausgedrückt wurden (Siehe *Skorini-Paparrigopoulou*, Der Schutz des Verbrauchers im außerhalb von Geschäftsräumen geschlossenen Vertrag (1999), S. 31 (griechisch)).

rechtlichen und nationalen Gesetzgebung folgt[8], der Verbraucherbegriff nur die natürliche Person, die Güter zur Befriedigung ihrer privaten, d.h. nicht beruflichen Bedürfnisse erwirbt (enger Verbraucherbegriff), während nach einer anderen Version, der Artikel 1 § 4a des griechischen Gesetzes 2251/1994 über den Verbraucherschutz folgt, der Verbraucherbegriff jeden Endempfänger von Gütern umfasst, unabhängig davon, ob es sich um eine natürliche oder eine juristische Person handelt oder ob diese Güter für den privaten oder den beruflichen Gebrauch vorgesehen sind (weiter Verbraucherbegriff).

II. Die „vielen" Verbraucherbegriffe im griechischen Recht

1. Die allgemeine Begriffsbestimmung des Artikels 1 § 4a des Gesetzes 2251/1994

Nach der Änderung des Gesetzes 2251/1994 durch das Gesetz 3587/2007, bestimmt Artikel 1 § 4a, dass: „Unter dem Vorbehalt der speziellen Bestimmungen vorliegenden Gesetzes", Verbraucher „jede natürliche oder juristische Person oder Personenvereinigungen ohne Rechtspersönlichkeit", sind, „für die die auf dem Markt angebotenen Produkte und Dienstleistungen bestimmt sind und die von diesen Produkten oder Dienstleistungen Gebrauch machen, sofern sie deren Endempfänger darstellen. Verbraucher ist auch aa) der Empfänger von Werbebotschaften, bb) jede natürliche oder juristische Person, die für einen Verbraucher bürgt, sofern sie nicht im Rahmen ihrer beruflichen oder gewerblichen Tätigkeit handelt". Im Einzelnen:

a) Natürliche oder juristische Person, Personenvereinigungen

Verbraucher im Sinne des allgemeinen Begriffs des Artikels 1 § 4a können natürliche oder juristische Personen oder Personenvereinigungen ohne Rechtspersönlichkeit sein, wie z.B. die Vereinigungen, die keinen Verein darstellen (Artikel 107 griechisches ZGB)[9] und die Gesellschaft bürgerlichen Rechts ohne

8 Siehe dazu *Pelleni-Papageorgiou*, Die Frage der Anwendung des Gesetzes 2251/1994 (wie dieses durch das Gesetz 3587/2007 geändert wurde) auf Bankgeschäfte, ΧρηΔικ (Chrimatopistotiko Dikeo – griech. jur. Zeitschrift) 2009, 13 ff.

9 Siehe Georgiades-Stathopoulos-*Kritikos*, Kommentar zum ZGB, Art. 107 Rn. 1 (griechisch).

Rechtspersönlichkeit (Artikel 741 griechisches ZGB). Die gesetzliche Ausweitung des Verbraucherbegriffs nicht nur auf juristische Personen,[10] sondern auch auf Personenvereinigungen ohne Rechtspersönlichkeit, gibt diesen Vereinigungen prozessrechtlich die Möglichkeit Rechtsschutz zu ersuchen.[11] In diese Richtung entschied der Areopag[12], dass diese Vereinigungen „Träger der einzelnen Rechte und Pflichten ihrer Mitglieder sind" und „in Bezug auf deren Rechte und Pflichten klagen und verklagt werden können"[13].

b) Auf dem Markt angebotene Produkte oder Dienstleistungen

Die Erwähnung der Produkte und Dienstleistungen, die auf dem Markt angeboten werden, bedeutet, dass das konkrete Produkt oder die Dienstleistung auf dem Markt vertrieben werden muss. Nach richtigerer Ansicht ist mit dem Begriff „Markt" der Markt im weiten Sinne gemeint, d.h., „er betrifft jedes Gut, das massenweise oder individuell produziert worden ist"[14], während kein Zweifel daran besteht, dass er auch das Internet umfasst.[15]

c) Endempfänger

Die in das griechische Recht eingeführte Charakterisierung des Vertragspartners als Endempfänger des auf dem Markt angebotenen Produkts oder der Dienstleistung bedeutet, dass dieser am Ende des Geschäftsprozesses stehen muss.[16] Es ist nicht erforderlich, dass der Endempfänger das Gut für seine persönlichen, d.h. nicht beruflichen Bedürfnisse nutzt. Er bleibt auch Verbraucher, wenn er es zu

---

10 Siehe *Pelleni*, Das Kriterium des „Durchschnittsverbrauchers" für die nähere Bestimmung des Verbraucherbegriffs, in: Karakostas/Riesenhuber (Hrsg.), Methoden und Verfassungsfragen den Europäischen Rechtsangleichung (2011), S. 134ff.

11 Siehe *Perakis* (Fn. 3), Art. 1 Rn. 63.

12 Der Areopag ist das Oberste Griechische Zivilgericht (und Strafgericht) und entspricht in etwa dem deutschen BGH.

13 Plenumsentscheidung des Areopags14/2007, ΔΕΕ (Dikeo Epichiriseon ke Eterion – griech. jur. Zeitschrift) 2007, 932.

14 *Stathopoulos*-Chiotellis-Avgoustianakis, Gemeinschaftszivilrecht I, 1995, S. 39 (griechisch); siehe *Karakostas* (Fn. 4), S. 50ff.

15 *Perakis* (Fn. 3), Art. 1 Rn. 66.

16 *Skorini-Paparrigopoulou* (Fn. 7), S. 83; *Perakis* (Fn. 3), Art. 1 Rn. 72.

beruflichen Zwecken erwirbt.[17] So kann der Verbraucher Kaufmann sein oder auch nicht und die Güter entweder für seine persönlichen Bedürfnisse oder für seine berufliche Tätigkeit erwerben. Beispielsweise der Arzt oder der Anwalt, der einen Computer erwirbt, für seine Praxis oder Kanzlei. Er muss nur der Endnutzer sein. Es ist ausreichend, dass er der Endverbraucher ist. Der „zwischengeschaltete" Empfänger, der das Produkt erwirbt um es (verarbeitet oder unverarbeitet) an den Endempfänger weiter zu vertreiben, wird nicht als Verbraucher angesehen.[18]

Was die spezielle Frage betrifft, ob der Bankkunde als Verbraucher angesehen wird, so bejaht die in der Lehre und Rechtsprechung herrschende Meinung dies, aus Gründen der wirtschaftlichen und organisatorischen Überlegenheit der Banken.[19] Es wird sogar vertreten, dass „eine Leistung eines Kreditinstituts, die nicht an einen Endempfänger erbracht wird, nur schwer vorstellbar ist"[20], außer den Fällen der Vermittlung zur weiteren Finanzierung, wie z. B. die Vergabe eines Darlehens an einen Pfandverleiher, zum Zweck der Vergabe weiterer Darlehen an seine Kunden[21] oder die Vergabe von Devisen durch eine ausländische Bank an eine griechische Bank, zum Zweck der Finanzierung der Kunden der letzteren.[22] Nach dieser Auslegung sind die Leistungen der Banken gewöhnlich Leistungen an Endempfänger, „auch wenn diese Kaufleute oder Gewerbetreibende sind, die die Leistungen der Bank für ihre gewerblichen oder beruflichen Bedürfnisse verwenden"[23]. Es handelt sich um eine Auslegung, welche die Anwendung des Ge-

---

17 Siehe Entscheidung des Areopags 1738/2009, ΕφΑΔ (Efarmoges Astikou Dikeou) 2010, 1237; Entscheidung des Areopags 989/2004, ΕΕμπΔ (Epitheorisi Emporikou Dikeou – griech. jur. Zeitschrift) 2005, 517 = ΕλλΔνη (Elliniki Dikeosini – griech. jur. Zeitschrift) 2006, 1671; *Stathopoulos* (Fn. 14), S. 39; *Karakostas* (Fn. 4), S. 51; *Doris,* Die Charakterisierung der Vertragspartner-Banken als Verbraucher als Voraussetzung für ihren Schutz vor missbräuchlichen allgemeinen Geschäftsbedingungen, NoB (Nomiko Vima-griech. jur. Zeitschrift) 2004, 729 ff.; *Perakis* (Fn. 3), Art. 1 Rn. 72.

18 Entscheidung des Areopags 2273/2009,ΕφΑΔ (Efarmoges Astikou Dikeou) 2010, 1237; *Stathopoulos* (Fn. 14), S. 39; *Karakostas* (Fn. 4), S. 52; *Skorini-Paparrigopoulou* (Fn. 7), S. 83; *Perakis* (Fn. 3), Art. 1 Rn. 72.

19 Siehe *Karakostas* (Fn. 4), S. 91; *Perakis* (Fn. 3), Art. 1 Rn. 102.

20 *Doris* (Fn.17), NoB 2004, 740.

21 *Dellios,* Die allgemeinen Geschäftsbedingungen, 2. Aufl. 2013, Rn. 158.

22 *Doris* (Fn.17), NoB 2004, 740, 744.

23 Entscheidung des Areopags 1001/2010, ΧρΙΔ (Chronika Idiotikou Dikeou – griech. jur. Zeitschrift) 2011, 345 Entscheidung des Landgerichts Thessaloniki 459/2011, ΕπισκΕΔ (Episkopisi Emporikou Dikeou – griech. jur. Zeitschrift) 2011, 535; Entscheidung des Landgerichts Thessaloniki 2788/2009, ΕπισκΕΔ (Episkopisi Emporikou Dikeou – griech. jur. Zeitschrift) 2010, 196; Entscheidung des Landgerichts Athen 730/2005, ΕπισκΕΔ (Episkopisi Emporikou Dikeou – griech. jur. Zeitschrift) 2005, 741; Siehe Entscheidung des Landgerichts Thessaloniki 34071/2006, ΔΕΕ (Dikeo Epichiriseon ke Eterion – griech. jur. Zeitschrift) 2007, 81, dass „als Verbraucher

setzes 2251/1994 nicht nur auf Bankdienstleistungen erlaubt, die das sogenannte „*retail banking*" darstellen, d. h. Dienstleistungen, die sich naturgemäß an Privatkunden richten, zur Deckung ihrer persönlichen Bedürfnisse, wie z. B. die persönlichen Darlehen und Kreditkarten[24], aber auch auf die, die sich an Gewerbetreibende zur Deckung ihrer beruflichen Bedürfnisse richten, wie z. B. die Aufnahme eines Darlehens durch einen Gewerbebetrieb oder das Einräumen des Rechts des Verkaufs von Waren über das Kreditkartensystem, über das die Bank verfügt.[25] Unter diesem Gesichtspunkt hat sich der Banksektor zu einem weiten Anwendungsgebiet des Verbraucherschutzrechts entwickelt.[26]

d) Der Werbeempfänger als Verbraucher

Das Gesetz stellt klar, dass auch die Werbebotschaft ein Gut ist, dessen Empfänger ebenfalls Verbraucher ist und somit schutzwürdig.

e) Der Bürge als Verbraucher

Die griechische Lehre und Rechtsprechung haben, schon vor der ausdrücklichen Regelung durch das Gesetz, das Schutzbedürfnis des Bürgen anerkannt, in manchen Fällen wegen des akzessorischen Charakters des Vertrages[27] und in

---

auch der Kaufmann angesehen wird, der einen Kredit von der Bank als Endempfänger erhält, um seine Finanzierungsbedürfnisse zu decken, (d. h.,) um diese zu verbrauchen und nicht um sie weiterzuleiten gegen eine weitere Gegenleistung". Siehe Entscheidung des Berufungsgerichts Athen 5861/2006, ΔΕΕ (Dikeo Epichiriseon ke Eterion – griech. jur. Zeitschrift) 2007, 62, in der entschieden wurde, dass der Darlehensnehmer, der von der Bank einen Kredit erhält, um Devisen, zum Zweck des Weiterverkaufs mit Gewinnerzielungsabsicht, zu erwerben (dieses Darlehen ist international unter dem Begriff „*leverage*" bekannt), nicht als Verbraucher angesehen werden kann.

24 Siehe *Karakostas* (Fn. 4), S. 90.

25 Siehe oben Fn. 23. Siehe die Gegenmeinung der Lehre und Rechtsprechung in: *Dellios* (Fn. 21), Rn. 159.

26 *Perakis* (Fn. 3), Art. 1 Rn. 102.

27 Entscheidung des Landgerichts Thessaloniki 31919/2007, Αρμ. (Armenopoulos – griech. jur. Zeitschrift 2008, 244; Entscheidung des Landgerichts Thessaloniki 34071/2006, ΔΕΕ (Dikeo Epichiriseon ke Eterion – griech. jur. Zeitschrift) 2007, 81; Entscheidung des Landgerichts Thessaloniki 40804/2005, ΔΕΕ (Dikeo Epichiriseon ke Eterion – griech. jur. Zeitschrift) 2006, 806.

anderen Fällen wegen des eigenständigen Schutzbedürfnisses des Bürgen als Endempfänger.[28]

Gemäß Artikel 1 § 4a des Gesetzes 2251/1994, erwirbt der Bürge die Verbrauchereigenschaft, sofern zwei Voraussetzungen gegeben sind, erstens, dass „er für den Verbraucher bürgt" und zweitens, dass er „nicht im Rahmen seiner beruflichen oder gewerblichen Tätigkeit handelt".

Die erste (positive) Voraussetzung erfordert, dass die Eigenschaft des Verbrauchers auch in der Person des Hauptschuldners gegeben ist, der den Vertrag mit dem Gläubiger geschlossen hat. Diesen „abhängigen" Bürgenschutz, den der Gesetzgeber gewählt hat, der auf dem akzessorischen Charakter der Bürgschaft beruht, wurde von der griechischen Rechtslehre kritisiert[29], da sie den Bürgen im Fall, dass der Hauptschuldner nicht Verbraucher ist, ungeschützt lässt.

Mit der zweiten (negativen) Voraussetzung, nach welcher der Bürge nicht im Rahmen seiner beruflichen oder gewerblichen Tätigkeit handeln darf, entfernt sich der Gesetzgeber von dem Kriterium „des Endempfängers"[30]. Somit ist der Bürge nicht ausnahmslos Verbraucher, sondern nur dann, wenn er die Bürgschaft übernimmt, ohne davon einen eigenen finanziellen Nutzen zu haben. Dies ist der Fall, wenn der Bürge im Rahmen eines privaten Geschäfts bürgt[31], d. h., wenn die Bürgschaft kein Handelsgeschäft darstellt.

---

28 Entscheidung des Landgerichts Athen 5253/ 2003, ΔΕΕ (Dikeo Epichiriseon ke Eterion – griech. jur. Zeitschrift) 2004, 797; Entscheidung des Landgerichts Athen 1119/2002, ΔΕΕ (Dikeo Epichiriseon ke Eterion – griech. jur. Zeitschrift) 2003, 422 (mit Anmerkungen *Asikis*, ΔΕΕ (Dikeo Epichiriseon ke Eterion – griech. jur. Zeitschrift) 2003, 439 und *Perakis*, ΔΕΕ (Dikeo Epichiriseon ke Eterion – griech. jur. Zeitschrift) 2003, 450 = ΕτρΑξΧρΔ (Epitehorisi Trapesikou, Axiografikou ke Chrimatistiriakou Dikeou – griech. jur. Zeitschrift) 2003, 904, die durch die Entscheidung des Berufungsgerichts Athen 5253/2003 bestätigt wurde, ΕΕμπΔ (Epitheorisi Emporikou Dikeou – griech. jur. Zeitschrift) 2003, 643 = NoB (Nomiko Vima – griech. jur. Zeitschrift) 52, 134 = ΔΕΕ (Dikeo Epichiriseon ke Eterion – griech. jur. Zeitschrift) 2004,797 = ΧρΙΔ (Chronika Idiotikou Dikeou – griech. jur. Zeitschrift) 2004, 134 .

29 *Ap. Georgiades,* Die Absicherung von Krediten, 2. Aufl. 2008, § 3 Rn. 88 (griechisch); *Dellios* (Fn. 21), Rn. 194.

30 Siehe *Perakis* (Fn. 3), Art. 1 Rn. 84.

31 So *Mentis,* Grenzen der Haftung des Bürgen in den Verbraucherverträgen über Bankgeschäfte, ΧρΙΔ (Chronika Idiotikou Dikeou – griech. jur. Zeitschrift) 2004, 186. Siehe Entscheidung des Berufungsgerichts Athen 775/2009, ΝΟΜΟΣ (jur. Datenbank NOMOS).

2. Abweichende Begriffsbestimmungen

Das griechische Gesetz 2251/1994 enthält auch andere, spezielle Vorschriften zur Definition des Verbrauchers, auf die sich der Vorbehalt zu Beginn der in Artikel 1 § 4a enthaltenen Begriffsbestimmung bezieht. Bestimmte Vorschriften des Gesetzes 2251/1994 beschränken sich nach seiner Reform tatsächlich nur auf den Verbraucherschutz im auf Gemeinschaftsebene festgelegten engen Sinne, d. h. auf den Schutz der Person, die zu Zwecken außerhalb ihres beruflichen Tätigkeitsfeldes handelt. Dabei handelt es sich um Artikel 4a, der sich auf „Finanzdienstleistungen im Fernabsatz" bezieht, sowie Artikel 9a, der die „unlauteren Geschäftspraktiken" betrifft.

Die oben angeführten Regelungen des Gesetzes 2251/1994, die andere Definitionen des Verbraucherbegriffs enthalten, wurden von der griechischen Lehre kritisiert.[32] Es wird vertreten, dass durch den besonderen Verbraucherbegriff in Artikel 4a, der von dem weiten Begriff des Artikels 1 § 4 abweicht, das Verbraucherschutzsystem unnötigerweise zersplittert wird.[33] So ist dieselbe Person, die zwar Verbraucher sein kann, wenn sie im Rahmen ihrer beruflichen oder gewerblichen Tätigkeit Verträge im Fernabsatz nach Artikel 4 abschließt, für die, mangels einer besonderen Regelung, die allgemeine Vorschrift des Artikels 1 § 4 gilt, andererseits nicht Verbraucher, wenn sie Verträge im Fernabsatz über Finanzdienstleistungen abschließt, d.h. Verträge die, nach Artikel 4a § 4 lit. c Bankdienstleistungen, Kreditleistungen, Versicherungsleistungen, Investitionen oder persönliche Rentenleistungen oder Zahlungen betreffen. Dieselbe Problematik[34] besteht auch in Bezug auf den besonderen Verbraucherbegriff des Artikels 9a lit. a, nach dem für die Anwendung der Vorschriften zur Regelung der Geschäftspraktiken[35] als Verbraucher „jede natürliche Person" gilt, „die aus Gründen handelt, die nicht in ihre Handelstätigkeit, gewerbliche oder freiberufliche Tätigkeit fällt". Das Problem liegt hier darin, dass, in dem Maße, in dem die vergleichende Werbung nach Artikel 9 gleichzeitig eine unlautere Geschäftspraktik darstellt, die Person, die geschützt wird, die Verbraucher im engen Sinne ist und nicht „jeder Empfänger einer Werbebotschaft" nach Artikel 1 § 4.

---

32 Siehe *Pelleni* (Fn. 10), S. 138 ff.

33 *Alexandridou*, Das geänderte Gesetz zum Schutz des Verbrauchers aus der Sicht eines Handelsrechtlers, NoB (Nomiko Vima-griech. jur. Zeitschrift) 2007, 1495; *Perakis* (Fn. 3), Art. 1 Rn. 57.

34 Siehe *Alexandridou* (Fn. 33), NoB 2007, 1505; *Perakis* (Fn. 3), Art. 1 Rn. 57.

35 Die Richtlinie 2005/29/EG über die unlauteren Geschäftspraktiken wurde durch die Vorschriften der Art. 9a – 9θ des Gesetzes 2251/1994 umgesetzt. Siehe dazu *Alexandridou* (Fn. 33), NoB 2007, 1501.

Außer den oben genannten speziellen Vorschriften des Gesetzes 2251/1994, deren Anwendungsbereich enger ist als die der allgemeinen Begriffsbestimmung (d. h. die des Artikels 1 § 4 lit. A desselben Gesetzes), existieren noch andere besondere Vorschriften außerhalb des Gesetzes 2251/1994, wie die Vorschriften des Ministerialerlasses KYA Z1–699/23/6/2010 über die Verbraucherkreditverträge, wo der enge Verbraucherbegriff gilt.[36] In Artikel 3 lit. a des Ministerialerlasses, mit dem die Richtlinie 2008/48/EG[37] in das griechische Recht umgesetzt wurde, wird als Verbraucher „jede natürliche Person" definiert, „die mit den Rechtsgeschäften, die unter den vorliegenden Erlass fallen, Zwecke verfolgt, die nicht mit ihrer Handelstätigkeit, ihrer gewerblichen oder beruflichen Tätigkeit in Zusammenhang stehen".

3. Kritik

Vor diesem Hintergrund hat die Weite des Verbraucherbegriffs in der griechischen Lehre heftige Diskussionen ausgelöst [38], bis hin zu dem Punkt, „dass man sich fragen muss, ob es Personen gibt, die nicht als Verbraucher eingestuft werden" [39] oder nach anderer Formulierung, „das Problem ist, dass die Anwendung eines Gesetzes, das grundsätzlich auf alle anwendbar ist, auch zu Übertreibungen führen kann" [40] und „in einem über den Zweck des Gesetzes hinausgehenden, übertriebenen Schutz enden kann, der gleichzeitig eine unbillige Behandlung des Lieferers darstellt" [41]. Des Weiteren stehen die Regelungen des geänderten Gesetzes 2251/1994, die verschiedene Verbraucherbegriffe enthalten, unter Kritik, auch aufgrund der speziellen Regelungen des Ministerialerlasses KYA Z1–699/23/6/2010 über den Verbraucherkredit, da diese „keine grundlegende dogmatische Überarbeitung und systematische Anpassung" erfahren haben[42], mit dem Er-

---

36 *Pelleni* (Fn. 6), S. 132 ff.

37 Richtlinie 2008/48/EG „über Verbraucherkreditverträge und zur Aufhebung der Richtlinie 87/102/EWG (EE 2. 5. 2008, L 133/66).

38 Siehe *Pelleni* (Fn. 10), S. 137 ff.

39 *Alexandridou*, Das Gesetz, 2251/1994 über den Verbraucherschutz – Gemeinsamkeiten und Unterschiede zum Gesetz 1961/1991 – Verhältnis zum Gesetz 146/1914; Αρμ. (Armenopoulos – griech. jur. Zeitschrift) 1996, 290. Siehe auch Entscheidung des Berufungsgerichts Athen 5861/2006, ΔΕΕ (Dikeo Epichiriseon ke Eterion – griech. jur. Zeitschrift) 2007, 62, 68, dass ein Verbraucher existiert wobei „die einfache Tatsache ausreicht, dass er der Endverwender ist".

40 *Perakis*, (Fn. 3), Art. 1 des Gesetzes 2251/1994, Rn. 90.

41 *Skorini-Paparrigopoulou* (Fn. 7), S. 87.

42 *Papanikolaou*, Gedanken zum neuen Gesetz (Gesetz 3587/2007) über den Verbraucherschutz (griechisch); ΕλλΔνη (Elliniki Dikeosinis – giech. jur. Zeitschrift) 2008, 663.

gebnis, dass „die allgemeine Begriffsbestimmung des Artikels 1 § 4 dazu tendiert zur Ausnahme umgewandelt zu werden"[43].

Mit anderen Worten ist „das ganze System nunmehr unorganisiert", da mal der allgemeine Begriff gilt und mal „dieser Begriff aufgegeben wird"[44].

Ich denke, dass die oben ausgeführte Kritik keinen absoluten Charakter haben darf. Und dies aus zwei Gründen: erstens, da die allgemeine Begriffsbestimmung des Artikels 1 § 4a des Gesetzes 2251/1994 dort gilt, wo keine speziellere Bestimmung existiert, d. h. hauptsächlich bei der Auslegung des Artikels 2 desselben Gesetzes über die Allgemeinen Geschäftsbestimmungen (AGB). In diesem Rahmen wirken die verschiedenen Begriffsbestimmungen nicht zum Nachteil des Verbrauchers.[45] Und zweitens, da der Verbraucherbegriff auch aufgrund der allgemeinen Begriffsbestimmung des Artikels 1 § 4a des Gesetzes 2251/1994 kein fester Begriff ist, sofern die in der griechischen Lehre herrschende Meinung anerkennt, dass der „Endempfänger" ad hoc beurteilt wird[46]. Da, wie richtigerweise angemerkt wird[47], nur eine ad hoc Beurteilung dem Richter einen weiten Beurteilungsspielraum gibt, der zu einer Harmonisierung des Wortlautes mit dem Grundgedanken des Gesetzes führen kann. D.h., in dieser Weise kann die Anwendung des Gesetzes auf einen Verbraucher-Endempfänger, der tatsächliche Verhandlungsmacht seinem Vertragspartner gegenüber besitzt, ausgeschlossen werden.

Die Prüfung der richtigen Anwendung des Verbraucherbegriffs in jedem Einzelfall wird durch die Verwendung von zwei Kriterien durch den Richter erzielt, einerseits durch das der Laieneigenschaft des Vertragspartners und andererseits durch das der missbräuchlichen Berufung auf die Verbrauchereigenschaft seitens des konkreten Verbrauchers. Ein allgemeines Kriterium stellt jedenfalls das des „angemessen vorsichtigen und unterrichteten Verbrauchers dar".

---

43 *Perakis* (Fn.3), Art. 1 Rn. 57.
44 *Perakis* (Fn.3), Art. 1 Rn. 57.
45 *Pelleni-Papageorgiou* (Fn. 6), S. 137.
46 Siehe *Karakostas* (Fn. 4), S. 54 ff.; *Perakis* (Fn. 3), Art. 1 Rn. 58, 92 ff.; *Skorini-Paparrigopoulou* (Fn. 7), S. 92.
47 *Skorini-Paparrigopoulou* (Fn. 7), S. 92.

III. Kriterien der Konkretisierung des weiten Verbraucherbegriffs

1. Das allgemeine Kriterium des „angemessen vorsichtigen und unterrichteten Verbrauchers“

Die Einstufung des Verbraucherschutzes durch die Gerichte entsprechend der Bedürfnisse und Kenntnisse des Verbrauchers hat zur Herausbildung von „Leitbildern“ des Verbrauchers geführt, die vom „oberflächlichen Beobachter“ bis hin zum informierten und erfahrenen Verbraucher reichen.[48] Wählt man den „oberflächlichen Beobachter“ [49], so führt dies dazu, dass auch der letzte gleichgültige Vertragspartner vom Schutzbereich umfasst wird, während bei der Wahl des erfahrenen und informierten Verbrauchers als Leitbild[50] der Schutz auf Ausnahmefälle beschränkt ist, da dieser Typ Verbraucher eher selten anzutreffen ist.[51] Zwischen diesen beiden extremen Leitbildern muss richtigerweise[52] der vermittelnden Lösung der Vorzug gegeben werden, die auch vom Areopag befürwortet wird. Es handelt sich um den durchschnittlichen Verbrauchertyp, d. h. den bei seiner rechtsgeschäftlichen Willensbildung über eine durchschnittliche Auffassungsgabe verfügenden und angemessen informierten Verbraucher, in Bezug auf die konkrete Art der Güter oder Dienstleistungen.[53]

Parallel zu den nationalen Gerichten verwendete der Europäische Gerichtshof (EuGH) zunächst das Leitbild des vorsichtigen Verbrauchers[54], und stellte später klar, dass der Durchschnittsverbraucher berücksichtigt werden muss, der über die gewöhnlich zugänglichen Informationen verfügt und der angemessen aufmerk-

---

48 Siehe *Karakostas* (Fn. 4), S. 82 Rn. 32.

49 Siehe *Dellios* (Fn. 5), S. 251.

50 Siehe *Dellios* (Fn. 5), S. 232 ff.; *Lelentzi*, Die Inhaltskontrolle der allgemeinen Geschäftsbedingungen (Art. 2 §§ 6 und 7 des Gesetzes 2251/1994) nach der neueren Rechtsprechung des Areopags, NoB (Nomiko Vima – griech. jur. Zeitschrift) 2004, 295.

51 *Alexandridou* (Fn. 33), NoB 2007, S. 1505 ff.

52 *Karakostas* (Fn. 4), S. 56, *Delikostopoulou*, Kommentar zur Entscheidung des Areopags 296/2001, ΔΕΕ (Dikeo Epichiriseon ke Eterion – griech. jur. Zeitschrift) 2001, 1116.

53 Siehe Entscheidungen des Areopags 1495/2006, ΔΕΕ (Dikeo Epichiriseon ke Eterion – griech. jur. Zeitschrift) 2006, 1307; 296/2001 ΕΕμπΔ (Epitheorisi Emporikou Dikeou – griech. jur. Zeitschrift) 2001, 489 = ΔΕΕ ΔΕΕ (Dikeo Epichiriseon ke Eterion – griech. jur. Zeitschrift) 2001, 1112; 1219/2001, NoB 2002, 354 = ΕλλΔνη (Elliniki Dikeosini – griech. jur. Zeitschrift) 2001, 1603 = ΔΕΕ (Dikeo Epichiriseon ke Eterion – griech. jur. Zeitschrift) 2001, 1128.

54 Siehe die Entscheidungen des EuGH in den Fällen *GB-Inno-BM*, C-362/88 (1990), Slg. 1990 I-667, *Nissan*, C-373/90 (1992), Slg. 1992 I-131, *Clinique*, C-315/92 (1994), Slg. 1994 I-317.

sam und unterrichtet ist.[55] Die Berufung des EuGH auf einen „angemessen aufmerksamen und unterrichteten Verbraucher" bedeutet, dass das Gericht sich auf ein Leitbild des Verbrauchers stützt, der Information sucht und auch die Möglichkeit hat, diese Information, die ihm gegeben wird, zu verarbeiten, um seine Wahl in Bezug auf die auf dem Markt angebotenen Produkte und Dienstleistungen treffen zu können.[56] Es wird vertreten, dass der oben beschriebene Verbraucher, sofern der Markt unter transparenten Bedingungen funktioniert, die Möglichkeit hat, sich selbst zu schützen, ohne dass die Notwendigkeit besteht, besondere Schutzmaßnahmen festzulegen.[57] Nach derselben Ansicht[58] sind somit die nationalen Maßnahmen zum Schutz des Verbrauchers, sofern sie vom gemeinschaftsrechtlichen Kriterium abweichen, als überprotektiv und damit dem Gemeinschaftsrecht entgegenstehend anzusehen.

2. Das Kriterium der Laieneigenschaft des Vertragspartners

Wie schon erwähnt, wird nach der griechischen Regelung als „Endempfänger" auch der Unternehmer angesehen, solange er der endgültige Verwender ist. Im Rahmen dieser weiten Auslegung des Verbraucherbegriffs wird vertreten, dass das wesentliche Kriterium für den Verbraucherbegriff, das den gesetzlichen Schutz begründet, die „nicht berufliche Beschäftigung des Empfängers des Gutes mit den besonderen Geschäften, in die die Beschaffung des Gutes fällt", ist. Es handelt sich um das Kriterium der Laieneigenschaft des Empfängers, was das konkrete Geschäft betrifft.[59] Nach dieser Ansicht wird als Endempfänger (und somit als Verbraucher), die Person angesehen, die Güter erwirbt, entweder für den persönlichen Gebrauch oder für berufliche Zwecke, die in Bezug auf den gewöhnlichen Gegenstand ihres Gewerbes oder beruflichen Tätigkeit, die sie ausübt, „irrelevant" oder „fremd" sind. Es handelt sich um Geschäfte, „die (zwar) für [die konkrete berufliche Tätigkeit Hilfsgeschäfte darstellen, [...] aber von dem Gegenstand der

55 Siehe die Entscheidungen des EuGH in den Fällen *Gut Springenheide*, C- 210/96 (1998), Slg. 1998 I-4657, *Sektkellerei Kessler*, C-303/97 (1999), Slg.1999 I-546, *Estee Lauder*, C-220/98 (2000), Slg. 2000 I-117.

56 Siehe *Karakostas* (Fn. 4), S. 56.

57 *Argyros*, Die Vollendung des europäischen Marktes und der Schutz des Verbrauchers in der Rechtsprechung des EuGH, ΔEE (Dikeo Epichiriseon ke Eterion – griech. jur. Zeitschrift) 2001, 1181.

58 *Argyros* (Fn. 57), ΔEE 2001, 1182.

59 *Stathopoulos* (Fn. 14), S. 40.

beruflichen Tätigkeit verschieden sind“[60]. So fällt z. B. die Brandschutzversicherung eines Geschäfts in den Schutzbereich des „Endempfängers“, da das erworbene Gut auf dem Markt nicht weiter vertrieben wird.[61]

3. Die missbräuchliche Berufung auf das Gesetz 2251/1994 durch den Verbraucher

Für die Verwendung des Kriteriums der Laieneigenschaft des Empfängers in Hinblick auf das konkrete Geschäft wird die Möglichkeit der missbräuchlichen Berufung auf die Verbrauchereigenschaft, gestützt auf die Vorschrift des Artikels 281 griechisches ZGB vorgeschlagen, sodass der Verbraucherschutz nicht über den Zweck der Regelung, welcher die Wiederherstellung des Verhandlungsgleichgewichts zwischen den beiden Vertragsparteien ist, hinausschießt.[62] In diesem Sinne wird die Verbrauchereigenschaft grundsätzlich jedem Endempfänger, der sich in der Lage des unerfahrenen und unwissenden Vertragspartners befindet, zuerkannt, wobei die Berufung hierauf aber aufgrund des Artikels 281 griechisches ZGB, der auch auf Rechte, die aus dem Gemeinschaftsrecht hervorgehen, Anwendung findet, als missbräuchlich eingestuft werden kann.[63] So wird z. B. die Berufung auf den Schutz des Artikels 2 des Gesetzes 2251/2994 über die allgemeinen Geschäftsbedingungen seitens eines Großunternehmers, der ein Darlehen für seinen Betrieb von einer Bank aufnimmt, rechtsmissbräuchlich sein, da dieser, auch wenn er in Hinblick auf die Bankdienstleistungen als Endempfänger angesehen werden kann, nicht die Unterlegenheit des Verbrauchers aufweist, was seine Verhandlungsfähigkeit betrifft.[64]

---

60 Entscheidung des Landgerichts Thessaloniki 459/2011, ΕπισκΕΔ (Episkopisi Emporikou Dikeou – griech. jur. Zeitschrift) 2011, 535; Entscheidung des Landgerichts Thessaloniki 2788/2009, ΕπισκΕΔ (Episkopisi Emporikou Dikeou – griech. jur. Zeitschrift) 2010, 196; Entscheidung des Landgerichts Athen 730/2005, ΕπισκΕΔ (Episkopisi Emporikou Dikeou – griech. jur. Zeitschrift) 2005, 741.

61 *Dellios* (Fn. 21), Rn. 152.

62 *Stathopoulos* (Fn. 14), S. 41; *Karakostas* (Fn. 4), S. 54 ff.; *Skorini-Paparrigopoulou* (Fn. 7), S. 94.

63 Siehe Entscheidungen des Berufungsgerichts Athen 1309/2012, ΕλλΔνη (Elliniki Dikeosini griech. jur. Zeitschrift) 2012, 818;1159/2012, ΔΕΕ (Dikeo Epichiriseon ke Eterion – griech. jur. Zeitschrift) 2012, 676; 6401/2002, ΔΕΕ (Dikeo Epichiriseon ke Eterion – griech. jur. Zeitschrift) 2003, 417; *Paparseniou* (Fn. 2), S. 18; *Karakostas* (Fn. 4), S. 54; *Dellios* (Fn. 20), Rn. 152.

64 *Pelleni-Papageorgiou* (Fn. 8), ΧρηΔικ 2009,15.

IV. Schlussbemerkungen

Indem der griechische Gesetzgeber des Gesetzes 2251/1994 den Spielraum ausnutzte, die ihm die Richtlinie 85/577/EWG über außerhalb von Geschäftsräumen geschlossenen Verträge[65] (aufgrund des Konzepts der Mindestharmonisierung, die diese verfolgt) ließ, die eine stark verallgemeinernde und eher zweideutige Formulierung enthält, nach der als Verbraucher die Person angesehen wird, die bei ihren Geschäften „zu einem Zweck handelt, der nicht ihrer beruflichen oder gewerblichen Tätigkeit zugerechnet werden kann", gestaltete er den Verbraucherbegriff neu aus, indem er ihn auf den Erwerb der Sache oder der Dienstleistung unter der Eigenschaft des Endempfängers ausrichtete (und nicht auf ihre Teilnahme am Markt als Gewerbetreibender, der zu Zwecken handelt, die seiner Erwerbstätigkeit dienen).[66] Des Weiteren erweiterte das geänderte (durch das Gesetz 3587/2007) Gesetz 2251/1994 einerseits den Verbraucherbegriff der allgemeinen Begriffsbestimmung des Artikels 1, indem es auch den Bürgern in den Schutzbereich mit einbezog (sofern dieser nicht im Rahmen seiner beruflichen Tätigkeit handelt) und andererseits fügte er den engen Verbraucherbegriff in die Fälle des Artikels 4a ein, der den „Fernabsatz von Finanzdienstleistungen betrifft" und die Vorschrift des Artikels 9a, der sich auf „unlautere Geschäftspraktiken" bezieht.

Auch führte der griechische Gesetzgeber den engen Verbraucherbegriff in den Ministerialerlass von 2010 über die Verbraucherkreditverträge ein[67], ohne aber bestimmte Gruppen schutzbedürftiger Unternehmer zu berücksichtigen, wie z. B. der deutsche Gesetzgeber sehr gelungen in § 512 BGB für Existenzgründer vorgesehen hat.

Wie schon erwähnt worden ist, hängt der Umfang des gewährten Schutzes von den Umständen des konkreten Falles ab. In diesem Rahmen müssen das Kriterium des Endempfängers, das den Verbraucher nach griechischem Recht charakterisiert, und das der Finanzkraft des Vertragspartners kumulativ[68] geprüft werden.

---

65 Die Richtlinie wurde durch die neue Richtlinie 2011/83/EU „über die Rechte der Verbraucher usw." abgeändert (EE L 304/22.11.2011).

66 *Skorini-Paparrigopoulou* (Fn. 7), S. 82.

67 Siehe oben unter II 2 (in fine).

68 *Pelleni-Papageorgiou* (Fn. 6), S. 124. Siehe Entscheidung des Berufungsgerichts Thessaloniki 31919/2007, Αρμ. (Armenopoulos – griech. jur. Zeitschrift) 2008, 246, Entscheidung des Landgerichts Thessaloniki 36104/2006, Αρμ. (Armenopoulos – griech. jur. Zeitschrift) 2007, 572, die das Schutzbedürfnis des Vertragspartners einer Bank – Inhabers eines Kontokorrentkontos zur Deckung seiner beruflichen Bedürfnisse anerkannt haben „aus Gründen der Machtposition der Banken".

Jan Susel/Daniel Köhler/Maren Radtke, Bochum

§ 9a Diskussionsbericht zu §§ 7 – 9

Riesenhuber eröffnete die Diskussionsrunde und erteilte *Stuyck* das Wort. Dieser wandte sich mit zwei Fragen an *De Cristofaro*. Zunächst wollte *Stuyck* wissen, ob – auch wenn die Autorità garante della concorrenza e del mercato (italienische Wettbewerbsbehörde) die exklusive Kompetenz zur Feststellung irreführender Werbung habe – Gerichte in vertragsrechtlichen Streitigkeiten ebenfalls die Möglichkeit hätten, irreführende Werbung zu sanktionieren. Weiterhin ging er auf die Umsetzung der Richtlinie über unlautere Geschäftspraktiken[1] im Codice civile ein. Die Bestimmungen dienten dem Schutz des Verbrauchers und der Mitbewerber. Der EuGH habe in verschiedenen Urteilen deutlich gemacht, dass Vorschriften, die nur den Mitbewerber schützten, außerhalb des Harmonisationsfeldes der Richtlinie stünden. Bei B2C-Geschäften (business-to-consumer) sei den Mitgliedsstaaten kein Spielraum für strengere Regelungen belassen worden. Fraglich sei also die Bewertung von Bestimmungen, die sowohl den Verbraucher als auch den Mitbewerber schützten, obwohl man bei B2B-Geschäften (business-to-business) nicht durch die Richtlinie gebunden sei. *Stuyck* fragte sich, ob es bei Regelungen dieser Art Probleme bei der Anwendung gebe.

De Cristofaro kam zunächst auf den Umgang mit irreführender Werbung zu sprechen. In Italien existiere ein Doppelsystem. Vorschriften, die die Richtlinie über irreführende und vergleichende Werbung (2006)[2] umsetzten, fänden nur auf solche Werbung Anwendung, deren Adressat ein Unternehmer sei. Er räumte ein, dass irreführende Werbung immer auch unlauterer Wettbewerb im klassischen Sinne sowie eine besondere Art von unerlaubter Handlung, die in Schadensersatz- und Unterlassungsansprüchen von Mitbewerbern resultierten, nach dem codice civile sei. Daneben gebe es nunmehr verwaltungsrechtliche Sondervorschriften, um derartige Werbung zu sanktionieren. Zuständig sei die Autorità garante della concorrenza e del mercato. Die Klage vor dem Zivilgericht und die Einleitung einer Untersuchung durch die Behörde stünden nebeneinander. Da die Verfahren vor den Zivilgerichten sehr langwierig und mit hohen Kosten verbunden seien, sei die Einleitung einer Untersuchung durch die Autorità garante della concorrenza e del mercato mittlerweile der bevorzugte Weg.

---

1 .Richtlinie 2005/29/EG des Europäischen Parlaments und des Rates vom 11. Mai 2005 über unlautere Geschäftspraktiken im binnenmarktinternen Geschäftsverkehr zwischen Unternehmen und Verbrauchern

2 Richtlinie 2006/114/EG des Europäischen Parlaments und des Rates vom 12. Dezember 2006 über irreführende und vergleichende Werbung.

Die Richtlinie über unlautere Geschäftspraktiken sei im Codice del consumo umgesetzt worden. In der ursprünglichen Fassung seien nur Geschäftspraktiken gegenüber Verbrauchern erfasst gewesen. Die Monti-Regierung habe den Anwendungsbereich dahingehend ausgedehnt, dass fortan auch Werbung für solche Produkte, die von kleinen bzw. Mikrounternehmen gekauft werden, in den Anwendungsbereich fielen. Im besonderen Vertragsrecht seien schwache professionelle Parteien nicht hinreichend geschützt. Um die kleinen Unternehmen insbesondere in Zeiten einer Wirtschaftskrise zu schützen, habe sich die Regierung daher zu einem Eingreifen veranlasst gesehen.

Riesenhuber knüpfte an den Vortrag zum griechischen Recht an und stellte klar, dass ein Unternehmen, welches Endempfänger eines Produktes oder einer Dienstleistung sei, nach griechischem Recht Verbraucherschutz genieße. Dies führe insoweit zu Problemen, als dass es am Markt keinen separaten Absatzweg für diese kleinen Unternehmen gebe. Es gebe nur klassische Verbraucher- und Geschäftskundenangebote. Wenn die kleinen Unternehmen nun unter den Verbraucherschutz entsprechend der Richtlinie für unlautere Geschäftspraktiken fielen, stelle sich die Frage, ob der Verbraucherschutz nun gleichermaßen Verbraucher- und Unternehmergeschäfte umfasse. Zu bedenken sei, dass die Geltendmachung von Verbraucherschutzvorschriften durch ein Unternehmen gegebenenfalls als rechtsmissbräuchlich angesehen werden könne.

Pelleni wies auf das Problem eines sehr weiten Verbraucherbegriffs in Griechenland hin. Es sei fraglich, ob und gegebenenfalls wie Unternehmen geschützt werden sollten. Einerseits sei ein Schutz nur vor unfairen allgemeinen Geschäftsbedingungen möglich, andererseits könnte man Unternehmen ein Widerrufsrecht zubilligen. Eine allgemeingültige Antwort sei nicht möglich.

Devenney stellte daraufhin die Entwicklung des Verbraucherbegriffs im Vereinigten Königreich dar. So seien kleine und mittlere Unternehmen im Unfair Contract Terms Act von 1977 in den Verbraucherschutz mit einbezogen worden. In den Jahren 1994 und 1999 (Unfair Terms in Consumer Contracts Regulations) seien sie dagegen vom Anwendungsbereich der jeweiligen Regelung ausgeschlossen gewesen. Im Jahre 2005 habe die Law Commission dann die Einbeziehung kleiner und mittlerer Unternehmen befürwortet. Die Schwierigkeit bestünde darin festzulegen, welche Unternehmen „kleine“ bzw. „mittlere“ seien. Aus praktischen und politischen Erwägungen habe die Law Commission im Jahre 2013 den Vorschlag wieder zurückgezogen. Seit Januar 2014 gebe es einen neuen Gesetzesentwurf (Consumer Rights Bill). Dieser sehe vor, dass keinerlei Unternehmen, sondern nur natürliche Personen, unter den Verbraucherbegriff fallen. Dies sei eine Richtungsentscheidung für das Vereinigte Königreich. Die bisherige Konfliktlage sei insbesondere im Fall Barclays v Kufner[3] deutlich geworden, denn in diesem Fall habe das erkennende Gericht nicht das Unternehmen, sondern die hinter dem Unternehmen stehende natürliche Person (Alfons Kufner) betrachtet.

Nach Auffassung von *Riesenhuber* könne es keinen besonderen Schutz geben, wenn alle Teilnehmer am Rechtsverkehr gleichermaßen einbezogen würden.

Prof. Dr. Bettina *Heiderhoff* (Westfälische Wilhelms-Universität Münster) wies darauf hin, dass der Verbraucher ursprünglich als „Motor des Binnenmarktes" angesehen worden sei. Ob aus diesem Grund auch kleine Unternehmen einbezogen werden müssten, sei auch unter dem Gesichtspunkt der Fairness zu beurteilen. Allerdings habe sich die Wahrnehmung des Verbrauchers mit der Zeit geändert. Dieser werde als verwundbar und daher schutzbedürftig angesehen. Es sei nicht klar, wohin diese Entwicklung führen werde. Wichtig sei die Rückbesinnung auf die eigentliche Aufgabe des Verbraucherschutzrechts.

Daraufhin legte *Pelleni* dar, dass es in Griechenland stets um den Schutz des schwachen Verbrauchers gegangen sei. Der Gesetzgeber habe zunächst aus politischen, später aus wirtschaftlichen, Gründen gehandelt. Beispielsweise habe es in Griechenland keine Erfahrungen mit Verbraucherdarlehen gegeben, so dass die Verbraucher wegen ihrer Unerfahrenheit vor den Gefahren entsprechender Darlehen besonders schutzbedürftig gewesen seien. Sowohl der Gesetzgeber als auch die Rechtsprechung gingen daher von einem weiten Verbraucherbegriff aus.

Devenney sprach von Schwierigkeiten für die Gesetzgebung im Vereinigten Königreich, denn die Herangehensweise könne von Seiten des Verbrauchers und von Seiten des Marktes erfolgen.

Als Problem benannte *De Cristofaro*, dass der europäische Gesetzgeber nicht die Unterschiede, die es in Italien, Griechenland und Deutschland gebe, in Betracht gezogen habe. Er stellte zur Diskussion, ob man die jeweiligen Regelungen auf B2B-Verträge ausdehnen sollte. In Italien sei der Schutz der kleinen Unternehmen wichtig. Die Situation sei eine andere als in Deutschland bzw. im Vereinigten Königreich. Als gering sei der Beitrag der italienischen Rechtsprechung, welche nur einige wenige Entscheidungen zur Bewältigung der Probleme beigesteuert habe, anzusehen.

Klinck wies darauf hin, dass es Unterschiede in der Betrachtung und Beurteilung von Verbraucherbegriff und Verbraucherleitbild gebe. In Deutschland werde ausgehend vom Verbraucherbegriff überlegt, welche Eigenschaften ein Verbraucher habe. Es werde hinterfragt, ob der Verbraucher informiert sei und ob er die Möglichkeit habe, sein Verhalten zu kontrollieren. Dies sei keine Frage der Definition. In Deutschland sei der Verbraucher verwundbar, weil er Verbraucher

3 *Barclays Bank Plc v. Kufner* [2008] EWHC 2319 (Comm)

sei. Im Gegensatz dazu verstehe das britische Recht, wie der Fall Barclays v Kufner verdeutlicht habe, den Verbraucher schon deshalb als Verbraucher, weil er verwundbar sei. Ähnlich verhalte es sich im griechischen Recht, in welchem jeder Endempfänger von Gütern und Dienstleistungen als Verbraucher angesehen werde. Im Vereinigten Königreich und in Griechenland werde das Verbraucherleitbild genutzt, um die Definition des Verbrauchers zu beschränken. Dies sei ein ganz anderer Ansatz als in Deutschland.

Nach Ansicht von *Pelleni* existierten in Griechenland viele Verbraucher-Definitionen. Der Richter müsse den Begriff des Verbrauchers aber in concreto anwenden und eine Lösung finden, die den Verbraucher schützt.

Riesenhuber bat *Felser* zu erläutern, inwiefern Aspekte der Verhaltenspsychologie mit einzubeziehen seien.

Felser wollte als selbstverständlich angesehene Mechanismen hinterfragen. Es müsse betrachtet werden, wie viel Willenskraft in einer selbstständigen Entscheidung enthalten sei. Weiterhin seien aus der Sichtweise eines Psychologen alle Menschen Individuen. Man betrachte nicht die Gesellschaft, sondern es komme auf den Einzelnen an.

Daran anknüpfend fragte *Riesenhuber*, ob es einen Unterschied mache, ob man für sich oder für ein Unternehmen handelt.

Felser erläuterte, dass Menschen erwiesenermaßen unterschiedlich handeln würden, je nachdem ob sie ausschließlich für sich selbst oder auch für andere eine Entscheidung treffen. Im letzteren Fall seien die eigensüchtigen Motive stärker ausgeprägt und handlungsleitend.

Die dargelegten Probleme begründete *Devenney* damit, dass es bei verschiedenen Richtern auch verschiedene Herangehensweisen gäbe. Zudem sei es schwierig die kulturellen und sozialen Unterschiede innerhalb des Vereinigten Königreichs zu berücksichtigen. Es bestünden verschiedene Auffassungen, was unter der Verwundbarkeit des Verbrauchers zu verstehen sei.

Pelleni stellte fest, dass vom ökonomischen Standpunkt aus alle Rechtssubjekte als Verbraucher anzusehen seien. Das Gericht müsse die notwendige Einschränkung vornehmen und die erforderlichen Rechte denjenigen Rechtssubjekten zusprechen, die diese auch benötigen.

Zum Ende der Diskussion merkte *Felser* an, dass es insbesondere darauf ankomme, was die Menschen erwarteten.

Riesenhuber beendete die Diskussion und sprach allen Teilnehmern seinen Dank aus.

Autorenverzeichnis

Wolfram Cremer, Dr. iur., o. Professor an der Ruhr-Universität Bochum

Giovanni De Cristofaro, Professore ordinario an der Facoltà di Giurisprudenza der Università degli Studi di Ferrara

James Devenney, LL.B. Ph.D. PG Cert. LTHE FHEA, Professor an der University of Exeter School of Law

Georg Felser, Dr. rer. nat., Professor an der Hochschule Harz

Fabian Klinck, Dr. iur., o. Professor an der Ruhr-Universität Bochum

Gregor-Julius Ostermann, Ref. iur., Wissenschaftlicher Mitarbeiter an der Ruhr-Universität Bochum

Anthi Pelleni, Ass. Prof. an der National und Kapodistria Universität Athen

Markus Rehberg, Dr. iur., Dipl.-Volksw., o. Professor an der Universität Rostock

Karl Riesenhuber, Dr. iur., M.C.J., o. Professor an der Ruhr-Universität Bochum

Jan Schnellenbach, Dr. oec., Professor an der Brandenburgischen Technischen Universität Cottbus-Senftenberg

Jules Stuyck, Professor an der Katholieke Universiteit Leuven; Director des dortigen Centre for European Economic Law und des Centre for Consumer Law

Kolibri 360 GmbH
Ferdinand-Jühlke-Straße 7
99095 Erfurt, Deutschland
produktsicherheit@kolibri360.de